Orhan Pamuk ist nicht nur als Romancier bekannt, sondern auch als glänzender Essayist. Der vorliegende Band veranschaulicht die Vielzahl von Themen, über die er sich Gedanken gemacht hat. Die Politik gehört notwendigerweise dazu, die Literatur und die Schriftsteller, die ihn am meisten beeinflußten – Nabokov, Dostojewski, Stendhal. Istanbul, die Stadt, die auch in den meisten seiner Romane präsent ist, beschäftigt Pamuk in ihrer Größe wie in ihrer Alltäglichkeit. Was in seinen Romanen oft nur erahnt werden kann, nämlich der autobiographische Bezug, wird in den bewegenden Texten sichtbar, die der Erinnerung an Orte der Kindheit gelten, an die Eltern, an die verschwundenen Gegenstände, die der junge Pamuk so liebte.
Pamuks Essays sind eine Ergänzung zu seinen Romanen, sie zeichnen seinen zunächst gar nicht geradlinigen Werdegang als Schriftsteller nach und zeigen, warum er prädestiniert ist für die Rolle des Vermittlers zwischen zwei Kulturen.

Orhan Pamuk, 1952 in Istanbul geboren, studierte Architektur und Journalismus und lebte mehrere Jahre in New York. Für seine Romane erhielt er 1990 den Independent Foreign Fiction Award, 1991 den Prix de la découverte européenne, 2003 den internationalen Literaturpreis IMPAC, 2005 den Ricarda-Huch-Preis und in demselben Jahr den Friedenspreis des Deutschen Buchhandels sowie den Prix Médicis, 2006 erhielt er den Nobelpreis für Literatur und 2007 die Ehrendoktorwürde der FU Berlin als »Ausnahmeerscheinung der Weltliteratur«.
Im Fischer Taschenbuch Verlag liegen bereits vor: ›Das schwarze Buch‹ (Bd. 12992), ›Das neue Leben‹ (Bd. 14561), ›Rot ist mein Name‹ (Bd. 15660), ›Schnee‹ (Bd. 17456), ›Die weiße Festung‹ (Bd. 17762).

Unsere Adresse im Internet: www.fischerverlage.de

Orhan Pamuk

Der Blick aus meinem Fenster

Betrachtungen

Aus dem Türkischen
von Cornelius Bischoff, Ingrid Iren,
Gerhard Meier, Christoph K. Neumann
und Wolfgang Riemann.

Fischer Taschenbuch Verlag

Veröffentlicht im Fischer Taschenbuch Verlag,
einem Unternehmen der S. Fischer Verlag GmbH,
Frankfurt am Main, Mai 2008

Lizenzausgabe mit freundlicher Genehmigung
des Carl Hanser Verlags, München Wien
Die Originalausgabe erschien 2006

Druck und Bindung: CPI – Clausen & Bosse, Leck
Printed in Germany
ISBN 978-3-596-17763-9

Das LEBEN ist eine gute Ausrede
für Bücher

Lauter bunte Knöpfe in einer alten Nähschachtel

Wo wir uns auch gerade befinden, morgens auf dem Weg zur Arbeit, bei Freunden oder Verwandten, auf dem Weg nach Hause oder andächtig auf einer Beerdigung: Großstadtmenschen haben immer ein festes Bild ihrer Stadt im Kopf. Es schimmert unentwegt in unserer Vorstellung, es zerstreut, unterhält und macht unseren Alltag abwechslungsreich. Unsere Vorstellungen von dem imaginären Mittelpunkt einer Stadt sind sehr unterschiedlich, je nach den Zielen, die wir uns stecken, nach dem Sinn, den wir in unserem Leben sehen, nach der Geschichte, die wir gelebt haben und die wir unsere Vergangenheit nennen, und nach den Hoffnungen, die wir hegen und die wir Zukunft nennen.

In meiner Vorstellung liegt der Mittelpunkt Istanbuls auf der anderen Seite des Bosporus, in Beyoğlu. Hier leben alle meine Freunde und Feinde, und in den geheimnisvollen Gassen leben viele Menschen völlig anders als ich. Hier sind die Spielzeugläden meiner Kindheit und die Buchhandlungen, in denen ich heute meine Bücher und Zeitungen kaufe, die Cafés und Bars, die die ganze Nacht geöffnet haben. Hie und da in den engen Straßen, zwischen hundertjährigen Gebäuden, von denen der Putz herunterbröckelt und in denen niemand mehr wohnt, zwischen Eingangsportalen, Kirchen und Moscheen schlüpft am frühen Morgen ein Liedfetzen, eine Duftwolke, ein oranges Licht aus einer halbgeöffneten Tür. Dann überkommt einen jenes Glücksgefühl, das die Großstadt von einem Dorf unterscheidet: das Gefühl, daß in diesen dunklen und häufig schmutzigen Straßen das Leben nie stillsteht.

Als ich ein Kind war, kamen die wohlhabenden Familien Istanbuls, die sich am Westen orientierten, oft nach Beyoğlu. »Du hast einen Knopf verloren, Liebling«, sagte meine Mutter zu mir, und nachdem sie keinen ähnlichen in ihrer Nähschachtel voll alter Knöpfe finden konnte, fuhr sie fort: »Das nächstemal, wenn wir nach Beyoğlu gehen, kaufen wir dir einen neuen.« Als Kinder mußten wir uns für den Gang nach Beyoğlu ordentlich anziehen. Es lag nicht weit von uns entfernt, und doch hätte man glauben können, wir führen in eine andere Stadt oder gar in ein anderes Land.

Waren wir in Beyoğlu angelangt, kaufte meine Mutter ihre Knöpfe in einem Kurzwarenladen, der einem Ehepaar aus Armenien gehörte; danach setzten wir uns in ein schickes Café, in dem griechische Kellner meinem Bruder und mir Limonade servierten; und auf dem Heimweg kaufte meine Mutter noch Hackfleisch bei Karabet, einem armenischen Metzger in einer Seitengasse. Diese sich wiederholenden Handlungen, die Gespräche und guten Wünsche waren uns so vertraut wie die bunten Knöpfe in der Nähschachtel meiner Mutter. Damals war Istanbul eine Stadt, in der Menschen unterschiedlicher Konfession und Sprache lebten, ohne über ihre Identität nachzugrübeln.

Jeder hatte natürlich seine eigene, so wie jeder seine Geburtsurkunde hatte, die er irgendwo in seiner Jacke, seiner Hand- oder Brieftasche oder in einer Schublade zu Hause aufbewahrte. Doch die neue türkische Demokratie war zu dieser Zeit noch schwächlich, man vermutete in ihr einen neuen Schachzug der Machthaber: Kulturelle und religiöse Unterschiede verbarg man also sorgfältig wie Sünden, mit einem leisen Schuldgefühl. Die Bewohner Beyoğlus lebten auf diese Weise seit Hunderten von Jahren freundlich und gleichgültig nebeneinander, ohne sich in die Angelegenheiten ihrer Nachbarn einzumischen. Die Schulkinder gingen abends auf dem gleichen Gehsteig nach Hause wie die Prostituierten; Mütter mit ihren Einkaufskörben, schwere Jungs, Priester und Mörder sahen sich die gleichen Schaufenster und Filmplakate an. In Istanbul wohnten damals rund eine Million Menschen, heute sind es zehnmal mehr. An der Türkei jener Zeit zerrten der Westen und der Osten gleichermaßen, und die westlichen Zeitungen schütteten ihren Schimpf über ihr aus. In den Kinos liefen noch keine Pornos »Made in Turkey«, und man unterschied moslemische Gläubige noch nicht nach praktizierenden und fundamentalistischen Moslems.

Das änderte sich mit dem Niedergang der Filmindustrie. Die Yeşilçamstraße in Beyoğlu, das türkische Hollywood, war der Traum vieler Kinder und junger Mädchen aus der Provinz. Ende der sechziger Jahre produzierten die Studios über dreihundert Filme jährlich – damit war Yeşilçam der drittgrößte Filmproduzent nach Hollywood und Indien. Doch mit Beginn der durch das Fernsehen ausgelösten Krise in den Siebzigern entstanden hier mehr und mehr Pornofilme. Das Besondere an ihnen war, daß in ihnen Schauspieler auftraten, die bis dahin in durchaus respektierlichen Familienfilmen mitgewirkt hatten. Die Frauen der Mittelschicht, die zum Einkaufen kamen, oder Männer mit Krawatte, die bis dahin ins Kino gegangen waren, blieben Beyoğlu fern, seit sie dort Plakate mit halbnackten Stars zu sehen bekamen, die sie noch bis vor kurzem in der Rolle der Braut des tapferen Helden oder des eifersüchtigen Nachbarn bewundert hatten. Danach verließen auch die Minderheiten Beyoğlu, die letzten Levantiner, die Restaurants, die Händler und Straßenköche, die hier dank einer Oberschicht, die sich für westlich hielt, hatten überleben können. Gleichzeitig erlebte Istanbul eine Bevölkerungsexplosion, und den verlassenen Stadtteil nahmen neue Bewohner ein, die aus ihren Dörfern in Anatolien gekommen waren und hier eine kleine, ehrgeizige und clevere Gemeinschaft bildeten. Und während die armen Familien aus der Provinz in diesen Gassen fern des Zentrums ein neues Zuhause fanden, eroberte die Jugend, die den Reiz der gespannten Großstadtatmosphäre und der Gegenwart von gewaltgeladener Sexualität entdeckte, die belebte, lärmende Hauptverkehrsader Beyoğlus.

Ich erinnere mich an einen Silvesterabend, an dem ich mit Tränen in den Augen diese Straße hinunterging: Autos fuhren und parkten sogar auf den Gehsteigen, verstopften hoffnungslos die Straße, einzelne verschleierte Frauen schlängelten sich hindurch, und die Mauern waren beklebt mit Plakaten von Karate-Filmen. Nein, ich weinte nicht aus Kummer, sondern wegen der verschmutzten Luft, die mir in den Augen brannte.

Die Intellektuellen Istanbuls, 1980 vom militärischen Staatsstreich der Rechten und dem Niedergang der Linken enttäuscht, entdeckten Beyoğlu jetzt neu und zogen wieder in dieses kosmopolitische Viertel, nachdem sie sich ihres aus Populismus und ländlicher Romantik bestehenden marxistischen Erbes entledigt hatten, um sich eine moderne, städtische Identität zu schmieden. Diejenigen, die hier seit zwei Generationen lebten und Eigentum besaßen, machten die plötzlich steigenden Immobilienpreise unerwartet reich, und sie sahen sich auf einmal als »alte Istanbuler«. Die Geschäfte bekamen einen neuen Anstrich, Filmfestivals lösten die Pornos ab, und aus der Hauptverkehrsstraße wurde eine Fußgängerzone.

All das hat die junge städtische Schicht, die in den alten griechischen Häusern der Gassen am Rande Beyoğlus lebt, nicht davon abgehalten, bei den letzten Stadtwahlen die Fundamentalisten zu wählen. So hat sich eine Welle der Angst, die laut einiger Stimmen auf die Furcht vor der fundamentalistischen oder separatistischen Bewegung zurückgeht, bis nach Beyoğlu ausgebreitet – immerhin das weltoffenste Viertel der verwestlichsten Stadt eines Landes, das von allen moslemischen Ländern dem Westen am offensten gegenübersteht.

Während ich diesen Text schrieb, bin ich in den Gassen am Rand des Viertels spazierengegangen. Kleine Jungen spielten in einer schmalen Straße zwischen den dichtgeparkten Autos und überquellenden Mülltonnen ausgelassen Fußball und rauften sich auf den Gehsteigen. Über der Straße hing feuchte und vom Rauch der Kamine geschwärzte Wäsche auf einer Leine, die jemand in Höhe des dritten Stocks zwischen zwei Häusern gespannt hatte. Die Straße war wegen der Lastwagen, die den ganzen Tag Joghurt und Coca-Cola anliefern, genauso verstopft wie immer. Überall war der für Istanbul so typische Lärm zu hören: Verkehr, Fabriken, Motoren und Kinder. Mitten in diesem Durcheinander saßen indes zwei alte Männer vor einem kleinen Kiosk und spielten in aller Ruhe

Backgammon. Ein herrenloser Hund schlief friedlich und zufrieden im Rinnstein.

Als ich wieder auf die Hauptstraße zurückkam, stand ich zwischen Kinos, teuren Geschäften, Banken und Wechselstuben. Der kleine Laden, in dem ich vor zweiundzwanzig Jahren zum erstenmal jene westliche Erfindung »Hamburger« gekostet hatte, war den Auslagen einer bekannten westlichen Hemdenmarke gewichen. Zwischen den bunten Boutiquen, in denen reiche und westlich beeinflußte Istanbuler ihre Kultur-, Finanz- und Kleidungsbedürfnisse befriedigten, war ein verstaubter Laden, der Videospiele verkaufte und in dem sich junge Arbeitslose aus den armen Randvierteln Beyoğlus drängelten.

Nach seinem Besuch Istanbuls vor hundertfünfzig Jahren schrieb Flaubert, er sei davon überzeugt, diese Stadt werde einmal der Mittelpunkt des Universums. Seine Vorhersage hat sich noch immer nicht erfüllt, doch in den Gassen der Stadt, in denen er umherspazierte, wuselt noch immer die Menge wie eine Armee Ameisen, wie es der Romancier beschrieb.

Heimische Kuchen in fremden Küchen

Mein Vater verließ uns manchmal, als wir noch Kinder waren, und verschwand auf rätselhafte Weise. Einige Wochen später erfuhren wir dann, daß er in irgendeinem anderen Haus in Istanbul lebte oder sich gar in einer Stadt im Ausland aufhielt. Und einmal, 1958, als ich sechs Jahre alt war, erhielten wir die Nachricht, er sei in Paris.

Er wohnte in einem billigen Hotel am Montparnasse, füllte Heft um Heft mit Aufzeichnungen, die er mir Jahre später in einem Koffer übergeben sollte, und manchmal saß er im Café Dôme, wo er Jean-Paul Sartre von weitem beobachtete.

Meine Großmutter versorgte ihn aus Istanbul mit Geld. Großvater war im Eisenbahnbau tätig gewesen und hatte als erfolgreicher Unternehmer gutes Geld verdient. Der nächsten Generation, meinem Vater und seinen Brüdern, war es nicht ganz gelungen, das Vermögen unter den Tränen meiner Großmutter durchzubringen, noch waren nicht alle Mietshäuser verkauft. Als aber Großmutter fünfundzwanzig Jahre nach dem Tod ihres Ehemanns erkennen mußte, daß bald kein Geld mehr übrig sein würde, überwies sie nichts mehr an ihren Sohn in Paris.

So gehörte mein Vater eine Zeitlang zu jenen türkischen Intellektuellen, die seit hundert Jahren ohne Hoffnung und mit leeren Taschen die Straßen von Paris durchstreifen. Er war Bauingenieur von Beruf, wie sein Vater und mein Onkel, und sehr begabt in Mathematik. Als er kein Geld mehr hatte, fand er durch eine Zeitungsannonce eine Anstellung bei IBM und wurde nach Genf geschickt. Mein Vater, Bohemien und Schriftsteller in Paris, zog nach Genf und wurde einer der ersten türkischen Migranten, die in Europa eine Arbeit und ein Auskommen fanden.

Zunächst fuhr meine Mutter zu ihm. Sie ließ uns in der Großfamilie, in dem reichen Istanbuler Haus meiner Großmutter zurück und reiste zu meinem Vater nach Genf. Wir Kinder, mein Bruder und ich, mußten erst einmal den Beginn der Sommerferien abwarten und uns Reisepässe besorgen, damit wir nachkommen konnten.

Ich erinnere mich noch daran, wie ein Fotograf unter ein schwarzes Tuch kroch, an seiner hölzernen Balgkamera auf einem Stativ verschiedene Einstellungen machte und wir lange, lange in einer Pose aushalten mußten. Dieser alte Fotograf erschien uns ausgesprochen lächerlich, als er uns anschaute und »Jaa!« sagte, bevor er mit einer zärtlichen Handbewegung ganz kurz die Kappe von der Linse nahm, um die präparierte Glasplatte zu belichten. So entstand das Foto für meinen ersten Paß, während ich von innen an den Wangen kaute, um mir buchstäblich das Lachen zu verbeißen. Meine im Paß als dunkelblond beschriebenen Haare sind wahrscheinlich zum erstenmal in jenem Jahr für dieses Foto gekämmt worden. Als ich mir jetzt, dreißig Jahre später, den Paß noch einmal anschaute, stellte ich fest, daß auch meine Augenfarbe falsch angegeben ist, was mir damals nicht aufgefallen war, obwohl ich ständig in den Seiten herumgeblättert hatte. Ein Paß ist also nicht, wie ich bisher annahm, ein Papier, das unsere Identität dokumentiert, sondern ein Dokument, das zeigt, was andere von unserer Identität halten.

Als wir Kinder mit den Pässen in den Taschen unserer nagelneuen Jacketts aus dem Fenster des Flugzeugs blickten, das uns nach Genf brachte, waren wir entsetzt. Da sich die Maschine zur Seite neigte, schien alles, sogar die Seen, in diesem Schweiz genannten Land ein unendlich steiler Hang zu sein. Wir beide lachen noch heute über unsere Erleichterung, als das Flugzeug nach dem Ende seiner Schleifen vor der Landung wieder in die Waagerechte kam und uns klarwurde, daß dieses »neue Land« fast so flach wie Istanbul war.

Die Straßen hier waren allerdings sauberer und leerer. In den Schaufenstern gab es eine größere Auswahl, und auf den Hauptstraßen fuhren mehr Autos. Die Bettler bettelten nicht einfach, wie in Istanbul, sondern stellten sich unter die Fenster und spielten Akkordeon. Meine Mutter achtete darauf, daß wir die Münzen, die wir ihnen zuwerfen wollten, in ein Stück Papier eingewickelt hatten. Unsere Wohnung lag fünf Minuten zu Fuß von den Brücken am Ende des Genfer Sees entfernt, wo er wieder ein Fluß wird, und war möbliert.

Ein anderes Land – das bedeutete nun für mich, an vorher von anderen benutzten Tischen, auf vorher von anderen benutzten Stühlen zu sitzen, in von anderen jahrelang durchgelegenen Betten zu schlafen, von Tellern zu essen, aus Gläsern zu trinken, die andere schon jahrelang benutzt hatten. Das andere Land war das Land der anderen. Und wie wir den Umgang mit diesen alten Gegenständen lernten, obwohl wir nie deren wahre Besitzer sein würden, so mußten wir uns auch an dieses alte Land, an das Territorium der anderen gewöhnen. Meine Mutter, die in Istanbul eine französische Schule besucht hatte, ließ uns den ganzen Sommer über morgens am leeren Eßtisch sitzen und versuchte, uns die französische Sprache beizubringen.

Doch wie sich am Ende des Sommers ergab, als man uns in die staatliche Genfer Grundschule schickte, hatten wir nicht das geringste gelernt. Meine Eltern nahmen gutgläubig an, wir würden, wenn wir dem Lehrer im Unterricht ständig zuhören müßten, nach und nach Französisch lernen. Doch sobald alle Kinder in den Pausen auf den Hof hinausliefen und spielten, suchten wir, mein Bruder und ich, uns im Gedränge, um uns an der Hand zu halten. Ein endloser, riesiger Garten war das fremde Land, und glückliche Kinder rannten darin spielend herum. Wir beide aber betrachteten diesen Garten des Glücks nur vorsichtig von weitem.

Obwohl mein Bruder kein Französisch sprach, war er beim Rückwärtsrechnen der Beste in seiner Klasse, weil er die Zahlen kannte und mathematisch begabt war. Was mich betraf, so hatte ich in der Schule, deren Sprache ich nicht verstand, außer meiner Schweigsamkeit nichts Besonderes vorzuweisen. Und wie man sich im Traum sträubt, wenn man nicht sprechen kann, so sträubte ich mich eines Morgens, in die Schule zu gehen. Mein innerliches Aufbegehren, äußerlich unbemerkt geblieben – was sich während der folgenden Jahre in anderen Städten, in anderen Schulen wiederholen sollte –, schützte mich vor den härteren Seiten des Lebens, hielt mich aber auch von dessen Reichtum fern. Eine Woche danach nahm man auch meinen Bruder von der Schule, drückte uns beiden die Pässe in die Hand und schickte uns zurück nach Istanbul zu unserer Großmutter.

Ich habe jenen Reisepaß, der mich stets an den Mißerfolg meines ersten Europa-Abenteuers erinnert und die Aufschrift »Mitglied des Europarates« trägt, nie wieder benutzt, mich instinktiv verschlossen und die Türkei vierundzwanzig Jahre lang nicht verlassen. Alle, die sich Pässe besorgten und nach Europa reisten, habe ich in meiner Jugend sehnsüchtig bewundert, doch ich hielt mich trotz aller Möglichkeiten, die sich mir boten, ängstlich zurück und glaubte stets, richtig zu handeln, wenn ich meine Zeit in einem Winkel von Istanbul mit Bücherschreiben verbrachte. Europa, so dachte ich damals, lernt man doch am besten durch seine Bücher kennen.

Meinen zweiten Paß verdanke ich meinen Büchern. Die verschlossenen Räume, in die ich mich in den dazwischenliegenden Jahren zurückgezogen hatte, konnte ich schließlich als Schriftsteller verlassen. Man lud mich nach Deutschland ein, wo ich verschiedene Städte besuchen und vor Türken, von denen so mancher als politischer Emigrant dort lebte, aus meinen noch nicht ins Deutsche übersetzten Büchern lesen sollte. In meinen Gedanken verknüpfte mein zweiter Paß diese hoffnungsvollen Reisen zu meinem türkischen Leserpublikum in Deutschland mit den schmerzlichen, in den Folgejahren weithin als »Identitätsproblem« bezeichneten menschlichen Erfahrungen.

Den Kopf voll schöner Ideen, fuhr ich mit einem der pünktlichen deutschen Züge von einer Stadt zur anderen. Es gefiel mir, aus dem Fenster auf die dunklen Wälder, auf die Kirchtürme der entfernten Ortschaften zu schauen und auf den Bahnsteigen die in Gedanken versunkenen Fahrgäste zu beobachten. Der Türke, der mich am Bahnhof empfing und sich für viele Mängel entschuldigte, die mir nicht aufgefallen waren, brachte mich zuerst in einem Hotel unter, führte mich dann über den Marktplatz der Stadt und sprach über die Teilnehmer der abendlichen Veranstaltung.

Diese Leseabende Mitte der achtziger Jahre, an die ich heute fast sehnsüchtig zurückdenke, wurden von politischen Emigranten und ihren Familien, von türkischen Lehrern und Studenten, von Jugendlichen der zweiten Generation, halb Türken, halb Deutsche, besucht. Dazu kamen andere, die etwas über das intellektuelle Leben in der Türkei hören wollten, außerdem einige türkische Arbeiter, die an jeder Versammlung teilnahmen, und einige Deutsche, die sich für alles und jedes, was die Türken betraf, interessierten und entschlossen waren, ihre Sympathie zu demonstrieren.

In jeder Stadt wiederholten sich bei den Lesungen mehr oder weniger die gleichen Szenen: Nachdem ich aus meinem Buch gelesen habe, hebt ein zorniger junger Mann die Hand, bittet ums Wort und tadelt mich dafür, daß ich in meinen Büchern mit abstrakten Schönheiten angebe, während in der Türkei Unterdrückung herrscht und gefoltert wird – was stets Schuldgefühle bei mir auslöst, obwohl ich ihm keineswegs recht gebe. Eine Leserin, die mich offensichtlich in Schutz nehmen möchte, fragt mich nach Details in meinen Büchern. Und dann kommen die großen Fragen, die der Türkei, der Politik, den Hoffnungen für die Zukunft, ja sogar dem Sinn des Lebens gelten und die ich jedesmal mit dem Enthusiasmus eines strebsamen jungen Schriftstellers voll bester Vorsätze beantworte. Manchmal hält jemand eine lange, mit politischen Begriffen gespickte Ansprache, die mich nicht so sehr beschuldigen soll, sondern vielmehr an die Versammelten gerichtet ist, und später klären mich meine Gastgeber, die Leiter der zuständigen Vereinigung, darüber auf, welcher linken Fraktion der Redner angehört und was er den anderen politischen Richtungen mit seiner langen Rede sagen wollte. An dem lebhaften Interesse, mit dem mich die Jüngeren nach dem Geheimnis eines erfolgreichen Schriftstellers fragen, erkenne ich, daß die jungen Türken in Deutschland viel weniger Skrupel haben, etwas vom Leben zu verlangen, als die Gleichaltrigen in der Türkei. Dann wieder stellt jemand eine Frage, die sein Lebensgefühl berührt (»Was denken Sie über die Türken in Deutschland?«), oder auch eine, die meine Sensibilität berührt (»Warum sprechen Sie nicht häufiger von der Liebe?«), und wenn daraufhin die achtzig, neunzig Menschen im Saal kichern und lachen, dann wird mir klar, daß ich eine Art Gemeinde vor mir habe, in der sich alle mehr oder weniger kennen. Nachdem mich ein älterer Herr – ein Lehrer vielleicht, der bald in Pension gehen wird – gegen Ende der Veranstaltung in dieser nunmehr gelockerten Atmosphäre auf übertriebene Weise gelobt hat, wendet er sich den halb türkischen, halb deutschen Jugendlichen zu, die sich kichernd in den hinteren Sitzreihen amüsieren, und belehrt sie in einer ebenso nationalistischen wie traurigen Rede darüber, daß auch die Türkei, ihr Vaterland, Schriftsteller aufzuweisen habe, auf die sie stolz sein könnten, daß sie diese lesen und ihre eigene Kultur kennenlernen müßten – was den jungen Leuten wieder nur ein Lächeln entlockt.

Der Themenwechsel zu den Identitätsängsten, zu den unablässigen Fragen nach Identität und Nationalität, spielte sich stets in dieser familiären Atmosphäre ab. Zum Abendessen, an dem außer meinen Gastgebern und mir noch zehn bis fünfzehn Personen teilnahmen, wurde man meistens in ein türkisches Restaurant geführt. Aber auch in einem nichttürkischen Lokal vermittelte mir die Atmosphäre, in der sich die Runde am Tisch niederließ, sich unterhielt, sich gegenseitig aufzog oder mir Fragen stellte, den Eindruck, in der Türkei zu sein, und da ich viel lieber über die Literatur als über mein Land sprechen wollte, stimmte sie mich traurig. Daß aber mein Land das eigentliche Thema war, während ich so tat, als sei es die Literatur, begriff ich erst später. Die Literatur, die Bücher waren nur ein Weg, um über das Ungewisse der Identität, die wahre Quelle der Bitternis, zu reden oder zu schweigen.

Auf all diesen Lesereisen, auch den späteren, die ich unternahm, als meine Bücher in Deutschland publiziert wurden, wurde mir klar, daß sich ein Teil der Gedanken meiner Zuhörer ständig um ihr Türkisch- oder Deutschsein drehte. Für einen Autor wie mich, der immer irgendwo in seinen Büchern den Konflikten zwischen dem Osten und dem Westen, der Unentscheidbarkeit und der Unbestimmbarkeit der Dinge einen Platz offenhält und auf spielerische Weise Allegorien für beide erfindet, sollten diese Spannungen und Identitätsängste eigentlich interessant, ja sogar höchst anregend sein. Doch ich habe es nie so empfunden. Wenn ich merkte, daß mir die Türken in Deutschland in der ersten Stunde ihre Aufmerksamkeit schenkten, sich dann aber in ihre eigene Welt zurückzogen, wenn ich zuhörte, wie sie sich in endlosen Diskussionen über ihre jeweiligen Anteile an türkischem oder deutschem Leben verstrickten, dann fühlte ich mich, der ich kein Deutsch-Türke, sondern lediglich ein Türke bin, sehr einsam und empfand die im Raum herrschende Mutlosigkeit und Bitternis.

Waren es nur Mutlosigkeit und Bitternis oder war es der Ausdruck einer reichen Identität? Nicht einmal das konnte ich entscheiden. Wie sehr auch das menschliche Herz an diesem hitzigen Für und Wider um Identität und Nationalität beteiligt war, wie eng auch diese Debatten mit den menschlichen Ängsten, Sorgen und Wünschen verknüpft waren – es bedrückte mich, und ich begann, am Sinn des Lebens zu zweifeln.

Während der Diskussionen um die Identität, die, je später die Stunde, um so heftiger wurden, fand ich heraus, daß jeder Teilnehmer der Runde anders darüber dachte, bis zu welchem Grad man sich das türkische oder deutsche Leben aneignen solle. Wer der Meinung ist, man müsse (falls das überhaupt möglich ist!) ganz und gar Deutscher sein, erhält auf unserer Skala eine Zehn. (So ein Mensch mag nicht einmal mehr an die Türkei zurückdenken und sieht sich manchmal selbst als Deutschen.) Wer aber von seiner türkischen Identität »nicht einmal das kleinste Quentchen hergeben will«, wird auf unserer Skala mit Eins bewertet. (Eine solche Person ist stolz darauf, in

Deutschland weiterhin wie ein Türke zu leben.) Die übrigen Personen am Tisch liegen mit einer unterschiedlichen Mischung aus deutschen und türkischen Lebenseinstellungen zwischen diesen beiden Extremen. Einer träumt davon, eines Tages für immer in die Türkei zurückzukehren, verbringt aber seine Sommerferien in Italien, ein anderer, der im Ramazan niemals fastet, schaut sich trotzdem nächtelang nur türkische Fernsehprogramme an, und wieder andere entfernen sich mehr und mehr von ihren türkischen Freunden, hegen jedoch einen tiefsitzenden Groll gegen alle Deutschen. Ich sah, daß sich durch all diese frei oder notgedrungen getroffenen Entscheidungen in der Persönlichkeit der Anwesenden Schmerz, Einsamkeit und Erniedrigung, Ängste und Sehnsüchte vereinigt hatten.

Was mich aber eigentlich verwirrte und als rätselhafter Vorgang in jeder Stadt zum Nachdenken brachte, war die absolute Unnachgiebigkeit und der sich jeder Kritik verschließende Fanatismus, mit dem alle den eigenen Standpunkt verteidigten, ganz gleich, welchen Grad unsere Skala für ihre türkische und deutsche Identität anzeigte. Stand zum Beispiel jemand auf unserer Skala bei Grad fünf, dann blieb er nicht dabei, seine Verbindung von türkischer und deutscher Lebenseinstellung für die einzig richtige zu halten, sondern bezichtigte den, der durch leichtes Überwiegen der türkischen Identität bei Grad vier lag, der Rückständigkeit und der Absonderung, einem anderen aber, der mit Grad sechs oder sieben der deutschen Lebenseinstellung näherstand, warf er vor, sich von seiner wahren Identität zu entfernen. Und sehr spät in der Nacht behauptete nicht nur jeder in der Runde den anderen gegenüber, sein Maß an Türkisch- und Deutschsein sei das einzig richtige, sondern versuchte auch noch erregt und voller Zorn das Unangreifbare, Persönliche und Heilige daran zu beweisen.

Tolstoi erinnert uns in dem wohlbekannten ersten Satz seiner *Anna Karenina* daran, daß alle glücklichen Familien einander ähnlich, aber die Wege zum Unglück in jeder Familie verschieden sind. Das gleiche gilt für Nationalisten und Identitätsfanatiker: Flatternde Fahnen, nationale Feierlichkeiten und

Freudenfeste nach Fußballsiegen zeigen, daß sich die glücklichen Nationalisten überall auf der Welt gleichen. Wenn Nationalismus bedeutet, daß man sich des Unterschieds zwischen der eigenen Identität und der anderer Menschen rühmen kann, dann ist das ein glatter Widerspruch in sich. Was wir aber um unserer Pässe willen, die uns manchmal Freude, manchmal Kummer bereiten, unbedingt erkennen sollten: Es gibt Unterschiede, die Anlaß zum Unglücklichsein sind – und sie bestehen sowohl zwischen den Menschen selbst als auch zwischen ihren Ängsten um die eigene Identität.

Weil wir, mein Bruder und ich, 1959 sehnsüchtig und unglücklich der lustig herumtollenden Kinderschar auf dem Hof der staatlichen Genfer Grundschule händehaltend von weitem zuschauten, wurden wir mit unseren Pässen in die Türkei zurückgeschickt. In den Jahren danach blieben Hunderttausende von Kindern, noch tiefer in dieses Unglücklichsein verstrickt, mit oder ohne Paß in Deutschland. Diese Menschen werden heute, fünfzehn Jahre nachdem ich sie kennenlernte, höchstwahrscheinlich versuchen, ihre Verbitterung durch den Erwerb eines deutschen Passes zu mildern. Es ist gut zu wissen, daß der Paß, dieses Dokument, mit dem uns andere ganz allgemein und schablonenhaft beurteilen, unseren Kummer ein wenig lindern kann. Doch unsere einander so ähnlichen Pässe dürfen uns nicht vergessen lassen, daß jeder mit seinen eigenen Identitätsproblemen, seinen eigenen Wünschen und seiner eigenen Verbitterung lebt.

Warum ich kein Architekt geworden bin

Jedesmal blieb ich vor dem alten, schon recht baufälligen Mietshaus stehen und betrachtete es mit Ehrfurcht: Seine Fassade mit dem hie und da abgebröckelten Putz war ohne Anstrich, von dunklem Schmutz bedeckt und erinnerte, wie die Fassaden ähnlicher Gebäude, an einen furchterregenden Hautausschlag. Diese untrüglichen Zeichen von Verfall, Vernachlässigung und Verwahrlosung machten stets tiefen Eindruck auf mich. Doch die kleinen Reliefs an der Fassade, verspieltes Blattwerk und asymmetrische Linien im Jugendstil, erinnerten mich daran, daß dieses kleine Bauwerk für ein besseres und schöneres Leben errichtet worden war, als sein vom Siechtum gezeichneter Zustand zu sagen schien. Ich sah die Schäden und Bruchstellen an den Regenrinnen, Fensterbänken, Reliefs und Dachgesimsen. Wenn ich die Stockwerke zusammenrechnete und den Laden im Erdgeschoß dazuzählte, konnte ich in den meisten Fällen die ersten, vor rund hundert Jahren errichteten vier Geschosse erkennen, die im Lauf der letzten zwanzig Jahre um zwei weitere ergänzt worden waren. Feines Handwerk, breite Borde unter den wuchtigen Fenstern oder Reliefarbeiten an der Straßenfront waren bei den neuen Etagen natürlich ausgeschlossen. Die meisten dieser eilig durchgeführten Erweiterungen, die profitiert hatten von Amnestien nach der Verletzung von Bauvorschriften, von Gesetzeslücken oder der Nachsicht bestechlicher Beamter in der Stadtverwaltung, schienen auf den ersten Blick im Vergleich zu dem ursprünglichen, hundertjährigen Baukörper sauberer und »modern« zu sein, doch ihr Inneres war bereits alt und unansehnlich.

Bei fast allen solcher Bauten war in den schmalen Fenstern der kleinen, einen Meter über die Straße vorspringenden Erker – dem auffälligsten Merkmal der traditionellen Istanbuler Architektur – entweder ein Blumentopf oder ein Kind zu sehen, das zu mir herunterschaute. Dann kalkulierte ich automatisch, daß dieses oder jenes Gebäude bei achtzig Quadratmeter Grundfläche eine Nutzfläche von soundsoviel besaß, und ich überlegte mir, ob es für mich brauchbar sein könnte. Ich hatte begonnen, in den ältesten, zweitausend Jahre alten Stadtvierteln von Istanbul, in den Gassen Galatas, Beyoğlus und Cihangirs, die ehemals von Griechen und Armeniern und noch früher von Genuesen bewohnt waren, nach einem alten Gebäude zu suchen, und zwar nicht, um es wieder bewohnbar zu machen und darin zu leben, sondern aus einem anderen, abwegigen Grund: um über diese Gegend zu schreiben.

Während ich das Haus vom gegenüberliegenden Gehsteig aus betrachtete, trat der Krämer aus seinem Geschäft, das hinter mir lag, und gab mir über den Zustand, die Besitzverhältnisse und die Geschichte des Gebäudes Auskunft. Mir wurde klar, daß ihn der Besitzer mit der Überwachung des Hauses beauftragt haben mußte. »Kann ich hineingehen?« fragte ich nun, etwas beunruhigt darüber, ein fremdes Haus ohne die Erlaubnis der Bewohner zu betreten. »Geh nur rein, Bruder, keine Sorge, schau dich um!« meinte der Krämer unbekümmert.

Die großzügige, außerordentlich kühle Eingangshalle des Mietshauses an diesem heißen Sommertag – selbst in den reichsten Vierteln von Istanbul findet man heute in keinem der Wohnblöcke einen so eindrucksvollen Eingang –, die Kinderstimmen des zum Teil recht armen Viertels draußen und die Tatsache, daß der Lärm aus den Kunststoff- oder Drehbankwerkstätten wenige Schritte gegenüber nicht mehr zu hören war, erinnerten mich einmal mehr daran, welche ganz andere Art von Leben hier einstmals beabsichtigt war. Ich stieg über die Treppen zwei, drei Etagen hoch und betrat, von dem neugierigen Krämer hinter mir bestärkt, irgendeine der Wohnungen durch die offene Tür. Auch wenn hier nicht alle miteinander verwandt sind, so stammen sie doch aus demselben Dorf in Anatolien, und ihre Wohnungstüren stehen immer offen.

Eine Art Scham überkam mich, als ich in der Wohnung war, doch meine Augen öffneten sich weit, um jede Einzelheit, die sich ihnen bot, aufzunehmen wie eine Kamera eines ehrgeizigen Stummfilmprojekts.

Auf einem alten Bett, an der Seite des Vestibüls hinter der offenen Wohnungstür aufgestellt, sah ich eine Frau liegen, die in der Mittagshitze eingenickt war. Ich ging an ihr vorbei, bevor sie ihre Schläfrigkeit abschütteln und mich richtig wahrnehmen konnte, und betrat ein Nebenzimmer – ein Flur war nicht vorhanden –, wo sich vor einem laufenden Farbfernseher vier Kinder im Alter von fünf bis acht Jahren auf einem kleinen Diwan zusammendrängten. Keins von ihnen hob den Kopf, um mich anzusehen, und die Zehen ihrer nackten Füßchen, die von der Diwankante herabhingen, regten sich so munter und lebhaft wie der Abenteuerfilm, dem sie zusahen.

Im nächsten Zimmer dieses vollen Hauses, das so still wie die Mittagshitze war, traf ich eine Frau an, die mir sofort klarmachte, wer hier das Sagen hatte. »Wer bist du?« fragte sie mit gefurchten Augenbrauen und einem riesigen Teekessel in der Hand. Während der Krämer hinter mir die Lage erklärte, erkannte ich, daß dies keine richtige Küche und das Zimmer des alten Mannes in Hemd und Unterhosen, der von nebenan den Kopf hereinstreckte, nur dann erreichbar war, wenn man sich durch die enge Küche hindurchquetschte. Ich begriff aber auch, daß dies natürlich nicht dem ursprünglichen Plan des Gebäudes entsprach, und erwog die Möglichkeit, kurz in das Zimmer des Alten hineinzublicken, um mich dort umzusehen und so auf den Zuschnitt der ganzen Etage schließen zu können, doch am Ende war ich beschämt wie alle anderen – außer dem Krämer –, schaute nur kurz in das Zimmer mit der abgeblätterten Farbe und dem bröckeligen Putz hinein und kam mir dabei töricht vor.

Durch die Bemühungen der hinter mir tätigen »Flüstermaschine«, des Krämers, der sich vom Aufseher zum Vermittler entwickelte, und mit der Hilfe echter Makler habe ich in jener Umgebung noch viel, viel mehr, wahrscheinlich Hunderte von alten Wohnungen begutachtet, zum Beispiel in einer von Kurden aus Tunceli bewohnten Straße, in dem von rumänischen

Zigeunern bewohnten Viertel in Galata, wo die Frauen und Kinder auf den Eingangsstufen der Gebäude sitzen und alles Kommen und Gehen beobachten, oder auch an einer abschüssigen Straße, wo die älteren Frauen gelangweilt aus dem Fenster hingen und herunterriefen: »Soll er doch kommen und sich auch unser Haus einmal ansehen!«

Was ich zu sehen bekam, waren halbzerstörte Küchen, mittendurch geteilte Salons, gänzlich abgetretene Treppenstufen, Zimmer mit Holzböden, deren Bruchstellen von Teppichen verdeckt waren, alte Wohnräume mit reichem Decken- und Wandschmuck, die man als Depot, Werkstatt, Lokal oder Lampenschirmgeschäft benutzte, herrenlose Gebäude, die wegen Eigentumsstreitigkeiten oder weil die Besitzer ausgewandert waren, verlassen worden waren und nun langsam verrotteten, Zimmer, wo aus allen Winkeln kleine Kinder hervorquollen wie aus vollgestopften Schränken, kühle Erdgeschoßwohnungen voller Modergeruch, Kellerräume mit sorgfältig aufgestapelten Holzstücken, Eisenteilen und anderem Kram, ein Sammelsurium, das in den Gassen, aus Mülltonnen oder unter irgendwelchen Bäumen aufgelesen worden war, Treppen, deren Stufen alle unterschiedlich hoch waren, tropfende Zimmerdecken, nach Schimmel riechende feuchte Wände, dunkle Treppenhäuser, in denen weder der Fahrstuhl noch die Beleuchtung funktionierte, und Frauen mit Kopftüchern, die mich in den Aufgängen durch den Türspalt musterten, Leute, die im Bett lagen, Balkone voll trocknender Wäsche, Mauern mit der Aufschrift: »Hier keinen Müll abladen!«, spielende Kinder in den Höfen und in den Schlafzimmern riesige, platzraubende Schränke, die sich alle mehr oder weniger glichen.

Hätte ich nicht so viele Häuser hintereinander aufgesucht, wäre es mir wohl kaum möglich gewesen, so klar zu erkennen, womit sich die Menschen in ihren Behausungen am meisten befassen: Sie strecken sich auf einem Diwan, einem Sessel, einer Polsterbank, einem Sofa oder einem Bett aus und dösen; und sie schauen zu jeder Tageszeit fern. Diese beiden Tätigkeiten werden meistens – ergänzt durch den Konsum von Tee und

Zigaretten – gleichzeitig ausgeführt. Und auf keine andere Art und Weise hätte ich erkennen können, welch unnötig großer Anteil dieser relativ wertvollen Stadtgrundstücke den Treppen vorbehalten blieb. Nachdem ich gesehen hatte, wieviel Raum die Treppen in diesen Gebäuden mit einer Breite von nur fünf oder sechs Metern und einer kaum nennenswerten Tiefe einnahmen, schloß ich meine Augen, vergaß sämtliche Fronten, Gebäude und Straßen der Stadt, versuchte nur, mir Hunderttausende von Treppen und sogenannten Treppenschächten vorzustellen, und begriff, daß in Istanbul der zerstückelten Immobilien wegen ein heimlicher Wald von Treppen entstanden war.

Was aber am Ende dieser Expeditionen meine Phantasie am meisten erregte, war die auf erstaunliche Weise andersartige Nutzung dieser bei aller Stattlichkeit eigentlich bescheidenen und kleinen Gebäude, die vor hundert Jahren unter ganz anderen Vorstellungen und Erwartungen von armenischen Architekten und ihren Gehilfen für die griechische und levantinische Bevölkerung Istanbuls entworfen worden waren. Während meiner Ausbildung zum Architekten habe ich gelernt, daß ein Gebäude den Ideen von Architekt und Auftraggeber entsprechend gestaltet wird. Als die griechische, armenische und levantinische Bevölkerung, die sich zuerst in den Häusern niedergelassen hatte, im 20. Jahrhundert gezwungen war, jene Bezirke Istanbuls zu verlassen und abzuwandern, wurde das Vorstellungsvermögen derer, die nach ihnen kamen, bestimmend für das restliche Dasein der Gebäude. Ich spreche hier nicht von einem aktiven Vorstellungsvermögen, das die Bauten, die Straßen gestaltet und der Stadt ihr Aussehen gibt. Es geht vielmehr um ein passives Vorstellungsvermögen, das jene Menschen, die aus ganz anderen Orten, aus unglaublich weit entfernten Winkeln hergekommen waren und hier Unterschlupf fanden, zur Anpassung an die hiesigen Räumlichkeiten entwickelt haben.

Ich kann dieses Vorstellungsvermögen mit der Phantasie eines Kindes vergleichen, das in einem nächtlich-dunklen Zimmer vor dem Einschlafen die Schatten an der Wand beobachtet und Traumgebilde schafft. Wenn das Kind in einem ihm unbekannten, angsterregenden Zimmer schläft, vergleicht es die Schatten mit vertrauten Dingen und verwandelt damit den Raum in einen wohnlichen Ort. Befindet es sich in seinem wohlbekannten, sauberen Zimmer, wo es sich geborgen fühlt, nehmen jene Schatten gruselige, märchenhafte Züge an, und das Kind ist bereit für die eigene Traumwelt. Die Vorstellungskraft gibt ihm in beiden Fällen die Möglichkeit, mit dem zusammenhanglosen Zufallsmaterial Phantasien zu entwickeln, die zu einer Anpassung an seine Umgebung führen. Hier dient die Imagination nicht irgendwem, der vor einem leeren Stück Papier steht und neue Welten schaffen will, sondern einem Menschen, der versucht, sich in einer fertig vorgefundenen, abgenutzten Welt zurechtzufinden. Die Migration, die Verlagerung der Industrieviertel, die Bildung einer Bourgeoisie türkischer Herkunft in Istanbul und die Zimmer, die Wohnungen derer, die sich in jenen dem Verfall preisgegebenen Gebäuden niederließen, die man im Zuge der Verwestlichungsideen aufgegeben hatte – sie alle sind von den Spuren dieser Imagination und den folgenden Entscheidungen gezeichnet. Die Absichten der Architekten vor hundert Jahren, die diese Bauten auf einem leeren Bogen Papier entwarfen, waren all denen, die später in diesen Gebäuden Unterschlupf fanden, vollkommen fremd. Sie teilten Räume durch Mauern, kreierten Küchen unter Treppen und auf Fensterbänken, verwandelten Eingangshallen in Depots oder Wartezimmer, schufen mit Betten und Schränken in den unmöglichsten Ecken neue kleine Räume, verschlossen Türen und Fenster mit Ziegelsteinen, ließen irgendwo neue Fenster oder Türen ein und schlugen dazu einfach Löcher in die Wände, heizten Gebäude, die Zentralheizung hatten, mit Öfen, deren Rohre sich nach allen Seiten verzweigten. Nur durch Eingriffe dieser Art konnten die Menschen die vorgefundenen Bauten in das eigene Zuhause verwandeln.

Meine Situation läßt sich anhand der erwähnten leeren Bogen besser erklären. Ich war etwas mehr als drei Jahre Student der Architektur an der Technischen Universität Istanbul. Doch ich habe das Studium nicht abgeschlossen und bin kein Architekt geworden. Heute glaube ich zu wissen, daß der Grund dafür bei den grandiosen modernistischen Ideen zu suchen ist, die mir, vor den leeren Bogen sitzend, einfielen. Mir wurde klar, daß ich keine Architektur schaffen wollte. So bin ich aufgestanden, habe die großen, leeren Bogen für Architekturzeichnungen, die mir Schwindel, Angst und Aufregung verursachten, liegenlassen und mich vor die leeren Blätter des Schreibpapiers hingesetzt, die mir Schwindel, Angst und Aufregung verursachten. Nun sitze ich seit fünfundzwanzig Jahren davor. Als ich innerlich Worte zu formen begann, wirkte die Leere des Papiers, das Gefühl eines ersten Anfangs von allem und die Wunschvorstellung, daß die Welt zu meinem Entwurf ja sagen würde, genauso auf mich wie in den Phasen meiner Architekturvisionen. Doch ich konnte mit denselben Vorstellungen seit fünfundzwanzig Jahren als Schriftsteller arbeiten – und tue es immer noch.

Dann sollten wir eine Frage stellen, eine Frage, die mir – in den Anfängen besonders oft – seit fünfundzwanzig Jahren gestellt wird: Warum bin ich nicht Architekt geworden? Die Antwort: Weil ich vor dem Papier, das meine Visionen reflektieren sollte, gesessen und geglaubt habe, es sei leer. Doch nach einem Schriftstellerdasein von fünfundzwanzig Jahren habe ich endlich begriffen, daß die Bogen niemals leer gewesen sind. Wenn ich am Schreibtisch sitze, weiß ich sehr gut, daß ich mit der Tradition, mit Menschen, die sich weder den Vorschriften noch der Geschichte beugen, mit dem Zufall und der Unordnung, dem Dunkel, dem Schrecken und dem Schmutz, mit der Vergangenheit und den Gespenstern, mit den Dingen, die der Staat und die offizielle Sprache vergessen möchten, mit der Furcht und mit den von der Furcht gespeisten Illusionen zusammensitze.

Um alle diese Merkwürdigkeiten auf das Papier zu übertragen, muß ich Romane schreiben, die zur einen Hälfte die Geschichte, die Vergangenheit und all das betrachten, was die moderne Republik und die Verwestlichung vergessen möchten, die sich aber zur anderen Hälfte der Zukunft und den Visionen zuwenden. Wäre ich mit zwanzig Jahren imstande gewesen zu begreifen, daß ich das gleiche in der Architektur hätte verwirklichen können, hätte ich versucht, Architekt zu werden. Doch damals war ich ein entschlossener Vertreter der Moderne, der davon überzeugt war, er könnte sich von der Last der Historie und ihrem Schmutz, von den Gespenstern und dem Halbdunkel befreien, ein optimistischer Anhänger der Verwestlichung, der daran glaubte, daß für alles noch die Stunde Null herrschte. Die sich keiner Vorschrift fügenden Menschen, die Geschichte und die vielfältige Kultur sah ich nicht als Teil meiner Ideen an, sondern als Hindernis ihrer Verwirklichung. Ich habe sofort begriffen, daß sie mir niemals erlauben würden, in den Straßen der Stadt die Bauten meiner Vorstellung zu errichten. Doch sie konnten nicht verhindern, daß ich mich nach Hause zurückzog und schrieb.

Bis zur Veröffentlichung meines ersten Buches vergingen acht Jahre. Eine Zeitlang, besonders in jenen Perioden der Hoffnungslosigkeit, die mich daran zweifeln ließen, ob jemals irgendwer meine Bücher veröffentlichen würde, hatte ich oft den gleichen Traum: Ich bin ein Architekturstudent, zeichne ein Gebäude für ein Seminar, doch die Zeit bis zum Abgabetermin ist knapp. Ich sitze an einem Tisch, arbeite angestrengt, überall liegen halbfertige Skizzen und Papierrollen herum, ich bin von Tuscheklecksen wie von giftigen Blüten eingekreist. Je heftiger ich mich bemühe, desto brillanter sind meine Einfälle. Doch mein fieberhaftes Arbeitstempo kann mit dem rasanten Verstreichen der Zeit bis zur Abgabefrist einfach nicht mithalten. Das Ende ist nahe, und ich weiß ganz genau, ich werde diese Pläne vor mir, den so umfangreichen Entwurf, niemals rechtzeitig fertigbringen können. Daß ich es nicht schaffe, ist allein mein Fehler, ich trage große Schuld. Während ich noch heftiger um neue Ideen ringe, steigert sich mein Schuldgefühl bis zum unerträglichen Schmerz, und ich erwache.

Um es vorab zu sagen – die Furcht, die hinter diesem Traum

steht, ist natürlich die Furcht, Schriftsteller zu sein. Als Architekt hätte ich einen mehr oder weniger guten Beruf gehabt und zumindest soviel Geld verdienen können, wie ich in der Mittelschicht für ein auskömmliches Leben benötigte. Doch als ich auf etwas vage Art und Weise erklärte, ich wolle Schriftsteller werden, und einen Roman zu schreiben begann, war meine nächste Umgebung der Ansicht, ich würde in den nächsten Jahren mit finanziellen Schwierigkeiten zu kämpfen haben. Aus diesem Grund war der Traum trotz aller Schuldgefühle und dem furchtbaren Zeitdruck der einer Wunscherfüllung. Denn solange ich versuchte, Architekt zu werden, entfernte ich mich nicht von einem »normalen« Leben. Auch später noch, als ich ohne jede Einschränkung meine Romane schrieb, geriet ich oft genug in diese fast psychotische Situation, die sich in einem übermäßigen Arbeitstempo unter Zeitdruck und intensiven Phantasievorstellungen äußerte.

Wenn man mich damals fragte, warum ich nicht Architekt geworden war, gab ich mit anderen Worten dieselbe Antwort: »Weil ich keine Mietshäuser bauen wollte!« Wenn ich von »Mietshaus« rede, so handelt es sich um einen Lebensstil, um eine Auffassung von Architektur. Das historische Stadtgebiet von Istanbul war nach 1930 weitgehend verlassen worden, die Mittel- und Oberschicht hatte die zwei- und dreistöckigen, in weitläufigen Gärten liegenden Häuser abreißen lassen, weitere Grundstücke waren zur Bebauung freigegeben worden, und überall wurden Wohnblöcke errichtet, so daß die gesamte alte Struktur und das historische Erscheinungsbild der Stadt verschwanden.

Zu Anfang meiner Schulzeit Ende der fünfziger Jahre lebten sämtliche Schüler unserer Klasse in Mietshäusern. Die innere Aufteilung der Gebäude, deren Fassaden zunächst eine Mischung aus bauhausartiger Schlichtheit und Modernität mit dem traditionell türkischen Erkerhaus und später eine schlechte und wenig einfallsreiche Imitation des internationalen Stils aufwiesen, war durch die Besitzverhältnisse und die schmalen Grundstücke bestimmt und überall die gleiche: in der Mitte eine enge Treppe und ein Lichtschacht – auch »Dunkelschacht« genannt – für die Belüftung, vorn ein Salon, hinten entsprechend der Breite des Grundstücks und dem Können des Architekten zwei oder drei Zimmer. Der den vorderen Raum mit den hinteren Zimmern verbindende lange Korridor – von ihm gingen auch Bad und Küche ab –, die Fenster zum Lichtschacht und zum Treppenaufgang sorgten für eine erschreckende Ähnlichkeit zwischen diesen Wohnungen, in denen überall der gleiche Geruch nach Schimmel, Alter, Bratfett und Vogeldreck herrschte.

Meine Ängste richteten sich während des Architekturstudiums besonders auf die schreckliche Aussicht, mich bei zukünftigen Bauaufträgen für solche Häuser auch im Falle der kleinen, schmalen Grundstücke den Bauvorschriften, dem halbwestlichen Geschmack der Mittelschicht und vor allem den Profitkriterien anpassen zu müssen. Viele Verwandte und Bekannte, die sich zu jener Zeit über die unverschämten Architekten beklagten, sprachen davon, mir die von ihren Vätern geerbten Grundstücke anzuvertrauen, damit ich, sowie ich Architekt sein würde, darauf eins dieser Gebäude errichtete.

Ich bin kein Architekt geworden und so der Errichtung von Mietshäusern entgangen. Ich bin Schriftsteller geworden und habe viel über diese Häuser geschrieben. Und alles, was ich darüber schrieb, hat mich folgendes gelehrt: Was ein Gebäude zum Heim, zum Zuhause macht, ist die Einbildungskraft seiner Bewohner. Sie findet ihre Nahrung genau wie die Gespenster in den ausgedienten, morschen, dunklen Winkeln voller Schmutz. Ja, wie die Struktur der Fassaden und Innenwände mancher Gebäude mit zunehmendem Alter sogar geheimnisvoller und schöner wird, so läßt sich auch aus manchen Spuren ablesen, wie aus einem Bauwerk durch das ständige Wirken der Phantasie ein Zuhause geworden ist. Lassen Sie uns die zweigeteilten Zimmer, die durchbrochenen Wände und schadhaften Treppen unter diesem Blickwinkel betrachten. Die konkreten Beweise und Spuren, die der Architekt umsonst suchen wird, sind in der Phantasie zu finden, mit der die ersten Bewohner das durchschnittliche Gebäude – das damals, als finge alles neu an, voller Begeisterung für die Moderne errichtet worden war – in ihr Zuhause verwandelt hatten.

Als ich vor drei Monaten die Trümmerstätten des Erdbebens aufsuchte, das dreißigtausend Menschen den Tod brachte, habe ich unter all den Trümmern aus Beton und Glas, den Pantoffeln und Lampenständern, den überall eingeklemmten Vorhängen und Teppichen, den Ziegeln und Mauerresten das Vorhandensein dieser Vorstellungskraft, die im Grunde genommen jedes von Menschen benutzte Gebäude, alt oder neu, jede Unterkunft umgibt, einmal mehr sehr stark empfunden. Wie die Dostojewskischen Helden, die sich dank ihrer Vorstellungskraft in den hoffnungslosesten Lebenslagen zurechtfinden, so können auch wir ein Gebäude unter den schwierigsten Bedingungen in ein Zuhause verwandeln.

Wenn aber ein Erdbeben dieses Zuhause zerstört, dann wird uns schmerzlich bewußt, daß es eigentlich ein Gebäude ist. Mein Vater hat mir erzählt, daß er gleich nach den todbringenden Erdstößen, als ganz Istanbul ohne Strom war, in stockfinsterer Nacht von einem Mietshaus zu einem anderen geflüchtet sei, das zweihundert Meter entfernt lag. Nach dem Grund befragt, sagte er im Hinblick auf das zweite Gebäude: »Das ist solide, das habe ich gebaut!« Es war das Haus unserer Familien, in dem ich meine Kindheit verbracht, über das ich – in meinen Romanen – viel geschrieben habe, in dem Großmutter, Onkel und Tanten ihre Wohnungen hatten, und wenn Sie mich fragen, war es nicht das solide Gebäude, in dem mein Vater Zuflucht suchte, sondern sein Zuhause.

Mein Vater

Ich bin spätabends nach Hause gekommen. Man sagte mir, mein Vater sei gestorben. Ein Bild aus meiner Kindheit – sein Anblick mit kurzen Hosen zu Hause, seine dürren Beine – stieg in mir auf und setzte sich mit der Trauer in meinem Kopf fest.

Nachts um zwei bin ich zu ihm nach Hause gegangen, um ihn ein letztes Mal zu sehen. »Er liegt im hinteren Zimmer«, hatte man gesagt, da ging ich hinein. Viel später, auf dem Rückweg, waren die Straßen von Nişantaşı, wo ich seit fünfzig Jahren lebe, leer und kalt, die Schaufensterlichter fern und fremd.

Morgens habe ich übernächtigt und wie im Traum telefoniert und mit Besuchern geredet, mich in die Formalitäten vertieft, beim Verfassen der Todesanzeige alle möglichen Bemerkungen, Bitten, Wünsche, kleine Meinungsverschiedenheiten mit angehört. Ich glaubte zu verstehen, warum bei allen Todesfällen das Begräbnis plötzlich wichtiger ist als der Tod selbst.

Gegen Abend fuhren wir zur Bestellung und Vorbereitung des Grabes zum Friedhof von Edirnekapı. Während sich mein Bruder und mein Cousin zum kleinen Verwaltungsgebäude des Friedhofs begaben, blieb ich auf dem Beifahrersitz im Taxi zurück. Der Fahrer erklärte, daß er mich kenne.

»Mein Vater ist gestorben«, sagte ich. Und begann, ohne so etwas erwartet oder geplant zu haben, ihm von meinem Vater zu erzählen. Ich sagte ihm, mein Vater sei ein sehr guter Mensch gewesen und, was noch wichtiger sei, daß ich ihn sehr geliebt hätte. Die Sonne war kurz vor dem Untergehen. Der Friedhof war still und leer. Die Betongebäude der Stadt waren in ein Licht und eine Atmosphäre getaucht, die ihre Häßlichkeit milderten. Während ich erzählte, bewegte ein kalter Wind, den ich bis dahin nicht wahrgenommen hatte, langsam die Platanen und Zypressen des Friedhofs, und dieser Anblick grub sich in mein Gedächtnis ein wie der der dürren Beine meines Vaters.

Als klarwurde, daß das Taxi zu lange zu warten hatte, schlug mir der Fahrer, der meinte, er sei mein Namensvetter, zweimal verständnisvoll und herzlich auf die Schulter und fuhr ab. Ich habe keinem gesagt, was ich ihm erzählt hatte. Aber eine Woche später begann, was in meinem Innern war, sich mit Erinnerungen und Trauer zu verbinden. Vielleicht würde es mich noch trauriger machen, wenn ich es nicht aufschriebe.

Ich hatte dem Fahrer, meinem Namensvetter, egoistischerweise erst einmal von mir selbst zu erzählen begonnen: »Nicht ein einziges Mal hat mich mein Vater mit gerunzelten Brauen angeschaut, nie hat er mit mir geschimpft, keine einzige Ohrfeige hat er mir gegeben.« Aber das war gar nicht so wichtig. Er schaute sich jedes Bild, das ich als Kind gemalt habe, mit aufrichtiger Bewunderung an und prüfte jede Skizze, die ich ihm zum Loben hinhielt, als sei sie ein Meisterwerk. Er lachte noch über meine schlechtesten und abgedroschensten Witze herzlich. Ohne das Selbstvertrauen, das er mir gab, wäre es viel schwieriger für mich gewesen, Schriftsteller zu werden, mich für ein solches Leben zu entscheiden. Hinter dem Vertrauen, hinter der Überzeugung, wir beide seien unvergleichlich und brillant, das mein Vater ganz selbstverständlich in mich und in meinen älteren Bruder setzte, steckten die Bewunderung, die er für sich selbst empfand, und sein eigenes Selbstvertrauen. Er glaubte mit kindlicher Naivität und Aufrichtigkeit, daß wir genauso brillant, begabt und intelligent seien, weil wir nun einmal seine Söhne waren.

Ja, er war intelligent: Er konnte einem sofort ein Gedicht des symbolistischen Dichters Cenap Şahabettin rezitieren, aus dem Gedächtnis die Zahl π auf fünfzehn Stellen hinter dem Komma nennen oder das Ende eines Filmes, den wir uns zusammen ansahen, zutreffend vorhersagen. Er erzählte auch gerne Geschichten über seine Intelligenz. Genüßlich berichtete er, wie der Mathematiklehrer ihn als Mittelschüler in kurzen Hosen mitten in einer Stunde in den Mathematikunterricht der höchsten Gymnasiumsklasse gerufen hatte, um den kleinen Gündüz ein Problem an der Tafel lösen zu lassen, das seinen drei Jahre älteren Kameraden zu schwierig war, und zu ihm dann »Bravo!«, zu den anderen aber »Pfui!« zu sagen. Seine Intelligenz erweckte in mir ein unentschiedenes Gefühl, das zwischen dem Wunsch, so wie er zu sein, und Neid schwankte.

Das gleiche kann ich über sein gutes Aussehen sagen. Wie alle bestätigten, ähnelten wir uns sehr, aber er sah sehr viel besser und attraktiver aus. Genau wie der von seinem Vater, meinem Großvater, auf ihn übergegangene Reichtum, den er auch mit mehreren Konkursen nicht vernichten konnte, so machte auch sein gutes Aussehen sein Leben zu einer einfachen und amüsanten Angelegenheit. Eine Unbefangenheit, die sich aus einem Optimismus, der ihn selbst in seinen schwersten Stunden nicht verließ, unvergleichlichem Selbstvertrauen und gutem Willen zusammensetzte, hatte sich in seiner Seele geradezu unauslöschlich festgesetzt und machte ihn anders als alle anderen. Für ihn war das Leben nichts, was man sich erarbeiten mußte, sondern etwas, aus dem man Genuß zog. Er betrachtete die Welt nicht als ein Schlachtfeld, sondern als einen Platz für Spiel und Amüsement. Als er älter wurde, bedauerte er ein wenig, daß er dem Reichtum, der Intelligenz und dem guten Aussehen, die er in seiner Jugend in vollen Zügen genossen hatte, nicht so viel Ruhm und Macht hinzugefügt hatte, wie er sich das gewünscht hätte. Aber sowenig wie von allem anderen auch ließ er sich davon erschüttern. Er konnte seine eigenen Sorgen mit der gleichen kindlichen Gelassenheit beiseite schieben, mit der er sich von Menschen, Eigentum und Problemen befreite, die ihm lästig wurden. Deswegen habe ich kaum gehört, daß er sich beklagte, obwohl das Leben nach seinem dreißigsten Jahr sich entweder wiederholte oder ein Abstieg war. Ein berühmter Kritiker, der sich mit ihm, als er schon alt war, einmal zum Essen getroffen hatte, meinte später etwas irritiert zu mir: »Dein Vater hat ja keinerlei Komplexe!«

Der Optimismus und die Glücksfähigkeit eines Peter Pan bewahrten ihn vor Gier und Leidenschaft. Daß er zu optimistisch und gelassen war, um je leidenschaftlich zu werden, ist auch meine Erklärung dafür, daß er nie zu einer Identität als Literat fand, obwohl er früher viel gelesen und den Wunsch hatte, Dichter zu werden, und auch eine ganze Reihe von Gedichten Valérys übersetzt hatte. Er besaß eine gute Bibliothek, die ich zu seiner Freude in meinen frühen Jugendjahren hemmungslos plünderte. Er las Bücher nicht wie ich, mit Gier und einer Art Schwindelgefühl, sondern mit Genuß, als Mittel, an etwas anderes zu denken, und oft las er sie nicht zu Ende.

Mich hat sehr beeindruckt, wie er von Sartre, den er in Paris gesehen hatte, oder von Camus (der als Autor besser zu ihm paßte), so berichtete wie die Väter von anderen von religiösen Führern oder Generälen. Jahre später hat mir Erdal İnönü, der mit meinem Vater in der Kindheit und auf der Technischen Universität befreundet war, auf einer Ausstellungseröffnung lächelnd erzählt, wie sein Vater, der Staatspräsident İsmet İnönü, bei einem familiären Essen im Präsidentenpalais von Çankaya das Gespräch auf Literatur brachte und mein damals zwanzigjähriger Vater, der zu Gast war, die Frage aufwarf: »Warum gibt es bei uns keinen Schriftsteller von Weltruf?« Eines Tages, zehn Jahre nachdem mein erstes Buch erschienen war, gab mir mein Vater etwas beschämt einen kleinen Koffer. Ich weiß noch genau, wie unangenehm mich die Hefte voller Erinnerungen, die Gedichte, literarischen Versuche und Notizen berührten, die er enthielt: Wir wünschen uns unsere Väter nicht, wie sie sind, sondern wie wir sie uns wünschen.

Ich ließ mich gerne von ihm ins Kino ausführen, hörte ihm gerne zu, wie er Dritten von den Filmen erzählte, die wir gemeinsam gesehen hatten, wie er Witze über Dummköpfe, Bösewichte und Langweiler machte oder wie er über eine neue Frucht, eine Stadt, in die er gereist war, eine Neuigkeit oder ein Buch redete. Mir gefiel es auch, wenn er mich ins Auto setzte und einen Ausflug machte, denn wenn wir gemeinsam Auto fuhren, hieß das, daß er wenigstens für eine Weile nicht plötzlich verschwinden würde. Ich mochte diese Autofahrten sogar besonders, denn dabei konnte er wie ein Freund die schwierigsten und heikelsten Themen ansprechen, weil wir uns, da er ja fuhr, nicht in die Augen sehen konnten. Wenn er mir genug erklärt hatte, machte er Witze, suchte nach einem Sender im Radio und sprach über die Musik, die wir hörten.

Aber was ich noch mehr mochte, war, ihm nahe zu sein, seinen Körper zu berühren und mich in seiner Umgebung aufzuhalten. Wie hätte ich mir gewünscht, daß er in der bedrückendsten, krisengeschüttelten Zeit meines Lebens während der Jahre auf dem Gymnasium und auch noch zu Beginn meines Studiums an der Universität nach Hause gekommen wäre, etwas erzählt und meine Mutter und mich aufgeheitert hätte. Als kleines Kind bin ich sehr gerne auf seinen Schoß geklettert oder habe mich neben ihn gelegt, seinen einzigartigen Geruch eingesogen, ihn berührt. Ich erinnere mich, wie er mir als ganz kleinem Jungen auf der Prinzeninsel Heybeli das Schwimmen beibrachte. Ich sank voll Angst und Furcht auf den Grund, als er mich plötzlich packte, und ich, um nicht wieder unterzutauchen, schrie: »Papa, laß mich nicht los!« – glücklich nicht nur deshalb, weil ich wieder Luft bekam, sondern auch, weil ich seinen Körper ganz fest umarmte.

Aber er ließ uns los. Er ging in die Ferne, in andere Länder, an andere Orte, Plätze, die wir nicht kannten. Manchmal, wenn er auf dem Diwan ausgestreckt ein Buch las, ließ er seine Augen in die Ferne schweifen und begann an etwas zu denken, sich etwas vorzustellen. Dann spürte ich, daß in dem Menschen, den ich als meinen Vater kannte, eine ganz andere Welt steckte, die ich nicht erreichen konnte. Ich nahm an, daß er von einem anderen Leben träumte, und fühlte mich bedrückt. Manchmal sagte er: »Ich fühle mich wie eine ins Leere abgefeuerte Kugel.« Warum auch immer, ich nahm ihm diesen Satz übel. Im Lauf der Zeit nahm ich ihm eine ganze Menge übel. Ich weiß nicht, wer recht hatte. Vielleicht wollte auch ich inzwischen woandershin entfliehen. Trotzdem sah ich immer noch sehr gerne zu, wie er Brahms' *Erste Symphonie* auflegte und dann ein imaginäres Orchester mit einem imaginären Taktstock voller Begeisterung dirigierte. Es ging mir auf die Nerven, daß er erst sein ganzes Leben glücklich und sorgenfrei, manchmal unbefangen wie ein Kind, manchmal ganz bewußt, mit Vergnügungen verbracht hatte und nun nach jemandem suchte, dem er die Schuld dafür geben konnte, daß all diese Vergnügungen keinen weiteren Sinn ergaben als den, vergnüglich gewesen zu sein. In meinen Zwanzigern gab es Zeiten, wo ich mir sagte: »Daß ich bloß nicht wie der werde!« Manchmal aber merkte ich, daß es mich bedrückte, nicht so glücklich, gelassen, sorgenfrei und gutaussehend wie er sein zu können.

Viel später ließ ich all das weit hinter mir. Die Eifersucht und Wut auf meinen flüchtigen Vater, der mich nie unterdrückt, nie herabgesetzt hatte, verwandelte sich in eine ergebene Akzeptanz der Tatsache, daß wir uns unweigerlich ähnlich waren. Nun ertappe ich mich dabei, wie ich ihn nachahme, wenn ich mich über einen Dummkopf lustig mache, mich im Restaurant beim Kellner beschwere, mit meiner Oberlippe spiele, ein Buch nicht zu Ende gelesen in die Ecke lege, meine Tochter küsse, Geld aus meiner Tasche ziehe oder scherzend und freundlich jemanden grüße. Dabei geht es nicht darum, daß meine Hände, Arme, Handgelenke oder mein Rücken den seinen ähnlich sehen. Sondern um etwas, was mich erschreckt und schaudern läßt und mich daran erinnert, wie ich ihm als Kind gleichen wollte: Der Tod jedes Mannes beginnt mit dem Tod seines Vaters.

Die POLITIK lenkt zu sehr ab

Meine Flagge

Vor dreißig Jahren mußten wir ab der Mittelstufe in den Erdkundestunden einen Atlas dabeihaben. Da er gebunden war, von größerem Format als die anderen Schulbücher, auf besserem Papier gedruckt und farbig gestaltet, galt er als etwas Besonderes. Mancher mittellose Schüler konnte sich keinen leisten, und wer einen hatte, der gab während der sechs Jahre Mittel- und Oberstufe, in denen stets der gleiche Atlas verwendet wurde, sehr darauf acht. Am Anfang stand eine weder ganz runde noch ovale, sondern am ehesten an ein zusammengedrücktes Ei erinnernde Weltkarte, die eine Doppelseite einnahm und einem wirklich das Gefühl vermittelte, die ganze Welt vor sich zu haben.

Unverzichtbarer Bestandteil dieser als »politisch« deklarierten Karte waren die briefmarkengroßen Nationalflaggen unten auf den Seiten. Da ich meinen Schulatlas sorgsam aufgehoben habe, habe ich vor dem Verfassen dieses Essays noch einmal einen Blick hineingeworfen. Im Jahr 1965 waren in dem Atlas 105 Flaggen dargestellt. Im Zuge der Dekolonisierung Afrikas und des Zusammenbruchs der Sowjetunion hat sich mittlerweile die Zahl der Flaggen um einiges erhöht. Die damaligen 105 und ihre Zugehörigkeit auswendig zu lernen scheint nicht sehr schwer gewesen zu sein, unter Klassenkameraden betrieben wir das als Spiel. Wir verdeckten jeweils den Namen unter der Flagge und fragten dann, zu welchem Staat die Flagge gehörte. Wahrscheinlich lernten wir bereits durch dieses simple Spiel einiges über Fahnen als Symbol der Zugehörigkeit und des »Vertretenwerdens«. Daß damit auch an Machtbeziehungen und Identitätsprobleme gerührt wurde, leitete ich aus der bunten Karte und den bunten Fähnlein noch keineswegs ab. Mir galten sie einfach als Abbild einer vielfältigen Welt, nicht anders als die Briefmarken, die ein fleißiger junger Sammler brav ins Album steckt. Mit einem kleinen farbigen Bild konnte man eben Länder und Gemeinschaften leichter auseinanderhalten, so ähnlich, wie man es im Fußball mit den Trikots hält.

Nun, ich war noch ein Kind, ich war naiv, aber vielleicht hatte ich gar nicht so unrecht. Damals war es nämlich noch nicht so, daß in Istanbul nach Fußballspielen Männer mit Fahnen in der Hand grölend durch die dunklen Straßen zogen und mit Messern aufeinander einstachen. Wenn eine türkische Mannschaft ein Europapokalspiel gewann, also etwa Fenerbahçe Manchester United besiegte, dann wurde man auf den Hauptstraßen und Plätzen Istanbuls noch nicht von aggressiven Horden umringt und zum Singen der türkischen Nationalhymne gezwungen, und es gab noch keine Kolumnisten, die am nächsten Tag voller Stolz schrieben: »Beim Anblick des Fahnenmeeres auf unseren Plätzen haben sich die Schwätzer, die von Menschenrechten faseln, wohl gar nicht mehr auf die Straßen getraut.« Die Fahne erweckte in mir damals auch keine Furchtgefühle. Ich war entweder ein vom türkischen Erziehungssystem geprägter redlicher kleiner Nationalist, oder die rote türkische Fahne mit dem Stern und dem Halbmond darauf bedeutete mir einfach etwas ganz anderes als heute.

Dieses Jahr habe ich im Zusammenhang mit der türkischen Fahne ein paar Dinge erlebt, die mich immer noch beschäftigen, so daß ich kurz darauf eingehen möchte.

Es gibt in der Türkei ein sogenanntes Kurdenproblem, das durch die unkluge und unnachgiebige Haltung der Regierung in eine Sackgasse manövriert wurde und kriegerische Formen angenommen hat. Zwar gibt es durchaus Leute, die gleich mir die Auffassung vertreten, daß das Problem etwas mit den Identitätsforderungen der Kurden zu tun hat und auf friedliche und demokratische Weise gelöst werden sollte, doch werden ihre Stimmen in all dem Kriegsgetöse und nationalistischen Geschrei kaum wahrgenommen. Zu jenen Stimmen gehört die Demokratische Volkspartei, die vor allem von Kurden gewählt wird. Vor etwa einem Monat wollte die Partei demonstrieren, daß sie die Einheit der Türkei respektieren und ihre Ziele auf legalem Weg erreichen will, und ließ daher auf ihrem Parteitag eine riesige türkische Fahne aufhängen. Ein junger Kurde, dem diese gemäßigte Haltung der Parteiführung gegen den Strich ging, kappte vor den Augen der Journalisten und der Fernsehkameras die Schnüre der Fahne und stürzte damit die Türkei beinahe in einen Bürgerkrieg. Unzählige Male konnte man im Fernsehen in Zeitlupe mitverfolgen, wie unter den Blicken der Menge die riesige Fahne so dramatisch herunterflatterte, daß man sich an das Finale des *Phantoms der Oper* erinnert fühlte. Die Parteiführung wurde verhaftet, man hielt eine »Woche der Fahne« ab, und von Zehntausenden von Häusern hingen plötzlich türkische Fahnen herunter.

Im Istanbuler Stadtviertel Cihangir lebten bis vor kurzem in den heruntergekommenen Mietshäusern einer abgelegenen Straße Transvestiten. Die meisten von ihnen sicherten sich ihren Lebensunterhalt durch Prostitution, so daß in der Straße ein ungutes Klima herrschte, das die umliegenden Bewohner nicht mehr hinnehmen wollten. Sie erklärten dieses Jahr den Transvestiten den Krieg, brachten den sittenstrengen Teil der Presse, die öffentliche Meinung und die Polizei auf ihre Seite und benützten in ihrem Feldzug zur Vertreibung der Transvestiten auch die türkische Fahne als Waffe, und zwar auf recht eigenartige Weise. Es wurde das Motto ausgegeben, wer gegen die Transvestiten sei, solle eine Fahne hissen, und bald war so gut wie die ganze Straße beflaggt. Für die Bewohner besagten diese Fahnen: »Wir wollen hier keine Transvestiten.« Nach Mitternacht aber nahmen sie eine Bedeutung an, die von der in meiner Kindheit üblichen erheblich abwich. Die vorwiegend betrunkenen Männer, die um diese Zeit in die Straße kamen, nutzten nämlich die Fahnen zur Orientierung, also um zu wissen, wo überhaupt noch Prostituierte wohnten.

Zypern ist bekanntlich seit vierzig Jahren ein Zankapfel zwischen Griechenland und der Türkei. Letzten Sommer fügten nationalistische Eiferer beider Seiten dieser unendlichen Geschichte ein neues Kapitel hinzu. Zuerst begingen junge griechische Nationalisten auf Motorrädern an der Trennlinie zwischen dem griechischen und dem türkischen Teil einige demonstrative Grenzverletzungen. Die türkischen Grenzposten widersetzten sich, und es kam zu kleineren Zusammenstößen, in deren Verlauf ein junger griechischer Zypriot plötzlich begann, die auf der türkischen Seite gelegene Fahnenstange zu erklimmen. Es war klar, daß der unbewaffnete Jugendliche vorhatte, die türkische Fahne von dem hohen Masten herunterzuholen. Doch als er schon fast oben war, wurde er von der türkischen Seite beschossen und kam ums Leben. Somit nahm die Angelegenheit plötzlich ganz andere Ausmaße an. In der türkischen öffentlichen Meinung wurde die Auffassung laut, das unverhältnismäßige, ein Menschenleben fordernde Verhalten der Soldaten schade dem internationalen Ansehen der Türkei. Nationalistische türkische Politiker aber setzten dem entgegen: »Wer sich an der heiligen Fahne vergreift, muß sterben.«

Anläßlich des britischen Hay-on-Wye-Festivals und der Taschenbuchausgabe meines Romans *Das schwarze Buch* hielt ich mich dieses Jahr kurz in England auf. Mir gefiel, daß im Unterschied zu den meisten anderen Verlegern der Faber-Verlag den Umschlag des *Schwarzen Buchs* nicht schwarz, sondern rot gestaltet hatte. In London sah ich nun, daß auf dem Umschlag der Taschenbuchausgabe das Rot des Hintergrunds mit dem Stern und dem Halbmond der türkischen Flagge versehen war. Ich dachte mir lediglich, der Leser des Taschenbuchs solle wohl nur darauf aufmerksam gemacht werden, daß der Roman mit der Türkei zu tun habe, und störte mich nicht weiter daran. Doch stellte sich heraus, daß ich anscheinend noch immer so naiv war wie zu den Zeiten des Schulatlas.

Am Ende einer Lesung in London meldete sich ein Zuhörer und fragte mich, wie ich es nur zulassen könne, daß der Umschlag meines Buches mit der türkischen Flagge verunziert werde, dem Symbol aller Untaten der Türkischen Republik? Der junge Mann spielte auf meinen Einsatz für die demokratischen und kulturellen Rechte der Kurden in der Türkei an und sprach in durchaus freundschaftlichem und höflichem Ton, doch seine Enttäuschung war ihm anzumerken.

Wenn man diese vier Fahnengeschichten so nebeneinanderstellt, kommt man zu verblüffenden Ergebnissen. Was der eine in einer Fahne sieht, ist für den anderen nicht nachzuvollziehen. Für den jungen Mann, der sich an der Fahne auf dem Buchumschlag stieß, war die türkische Fahne – und waren vielleicht Fahnen überhaupt – Sinnbilder für die Schandtaten eines Staates. Die Umschlaggestalter hingegen hatten einfach nur auf den Wiedererkennungswert gebaut und die Fahne als verkaufsfördernde Maßnahme gewertet. In meinem Viertel wiederum hatte ein und dieselbe Fahne für die einen »Hier wohnen Prostituierte« bedeutet und für die anderen »Wir sind gegen Transvestiten«. Und die gleiche Fahne, die zur Vertreibung von Prostituierten mithelfen sollte, gilt nationalistischen Politikern nicht als Symbol, sondern als etwas, um dessentwillen getötet werden darf.

Ein solcher Gewalt befürwortender Politiker sagte damals im Fernsehen: »Genauso, wie das Vaterland nicht einfach nur ein Stück Erde ist, ist auch die Fahne nicht einfach ein Stück Stoff.« Mochte dieser Nationalist auch von Semiologiekenntnissen unbeleckt sein, so waren doch seine Worte über den Symbol- und Zeichencharakter von Fahnen eine Art Lektion in Semiologie und eine schöne Zusammenfassung seiner Weltanschauung.

In meiner Kindheit symbolisierte die Fahne die Nation. Später begriffen wir, daß sie eher den Nationalismus symbolisieren sollte. Nun aber soll sie noch etwas Diffuseres und Seltsameres bedeuten als den Nationalismus. Wenn wir diesem Seltsamen nicht bald auf die Spur kommen und seine Regeln definieren, wird um der Fahne willen noch viel Blut fließen.

Kein Eintritt

Der Mann, der da durch die Straßen schlendert, hat vielleicht noch etwas Zeit vor einem Termin, oder er ist eine Haltestelle früher aus dem Bus gestiegen, weil er es nicht eilig hat, oder aber er spaziert einfach in einem Viertel herum, das er noch nicht kennt. Und während er so gedankenverloren und doch neugierig dahingeht und sich die Auslagen von Kurzwarengeschäften und Apotheken ansieht, an vollen Cafés vorbeikommt und einen Blick auf Zeitungen und Magazine wirft, die an einem Kiosk aushängen, sieht er plötzlich an einer Tür ein Schild: »Kein Eintritt«. Nun, das geht ihn nichts an, das ist nicht auf ihn gemünzt. Auch ohne das Schild wäre diese Tür für ihn ohne Interesse gewesen. Er geht ja nur so vor sich hin und hat keinerlei Absicht, dort einzutreten.

Und doch erinnert die Aufschrift ihn daran, daß seinem ziellosen Umherwandeln Grenzen gesetzt sind. Auch wenn von der Tür gar kein Appell an ihn ausgeht, da er nichts mit ihr vorhat, macht sie ihm vorwitzig deutlich, daß er in seinem Tun und Trachten nicht völlig frei ist, und dringt damit in seine bis dahin noch unbeschwerte Gedankenwelt ein. Im Grunde genommen ist die Sache völlig unwichtig, aber dennoch: Warum haben sie das da hingeschrieben? Noch dazu an eine Tür, die doch sehr wohl für einen Eintritt gedacht ist. Das Schild soll also genauer gesagt bedeuten, daß dort für manche kein Eintritt ist, für andere aber doch. Dann ist aber »Kein Eintritt« nicht die richtige Aussage. Gemeint ist eigentlich: Hier darf nicht jeder rein, der will! Ein paar Privilegierten wird der Eintritt gestattet, wer dagegen ohne dieses Privileg hineinwill, wird abgewiesen. Und noch dazu wird jeder, der keinerlei Eintrittsabsicht hat, mit den Abgewiesenen quasi in einen Sack gesteckt. Nachdem der Spaziergänger ein paar Schritte lang so räsoniert hat, fragt er sich ganz unwillkürlich, wer denn das eigentlich ist, der ihn mit den Abgewiesenen in eine solche

Schicksalsgemeinschaft zwingt. Wer darf durch diese Tür? Was bringt ihn dort hinein? Was macht ihn zu einem Privilegierten? Der Passant denkt sich, daß es vielleicht gar kein solches Privileg ist, dort einmal kurz hineinzugehen. Womöglich sitzen nur ein paar Langweiler drin, die nicht wollen, daß man sie in all ihrem Elend zu Gesicht bekommt. Aber dann fällt dem Mann ein, daß zum Schutz der Privatsphäre die meisten Menschen ihre Behausung ganz einfach mit einer Tür und diese Tür mit einem Schloß ausstatten, und nun ist er schon gar nicht mehr so gedankenverloren wie zu Anfang und begreift, daß sich hinter dieser Tür wahrhaftig ein Privileg verbirgt. Und anstatt das Problem ganz einfach mit einem Schloß zu lösen und dann so zu tun, als sei man ein ganz gewöhnlicher Zeitgenosse mit einem Schlüssel in der Tasche, haben die Privilegierten sich dazu entschlossen, an die Tür »Kein Eintritt« zu schreiben. Und wenn das unserem Passanten innerhalb weniger Schritte eingefallen ist, dann muß der Gedanke auch denen gekommen sein, die das Schild angebracht haben. Unter denen mögen auch welche gewesen sein, die gesagt haben: »Nehmen wir doch lieber alle einen Schlüssel, anstatt ein solches Schild aufzuhängen«, aber die Schildbefürworter haben sich wohl durchgesetzt. Und warum? Weil anscheinend so viele Personen betroffen waren, daß das Problem mit Schlüsseln nicht zu bewältigen war. Wenn dem so ist, dann bilden also die Menschen, die sich um das »Kein Eintritt« nicht scheren, weil es nicht für sie gedacht ist, eine so große Gruppe, daß nicht an jeden ein Schlüssel ausgegeben werden konnte. Daraus folgt fast zwangsweise, daß es hinter dieser Tür eines Tages zu einer Diskussion darüber kam, wer von diesen vielen Menschen eigentlich hereingelassen werden sollte und wer nicht. »Es kommen zu viele Leute herein«, mag es da geheißen haben, und: »Lassen wir nur ein paar herein! Aber welche?« So saßen sie wohl mit übergeschlagenen Beinen da, nippten an ihrem Kaffee und beratschlagten, wen sie hereinlassen sollten. Bestimmt war einigen da drinnen nicht wohl bei der Diskussion, denn schließlich konnten ja auch sie am Ende zu den Ausgeschlossenen zählen.

Der Passant vor der Tür, der ja auch schon mal spannungsgeladenen Sitzungen beigewohnt hat, kann sich lebhaft vorstellen, wie es bei der Diskussion unter den Leuten, die schließlich das Schild aufhängten, damals zuging. Ausgelöst wird so eine Debatte durch die aufgeregte Besorgnis derer, die um Besitz, Genuß und Privilegien fürchten; doch damit diese Sorgen nicht so banal klingen, verpaßt man ihnen schnell eine andere Verpackung. Anstatt zu fragen: »Welche Besitztümer, welche Annehmlichkeiten und welche Gewohnheiten haben wir?« stellt man ein »Wer sind wir eigentlich?« in den Raum. Da bekommen gleich alle eine Gänsehaut und entdecken, wie lustvoll es sein kann, so zu tun, als wisse man nicht, wer man sei. Einige meinen leicht pikiert, es könne doch wahrlich nicht schaden, hin und wieder jemanden von draußen hereinzulassen. Dadurch mutiert die Diskussion vollends zu einem Rätsel, zur Frage nach der »Identität«, und bald überschlagen sich alle darin, hinter vorgehaltener Hand aufzuzählen, was sie von denen da draußen alles unterscheidet. Daran haben sie so viel Spaß, daß manche sich schon fragen, warum das »Kein Eintritt«-Schild nicht schon viel früher aufgehängt wurde. Alles, was draußen ist, sehen sie plötzlich als einen Angriff auf die ihnen ureigenen Werte an. Und sie selbst sind nun genau das, was die da draußen nicht sind. Ja, durch die Welt da draußen sind sie erst zu dem geworden, was sie sind. Den meisten Dummköpfen, die gedankenlos an der Tür vorbeigehen, ist das gar nicht bewußt. Dabei meinen einige, daß man diesen Dummköpfen eigentlich dankbar sein müßte. »Es wäre doch nicht schlecht, wenn wir von denen ein paar hereinholen würden«, denken sie, »und wenn die uns erst mal so richtig in unserem Wir-Sein erleben, dann werden sie vielleicht genauso und machen uns damit stärker.« Andere wiederum begreifen mittlerweile das Schild als unverzichtbares Mittel, um den Dummköpfen draußen begreiflich zu machen, wie privilegiert die da drinnen wirklich sind. Außerdem wird den Leuten draußen, wie etwa jetzt unserem Passanten, durch das Schild erst richtig deutlich, daß sie eben draußen sind. Und dazu ist es gar nicht nötig, daß man wirklich hineinwill. Es genügt schon, das Schild zu sehen. Unser Passant, der allmählich das Gefühl bekommt, schon viel zu lange vor dieser Tür zu stehen, sieht nun ein, daß durch das Schild die Welt gewissermaßen zweigeteilt wird. Die einen dürfen rein, die anderen nicht. Die Welt durch derlei nichtssagende Unterscheidungen zu spalten, mag vielen bedeutungslos erscheinen, gewiß aber nicht denen, die sich mit dem Aufhängen solcher Schilder große Mühe geben. Und unserem nun gänzlich aus seiner Versunkenheit aufgewachten Passanten will es so vorkommen, als verberge sich hinter dem ganzen Identitätsgefasel nichts anderes als eine ziemliche Portion Überheblichkeit, so daß er langsam eine Wut in sich hochsteigen fühlt. Wer sind eigentlich die da hinter der Tür? Was bilden sie sich ein? Zum erstenmal hätte er gut und gerne Lust, da mal hineinzugehen. Aber das würde den Wichtigtuern da drin doch nur zupaß kommen. Denen ist doch nur allzu bewußt, was einem da draußen so durch den Kopf geht. Dennoch denkt der Passant, daß man die Tür wohl ohne weiteres aufbringen würde. Mal mit der Schulter dagegen gestoßen, eventuell zu zweit oder zu dritt, und fertig. Sonst wäre das Schild ja auch gar nicht aufgehängt worden. Die Hilfe von ein, zwei Kameraden draußen genügt also, um da hineinzukommen. War ihm nicht schon vorher klargeworden, daß ihn wegen des Schildes mit den Leuten da draußen einiges verbindet? Nun sieht er, daß sich ihm eine neue Welt auftut. Auch er kann sich nämlich mit seinen Schicksalsgenossen zusammentun und Identitätsfragen wälzen. So gewinnt nun auch an Gewicht, wer und was er selbst ist. Der Selbstgefälligkeit derer da drinnen wird er seinen eigenen Identitätshochmut entgegensetzen. Und seine eigenen Besonderheiten, sein Geschmack, sein Hab und Gut und seine Beziehungen werden allmählich zu Angelegenheiten, über die es einzeln nachzudenken gilt und für die man auch stolz einstehen kann. Und wer nicht die gleichen Eigenschaften aufweist wie er, dem beginnt er in seinem neuen Identitätseifer gleich ein wenig böse zu sein. Er ahnt aber, daß die Schildanbringer auch das vorhergesehen haben. Aber natürlich wird er allein wegen deren Intrigenspiel nicht auf seine Identität verzichten, sondern lieber zum Gegenangriff übergehen. Bevor er sich überlegt, wie der aussehen soll, muß er sich erst einmal über sein Ziel klarwerden. »Ist mein Ziel, da hineinzukommen«, fragt sich daher der Mann, der noch vor kurzem so ahnungslos dahinmarschierte, »oder möchte ich betonen, wieviel ich mit allen anderen, die auch nicht hineindürfen, gemeinsam habe?« Doch schon ist er zu solch kühler und vorurteilsfreier Betrachtung der Sachlage nicht mehr imstande. Vielmehr möchte er nun die in ihm aufsteigende Wut so bald wie möglich jemanden spüren lassen. Ist das erst einmal geschehen, so wird er sich beruhigen und das Schild vergessen, nur weiß er nicht, wie er es anfangen soll, und gerät daher noch mehr in Rage. Jetzt ist er soweit, daß er das Ausgeschlossensein so richtig schmerzlich empfindet. Es tut ihm weh, daß er vom gleichen Typus und der gleichen seelischen Beschaffenheit wie jene Ausgeschlossenen ist. Das hat etwas Erniedrigendes, das nur schwer für ihn zu verkraften ist. Während er doch gerade noch so unbeschwert unterwegs war, hat er nun plötzlich mit seinem Stolz zu kämpfen. Am liebsten würde er seine Eitelkeit und Empfindlichkeit nur milde belächeln, und soviel Humor stünde ihm wohl auch zu Gebote, aber er möchte eben auch zum Ausdruck bringen dürfen, daß er diese unnötige Schikane und dieses befremdende Verbot nicht für rechtens erachtet. Sind die Leute, die dieses Schild zum Schutze ihrer Sicherheit, ihrer Eigenheiten und ihres Glaubens an ein Anderssein angebracht haben, sich überhaupt im klaren darüber, wie sehr sie andere damit beleidigen? Nun kommt unserem Mann der Verdacht, genau dies könne womöglich der eigentliche Zweck des Schildes gewesen sein! Und noch dazu mit Erfolg, das beweist der ständig in ihm anwachsende Unmut. Dann aber zwingt er sich zu logischem Denken. Viel wahrscheinlicher ist eben doch, daß die Leute, als sie das Schild aufhängten, zuerst wirklich nicht an eine solche Wirkung dachten und sich lediglich schützen und von der Außenwelt abgrenzen wollten. Daß sie nicht wenige Menschen damit beleidigen und kränken würden, mochte in ihren Überlegungen nur eine Nebenrolle gespielt haben. Genau das aber zeigt doch die ganze Herzlosigkeit und Selbstsüchtigkeit dieser Leute, die sich um das Unbehagen, ja das Unglück anderer Menschen nichts scheren. »Ich mag keine Leute, die immer nur an sich selbst denken«, denkt unser Mann, der noch immer unter dem Eindruck jenes Schildes steht. Und wir können annehmen, daß dieser Eindruck vielleicht nicht von dem Schild als solchem ausgeht, sondern von dem Mann selbst, von irgend etwas tief in seiner Seele Verborgenem. Und wenn schon wir so denken, dann kann er das genausogut, und er tut es auch jetzt gerade ... Da dieser Gedanke ihn jedoch auf seine eigene Unzulänglichkeit zurückverweist, ist er nicht leicht zu akzeptieren. Immer wütender wird der Mann auf die Leute mit dem Schild, die genau vorhergesehen haben, daß er so lange vor dieser Tür stehen und sich über die erniedrigenden Aspekte des Schildes ereifern würde. Und doch ist er vernünftig genug, auch einzusehen, daß seine Wut nicht völlig gerechtfertigt ist.

Katastrophen stärken, scheint mir, das Zusammengehörigkeitsgefühl im Menschen. Nach den großen Istanbuler Bränden in meiner Kindheit oder dem Erdbeben vor zwei Jahren trieb es mich sofort hinaus, um die Katastrophe mit anderen zu teilen, über sie zu sprechen. Diesmal, als die Zwillingstürme in New York brennend einstürzten, saß ich in einem kleinen Istanbuler Raum, in einem Kaffeehaus neben einer Anlegestelle, dessen Kunden meistens Pferdekutscher, Tuberkulosekranke und Lastenträger sind, und fühlte mich vor dem Fernseher schrecklich allein. Gleich nachdem das zweite Flugzeug den Turm gerammt hatte, waren die türkischen Fernsehsender zur Liveberichterstattung übergegangen. Die kleine Menschengruppe im Kaffeehaus betrachtete die unfaßbaren Bilder auf dem Fernsehschirm mit distanziertem Erstaunen, verwundert, aber nicht erschüttert. Einen Augenblick lang war ich versucht, aufzustehen und zu den Leuten im Kaffeehaus zu sagen: »Ich habe zwischen diesen Gebäuden gelebt, bin völlig abgebrannt diese Straßen entlanggebummelt, habe mich mit Leuten in diesen Türmen getroffen – ich habe drei Jahre in Manhattan verbracht.« Aber wie in einem Traum, in dem der Mensch sich immer einsamer fühlt, brachte ich kein Wort heraus.

Weil ich nicht mehr ertragen konnte, was dort geschah, und weil ich mit jemandem teilen wollte, was ich gesehen hatte, ging ich auf die Straße. Ich sah in der Menge, die an der Anlegestelle auf den Stadtdampfer wartete, eine Frau, die weinte. Ich spürte sofort an der Stimmung der Frau und an den Blicken der Umstehenden, daß sie nicht weinte, weil ihr jemand in Manhattan nahestand, sondern weil das Ende der Welt nahe war. In meiner Kindheit, in den Tagen, in denen sich die Kubakrise zum dritten Weltkrieg zu entwickeln schien, hatte ich Frauen gesehen, die in ähnlicher Verzweiflung weinten, während Istanbuler Mittelklassefamilien ihre Speisekammern mit

Linsen- und Nudelpackungen füllten. Dann drehte ich mich um, ging wieder in das Kaffeehaus und betrachtete eine Weile wie der Rest der Welt gebannt die Bilder auf dem Fernsehschirm.

Später begegnete ich einem Nachbarn auf der Straße. »Orhan Bey, hast du gesehen, sie haben eine Bombe auf Amerika geworfen«, sagte er. Dann fügte er aufgebracht hinzu: »Das haben sie gut gemacht!« Dieser keineswegs besonders islamistisch eingestellte Alte ist einer, der versucht, sich mit kleinen Reparaturen und Gartenarbeiten über Wasser zu halten, der abends einen hebt und dann mit seiner Frau streitet. Er hatte wohl die schrecklichen Bilder im Fernseher nicht gesehen, sondern nur gehört, daß jemand den Amerikanern Böses zugefügt hatte. Ähnliches wie seinen ersten Zornesausbruch, der ihm in den nächsten Tagen sicher leid getan hat, habe ich später von zahlreichen Leuten gehört. Ganz selbstverständlich: Wie auch anderenorts sagen in der Türkei zunächst alle wie aus einem Mund, daß dieser Terror barbarisch ist und wie widerwärtig und schrecklich diese Taten sind. Nach diesen Worten, die die Ermordung unschuldiger Menschen verdammen, wird dann verschämte oder zornige Kritik hörbar, die mit einem »Aber« beginnt und sich gegen die politische und wirtschaftliche Rolle Amerikas in der Welt richtet.

Es mag schwierig und womöglich ethisch verfehlt sein, über diese Rolle zu streiten, solange alles von einem Terror überschattet wird, der aus seinem Haß gegen den »Westen« einen künstlichen Gegensatz zwischen Islam und Christentum herzustellen versucht und dafür in unfaßbarer Grausamkeit unschuldige Menschen umbringt. Aber man möchte doch etwas sagen, denn mit dem Eifer der gerechtfertigten Empörung gegenüber diesem barbarischen Terror werden jetzt Dinge öffentlich ausgesprochen, die dazu führen können, daß aus einem ganz und gar nicht gerechten Gerechtigkeitsgefühl und nationalistischem Zorn heraus weitere unschuldige Menschen getötet werden.

Inzwischen weiß jeder, daß es den künstlich erzeugten Konflikt zwischen »Ost« und »West« nur vertiefen und dem Terrorismus, der bestraft werden soll, nur nützen wird, wenn das amerikanische Militär in Afghanistan oder anderswo unschuldige Menschen bombardiert, um die eigene Bevölkerung zu beruhigen. Es ist heute moralisch inakzeptabel, über den Tod der mit unglaublicher Mitleidlosigkeit umgebrachten Menschen hinweg die amerikanische Herrschaft über die Welt zu hinterfragen. Aber es muß unsere Sache sein, zu verstehen, warum bei den armen Völkern der Welt, marginalisierten Nationen, die ihre Geschichte nicht selbst bestimmen können, Millionen von Menschen so wütend auf Amerika sind – auch wenn es eine blinde Wut ist. Wir sind dabei nicht gezwungen, dieser Empörung stets recht zu geben. Außerdem wird in vielen Ländern der dritten und der islamischen Welt Antiamerikanismus eingesetzt, um vom Fehlen von Demokratie abzulenken und die Macht des jeweiligen Diktators zu steigern. Es ermutigt niemanden, der sich um die Durchsetzung einer säkularen Demokratie in den islamischen Ländern bemüht, wenn Amerika enge Beziehungen zu geschlossenen Gesellschaften anknüpft, die, wie etwa Saudi-Arabien, so handeln, als hätten sie geschworen, der Welt zu zeigen, daß Islam und Demokratie sich nicht vertragen. Genauso hilft ein oberflächlicher Antiamerikanismus – wie etwa in der Türkei –, zu verbergen, daß die Regierenden das Geld, das sie von internationalen Finanzinstituten empfangen, durch Betrug und Unfähigkeit vergeuden und daß der Unterschied zwischen Arm und Reich im Land unerträgliche Ausmaße angenommen hat.

Wer heute militärischen Operationen uneingeschränkt zustimmt, die vor allem die amerikanische Kriegsmacht demonstrieren und in einer symbolischen Aktion den Terroristen »eine Lehre erteilen« sollen, wer heute mit dem Vergnügen von Videospielern im Fernsehen diskutiert, welche Ziele amerikanische Flugzeuge wohl bombardieren werden, der muß wissen, daß hastig und unbedacht ergriffene militärische Maßnahmen bei Millionen Menschen in den islamischen Ländern und den armen Teilen der Welt Feindschaft gegen den Westen fördern und ihr Gefühl von Minderwertigkeit und Hilflosigkeit steigern. Was den Terrorismus nährt, der sich einer in der Menschheitsgeschichte einmaligen Barbarei und großer Kreativität bedient, ist weder der Islam noch die Armut selbst, sondern es sind die Gefühle von Hilflosigkeit und Minderwertigkeit, die sich wie ein Krebsgeschwür in den Ländern der dritten Welt verbreitet haben.

In der Geschichte der Menschheit war der Unterschied zwischen Arm und Reich nie so groß wie heute. Man mag sagen, daß der Reichtum der reichen Länder ihr eigener Erfolg ist und die Armen der Welt nichts angeht. Aber in der Geschichte der Menschheit wurde den Armen das Leben der Reichen durch Fernsehen und Hollywoodfilme auch noch nie so sehr vor Augen geführt. Man mag einwenden, daß Märchen über das Leben der Könige die Unterhaltung der Armen seien. Noch schlimmer ist aber, daß die Reichen und Mächtigen der Welt noch nie so gerechtfertigt und vernünftig erschienen. Ein durchschnittlicher Bürger eines armen undemokratischen islamischen Landes und ein Beamter in irgendeinem Drittweltland oder einem Reststaat einer alten sozialistischen Republik, der mit Mühe das Monatsende zu erreichen versucht, weiß nicht nur, daß vom Reichtum der Welt auf ihn nur äußerst wenig entfällt und daß er dazu verurteilt ist, ein Leben zu führen, das verglichen mit dem im »Westen« unter sehr viel härteren Bedingungen verlaufen und sehr viel kürzer sein wird, sondern er ahnt in einem Winkel seines Bewußtseins, daß sein Elend seine eigene Schuld oder die seines Vaters oder Großvaters ist.

Der Westen hat leider kaum eine Vorstellung von diesem Gefühl der Erniedrigung, das eine große Mehrheit der Weltbevölkerung erlebt und überwinden muß, ohne den Verstand zu verlieren oder sich auf Terroristen, radikale Nationalisten oder religiöse Fundamentalisten einzulassen. In diesen fluchbeladenen privaten Bereich können weder die Romane des magischen Realismus, in denen die Armut und Dummheit als liebenswert beschrieben werden, noch der Exotismus populärer

Reiseliteratur eindringen. Aber in genau diesem Bereich führt die Mehrheit der Weltbevölkerung ihr bemitleidenswertes Seelenleben: erniedrigt, geringgeschätzt und mit einem leichten Lächeln, mit Mitleid vertröstet. Heute ist das Problem des »Westens« weniger, herauszufinden, welcher Terrorist in welchem Zelt, welcher Höhle, welcher Gasse, welcher fernen Stadt einen neuen Anschlag vorbereitet, um dann Bomben regnen zu lassen. Das Problem des Westens ist vielmehr, die seelische Verfassung der armen, erniedrigten und sich stets im »Unrecht« befindenden Mehrheit zu verstehen, die nicht in der westlichen Welt lebt.

Dabei bewirken Kriegsgeschrei, nationalistische Reden und eilig entfesselte Militäroperationen das genaue Gegenteil. Die neuen Visabestimmungen der Schengen-Länder, Polizeimaßnahmen, die die Bewegungen von Moslems und Angehörigen armer Staaten erschweren, eine mißtrauische Haltung allem gegenüber, was islamisch oder nichtwestlich ist, eine grobe und aggressive Sprache, die die ganze islamische Zivilisation mit Terror und Fanatismus gleichsetzt: All das entfernt die Welt jeden Tag weiter vom Frieden. Was einen armen alten Mann in Istanbul – und sei es für einen Augenblick der Empörung – den Terror in New York gutheißen läßt oder einen von israelischem Druck eingeschüchterten palästinensischen Jugendlichen bewundernd zu den Taliban aufschauen läßt, die Frauen mit Salpetersäure das Gesicht verätzen, ist weder die islamische Zivilisation noch der Unsinn, den man als Konflikt zwischen Orient und Okzident bezeichnet, oder gar die Armut selbst, sondern die Ausweglosigkeit, erniedrigt zu werden, sich nicht verständlich machen zu können, nicht gehört zu werden.

Auch die reichen Modernisten, die die Türkische Republik gründeten, haben auf den Widerstand der armen und zurückgebliebenen Landesteile nicht mit Verständnis, sondern mit Polizeimaßnahmen, Verboten und Militärgewalt reagiert. Die Modernisierung blieb schließlich unvollendet; es entstand in der Türkei eine Demokratie, in der Verständnislosigkeit regiert. Wenn jetzt der Eindruck entsteht, in der ganzen Welt werde zu einem Krieg zwischen Orient und Okzident aufgerufen, befürchte ich, daß die Welt zu einem Ort wird, der wie die Türkei im dauernden Ausnahmezustand regiert wird. Ich befürchte, daß der selbstzufriedene und selbstgerechte westliche Nationalismus den Rest der Welt zwingt, wie Dostojewskis Mann im Kellerloch zu sagen, daß zwei mal zwei fünf sei. Was den Islamisten, die Frauen das Gesicht mit Salpetersäure verätzen, weil sie es entblößen, am meisten hilft, ist das aggressive Unverständnis des Westens.

Heimatliche Gefühle in den Straßen São Paulos

Ich ging in São Paulo frühmorgens aus dem Haus und spazierte stundenlang wie elektrisiert durch die Straßen. Wieder einmal wurde mir aufs schönste bestätigt, was für ein Faible ich für Lateinamerika habe. Mir gefallen die muffigen kleinen Läden voller vergilbter Bücher, das müde, unaufgeregte Gebaren der Leute, die Zeitungskiosks auf den Boulevards, die spürbare Energie auf den Straßen, die Gesichter der Menschen, die Lokale und Imbißbuden, in die ich mich manchmal setze, die freundschaftliche Art, in der die Leute ohne weiteres miteinander ins Gespräch kommen. Selbst der Armut hier kann ich etwas abgewinnen, aber nur deshalb, weil sie mich an die Türkei erinnert. Ich mag, wie bescheiden die Leute hier wirken, wie fest sie mitten im Leben stehen, mag das fröhliche Lachen der Leute, die vor den Cafés sitzen, die vollgepferchten alten Busse, das kalte Neonlicht in den Lokalen, das Brummen und Britzeln der Kühlschränke. Ich mag auch die moderne Verfallenheit dieser Stadt, die alten Häuser, deren Fassaden so fahl aussehen wie die Haut eines Kranken. Wenn ich diese Mischung aus Armut und Energie sehe, aus Wille und Empfindlichkeit, Ehrgeiz und Mittellosigkeit, dann kommt mir unwillkürlich in den Sinn, was wir Türken für einen Komplex mit uns herumschleppen und wie sehr uns diese Menschen darin ähneln. Ich ging in die Verkaufspassagen, in denen Weißwaren, Digitalkameras, Videos und natürlich DVDs feilgeboten wurden. Ich spürte regelrecht, wie abgekämpft und doch hoffnungsvoll all die Leute waren, die sich an den Schaufenstern vorbeidrängten. Diese Menschen vermittelten mir ein Gefühl, wie es mir inmitten des Reichtums der großen Städte Nordamerikas und Europas nicht zuteil wird: Ich glaube diese Leute zu kennen und zu wissen, was sie fühlen, oder zumindest bilde ich mir das ein. Sie werden jetzt die Dinge kaufen, die sie in den Passagen gesehen haben, die DVDs, die Schmuckstücke, die Geräte, und dann werden sie damit in ihr gemütliches Heim gehen und dort glücklich sein! Mir wird hier klar, wie gut ich selbst das Gefühl kenne, wenn man sich an einem kalten Wintertag in eine Einkaufspassage flüchtet, dort irgend etwas ersteht, an dem man sich dann zu Hause satt sehen und erfreuen kann. Und ich weiß auch aus eigener Anschauung, daß außerhalb des Westens die meisten Menschen im Durcheinander solch einer bedürftigen, aber hoffnungsvollen Welt leben. Auf dem großen Platz im Stadtzentrum und im Park hinter der Kathedrale dämmerten Obdachlose auf matratzenbelegten kaputten Bänken dahin. Auf den Plätzen, auf denen es genau wie in Istanbul ständig von einfachem Volk wimmelte, boten Quacksalber Pulver und Heilmittel gegen jede Art von Zipperlein feil und wurden dabei von Handlangern theatralisch unterstützt. Fliegende Händler breiteten auf den Gehsteigen große Plastikplanen aus wie Betttücher und verkauften darauf allerlei Zeug wie Raubkopien von DVDs und billige Hemden. Von der Polizei, die auf mich brutaler wirkte als die türkische, wurden sie immer wieder davongejagt. Ich hatte mich schon ziemlich müde gelaufen, überwand mich aber und zog an diesem Wintertag, an dem das Wetter eher an den Istanbuler Spätsommer erinnerte, weiter durch die endlosen Straßen, wobei ich mich immer wieder verlief. Einmal betrat ich eine hochwandige Eisenwarenhandlung, deren Tür weit offenstand, und besah mir verdutzt das wunderbare Sammelsurium von Wasserhähnen, elektrischen Schaltern, Bohrern, Thermosflaschen, emaillierten Tee- und Kaffeekannen, Winkelrohren, billigen Lampen und Farbflaschen. Hundert Meter weiter staunte ich nicht weniger, als ich in einer riesigen Buchhandlung zahllose abgegriffene Bücher aus den fünfziger und sechziger Jahren vorfand, liebevoll aufgereiht von Verkäufern, die von ihrer Kleidung und ihrem ganzen Habitus her nicht anders wirkten als Türken oder Menschen aus anderen ärmlichen Ländern. Unter anderem stieß ich auf eine Übersetzung von Gallands *Märchen aus tausendundeiner Nacht* ... Ich liebe solche randständigen, an der Schwelle zur modernen Welt befindlichen Orte, die sich von all ihrer Verlassenheit und Provinzialität dennoch nicht unterkriegen lassen, und ich fühle mich dieser besonderen Welt zugehörig. Und wenn ich mich von dieser Welt zu weit entferne, mich etwa vom Glanz New Yorks oder ähnlicher Städte zu sehr blenden lasse, dann fürchte ich, daß tief in mir drinnen sich etwas abnützt und ich mich zu weit von zu Hause entfernt habe.

Verkehr und Religion

Wir waren mit dem Auto irgendwo im Süden Teherans unterwegs. Aus dem Fenster sah ich eine Menge Fahrradläden und Autoreparaturwerkstätten. Weil es Freitag war, hatten alle Geschäfte ihre Gitter heruntergelassen. Straßen, Bürgersteige und Kaffeehäuser lagen einsam da. Da bogen wir in einen riesig großen, völlig menschenleeren Platz ein. Ich hatte ähnliche Plätze schon oft in verschiedenen Gegenden Teherans gesehen: Man hatte in seiner Mitte einen Kreis angelegt, der den Verkehr regulieren sollte. Um in eine Straße gleich links von uns hineinzufahren, mußte man nach rechts abbiegen und um den ganzen Platz herumfahren.

Im gleichen Augenblick begriff ich, daß unser Fahrer daran dachte, ohne Umstände nach links abzubiegen. Er blickte sich nämlich sorgfältig um, wollte sehen, ob ein anderes Fahrzeug auf den Platz einbog, er versuchte herauszufinden, ob er den Verkehrsregeln gehorchen oder seine »praktische Vernunft« gebrauchen sollte, wie das seiner Ansicht nach in jeder neuen Lebenslage von ihm erwartet wurde.

Aus meinen jungen Jahren, als ich auf den Straßen Istanbuls viel Auto gefahren bin, war mir diese Geisteshaltung sehr vertraut. Wenn ich mich auf den Hauptstraßen bewegte, auf denen in der Sprache der Zeitungen »Verkehrsanarchie« herrschte, bemühte ich mich, alle Verkehrsregeln zu befolgen, aber auf den menschenleeren, von allen guten Geistern verlassenen, kopfsteingepflasterten Seitenstraßen fuhr ich den Wagen, den ich von meinem Vater geliehen hatte, ohne Rücksicht auf irgendwelche Vorschriften nach Lust und Laune. Es lag so etwas wie ein dem Praktischen und Vernünftigen völlig ferner Regelsinn und Formalismus darin, ein »Links abbiegen verboten!«-Schild auf einer Straße zu beachten, auf der weit und breit kein Auto zu sehen war, oder in der Nacht auf einer Kreuzung in der Peripherie geduldig darauf zu warten, daß die Ampel von Rot auf Grün sprang.

Uns schien es, als seien diejenigen, die alle Verbote und Gesetze bis ins letzte befolgten, nicht hinreichend intelligent, kreativ oder charakterlich ausgebildet. Offenbar gehorchten auf einer leeren Fläche nur solche Menschen irgendwelchen Verkehrsregeln, die Zahnpastatuben von hinten ausdrücken und die Beipackzettel von Arzneimitteln bis zum Ende durchlesen. Ich erinnere mich, wie ich Anzeichen dieses skeptischen, regelfeindlichen Geistes in den sechziger Jahren in westlichen Zeitschriften ausmachte: etwa die Karikatur eines Autofahrers, der in einer amerikanischen Wüstenlandschaft mitten auf einer endlos langen Straße allein darauf wartet, daß die Ampel grün wird ...

In der Zeit zwischen 1950 und 1980, die ich selbst miterlebt habe, stand in Istanbul hinter dieser Auffassung, die Verkehrsregeln verächtlich belächelte, nicht so sehr der Geist der Anarchie als vielmehr eine antiwestliche »Verfeinerung«, eine Lebensart, die besagte, daß unsere alte Welt noch immer Bestand hatte, und sogar ein Nationalismus des: »Wir sind, wie wir sind.« Ein kaputtes Radio, das selbst der deutsche Hersteller nicht mehr instand setzen konnte, mit einem Faustschlag wieder zum Funktionieren zu bringen, ein knisterndes Telefon dadurch zu reparieren, daß man irgendwo einen Nagel hineinsteckte, das gab in den sechziger und siebziger Jahren praktischen Leuten in Istanbul auch ein Gefühl nationalen Stolzes. Natürlich steckte auch die Sehnsucht dahinter, sich an unsere eigene praktische Geschicklichkeit gegenüber einem Westen zu erinnern, dessen Überlegenheit in Technologie, Kultur und Organisation im täglichen Leben überall zu spüren war.

Aber weil ich ihn kannte, wußte ich, daß der Fahrer in dem Viertel am Rande Teherans, der sich zwischen Gehorsam den Regeln gegenüber und seiner eigenen praktischen Aufgewecktheit entscheiden mußte, weit davon entfernt war, eine »nationalistische« Reaktion zu zeigen. Er hatte eine viel weltlichere

Sorge: Weil wir es eilig hatten, erschien es ihm als Zeitverschwendung, den ganzen Platz zu umkreisen, und er blickte konzentriert in die anderen Zufahrten auf die Kreuzung, um nicht mit einem anderen Auto zusammenzustoßen.

Dabei hatte er sich noch einen Tag vorher auf einer Fahrt durch den brodelnden Verkehr der großen und kleinen Straßen Teherans mit leichtem Lächeln, den Blick auf ein unentwirrbares Fadenknäuel von Verkehrsstau gerichtet, darüber beklagt, daß sich in Teheran niemand an die Verkehrsregeln halte. Als »moderne« Menschen, die die Verkehrsregeln verinnerlicht haben, hatten wir uns melancholisch zugelächelt, während wir zusahen, wie die Fahrer der Peykan-Wagen iranischer Produktion miteinander stritten und sich anschrien, wenn sie an den Stoßstangen oder an der Seite leicht aneinandergeschrammt waren. Jetzt dagegen malte sich in dem Gesicht meines Freundes, des Fahrers, neben diesem Lächeln auch eine gewisse Ängstlichkeit, weil er sich auf eine regelwidrige Abkürzung einließ.

Da ich die gleiche Erfahrung in meiner Jugend gemacht hatte, als ich versuchte, im Istanbuler Verkehr vorwärts zu kommen, fühlte ich, daß diese Ängstlichkeit Ausdruck einer gewissen Einsamkeit war. Unser Fahrer, im Begriff, aus Eile auf den Nutzen und Schutz allgemeiner Regeln zu verzichten, mußte sein Problem allein lösen. Deswegen hatte er alle Optionen schnell zu durchdenken, alle Straßen zu überblicken, einen raschen Entschluß zu fassen und eine Menge Verantwortung auf sich zu nehmen, bei der es auch um sein Leben und das seiner Lieben ging.

Nun könnte man annehmen, daß unser Fahrer durch seinen Regelverstoß diese Einsamkeit und »Freiheit« selbst gewählt hatte. Aber er, der seine Stadt und die anderen Autofahrer dort sehr gut kannte, wußte genau, daß er auch ohne eigene Entscheidung im Verkehr Teherans stets dazu verurteilt war, sich einsam zu fühlen. Denn selbst wenn er den »modernen« Verkehrsregeln gehorchte, würde es andere geben, die – geradeso wie er – aus einem praktischen Grund dagegen verstießen.

Außer auf den großen Kreuzungen ist in Teheran eigentlich jeder Fahrer an jeder Abzweigung gezwungen, sowohl auf die Regeln und Ampeln zu achten als auch auf diejenigen, die sie ignorieren. Das ist ein verstörender Zustand der »Freiheit«, weit entfernt von der Gemütsruhe, wie sie ein moderner Autofahrer erlebt, wenn er in der westlichen Welt in eine Straße einbiegt und dabei im Vertrauen auf die Regeln an etwas ganz anderes denkt, zum Beispiel an die Musik, die er gerade hört.

Jedesmal, wenn ich während meiner Reise auf den Straßen Teherans Zeuge des Durcheinanders und der Unfälle wurde, die jene Autofahrer verursachten, die leidenschaftlich und kreativ den Raum ihrer eigenen individuellen Freiheit gegen die Verkehrsregeln verteidigten, spürte ich den eigenartigen Widerspruch zwischen diesen kleinen, regelverletzenden individuellen »Freiheiten« und der vom Staat propagierten, Teheran beherrschenden Religion.

In der Diktatur der Mullahs haben sich die Frauen zu verschleiern, die Bücher müssen zensiert, die Gefängnisse gefüllt werden, und alle hohen Mauern der Stadt müssen von großformatigen Bildern der Märtyrer bedeckt werden, die für die Religion und den Iran gestorben sind, damit jeder in der Öffentlichkeit so tut, als sei er der gleichen Meinung wie alle anderen. Auf den Hauptstraßen der Stadt, wo aufgrund der Freiheit der regelverachtenden Fahrer völliges Chaos herrscht, war die Existenz der Religion auf eine eigenartige Weise noch stärker zu spüren. Während der Staat einerseits erbarmungslos die allgemeinen Regeln der Religion und des Heiligen Buches durchsetzte und es so gut wie unmöglich war, sich gegen diese Regeln zu wehren, ohne ins Gefängnis zu kommen, gehorchte und traute andererseits niemand den Verkehrsregeln, die wiederum vom Staat hätten kontrolliert werden müssen.

Jeder betrachtete sie als etwas, was die eigene Freiheit, Kreativität und Intelligenz behinderte. Zahlreiche iranische Intellektuelle, deren Freiheit in der Öffentlichkeit, auf den Straßen, den Märkten und allen Plätzen der Stadt durch die vom Staat aufoktroyierte Religion beschränkt ist, haben mir mit einem

Impuls, dem ich Respekt zolle, gezeigt, daß sie zu Hause sprechen, wie und was sie wollen, und die in der eigenen Küche produzierten alkoholischen Getränke nach eigenem Gutdünken konsumieren. Damit wollten sie beweisen, daß sie sich ihre Ehre bewahrt haben und dies hier weder das Deutschland Hitlers noch das Rußland Stalins ist.

Am Schluß von *Lolita* beginnt Humbert, als er sich nach dem Mord an Quilty vom Tatort entfernt, seinen dem Leser bestens bekannten Wagen auf der linken Spur zu fahren. Aus Sorge, mißverstanden zu werden, erklärt Humbert sogleich, daß es sich dabei weder um eine Revolte noch um einen symbolischen Akt handelt. Durch seine leidenschaftliche Liebe zu einem Mädchen im Kindesalter und den von ihm begangenen Mord hat er ohnehin alle menschlichen Regeln gebrochen. Allerdings hat der Leser von Anfang an gespürt, daß das, was Humberts Geschichte und den Roman so intelligent macht, dieses Schuldgefühl und die Einsamkeit des Schuldigen sind.

Als mein Freund, der Fahrer, am Rande Teherans nach kurzem Zaudern in die falsche Spur einbog und ohne Unfall in die andere Straße fuhr, haben wir uns wie im Istanbul meiner Jugend angelächelt: weil es uns freute, gegen eine Regel zu verstoßen, und weil wir uns für gerissen hielten. Was daran bemitleidenswert ist, ist das Wissen, daß genau wie bei Humbert, der nur »insgeheim« gerissen sein kann, wenn er mit sich selbst spricht oder in Andeutungen Lolita an seiner Schuld teilhaben läßt, und wie bei den Teheranern, die nur zu Hause, in der Familie und unter Freunden gegen Vorschriften verstoßen können, die einzigen Gesetze, die wir draußen, auf der Straße, verletzen dürfen, Verkehrsregeln sind.

»Fall« oder »Eroberung«?

Es gibt Früchte, die schmecken und heißen überall auf der Welt gleich. Und es gibt Ereignisse, deren Name und Bedeutung richten sich danach, wo auf der Welt man sich befindet. Daran, wie so ein Ereignis genannt wird, kann man feststellen, ob man sich im Westen oder im Osten befindet. Was am 29. Mai 1453 geschah, ist für Abendländer »der Fall Konstantinopels«, für Orientalen dagegen »die Eroberung Istanbuls«. Also kurz »Fall« oder »Eroberung«. Als eine mir nahestehende Person während des Studiums an der Columbia-Universität in New York in einer Seminararbeit den Begriff »Eroberung« verwendete, wurde sie von dem amerikanischen Professor des Nationalismus bezichtigt. Weil sie das Gymnasium in der Türkei besucht hatte, verwendete sie die Ausdrücke des nationalen türkischen Erziehungssystems; dabei schlug ihr Herz eher für die Orthodoxen. Oder sie verstand den Vorgang vielleicht weder als Eroberung noch als Fall, stand aber zwischen zwei Welten, wie manche unglückliche Kriegsgefangene, denen nur die Wahl blieb, Christ oder Moslem zu sein.

Die Istanbuler haben erst im letzten Jahrhundert durch die Orientierung am Westen und den türkischen Nationalismus gelernt, das Ereignis als »Eroberung« zu feiern. Man darf nicht vergessen, daß am Anfang des 20. Jahrhunderts die Hälfte der Istanbuler Bevölkerung Nichtmosleme und viele von ihnen Griechen mit byzantinischer Tradition waren. Die Türken empfanden die Präsenz dieser früheren Herrscher der Stadt besonders nach Gründung der Republik als eine dauernde Störung. Diejenigen Türken allerdings, die sich am Westen orientieren, mögen es nicht, wenn man die Eroberung hervorhebt.

So haben der Staatspräsident und der Regierungschef 1953 im letzten Moment auf die Teilnahme an den jahrelang vorbereiteten Feiern zum fünfhundertsten Jubiläum der Eroberung verzichtet, um ihre westlichen Freunde und die Griechen nicht zu kränken. In den ersten Jahren des Kalten Krieges wollte das Nato-Mitglied Türkei die Welt nicht an die Eroberung erinnern. Zwei Jahre später, am 6. und 7. September 1955, wurde das Eigentum der Griechen und anderer Minderheiten geplündert, als von der türkischen Regierung aufgehetzte Volksmengen außer Kontrolle gerieten. Diese Geschehnisse, bei denen Kirchen entweiht und Priester umgebracht wurden, erinnerten an die Plünderungen und Grausamkeiten in den Beschreibungen der westlichen Historiker und machten deutlich, daß die Eroberung auch im 20. Jahrhundert noch weiterging.

Nach Gründung ihrer Nationalstaaten behandelten die Türkei und Griechenland ihre jeweiligen Minderheiten als »Geiseln«, und ihre fehlgeleitete Politik hat dazu geführt, daß die Anzahl der Griechisch-Orthodoxen, die in den letzten fünfzig Jahren Istanbul verlassen haben, größer ist als in den fünfzig Jahren nach 1453. Konstantinopels Bevölkerung betrug 1453 etwa neunzigtausend, das osmanische Heer vor der Stadt hatte eine Stärke von achtzigtausend Mann. Ihm standen auf den Mauern von Byzanz fünfzehntausend griechische, venezianische, genuesische und katalanische Soldaten gegenüber, die die Stadt verteidigten und auf Hilfe aus Venedig und dem Westen hofften.

Steven Runciman, der das beste Buch über das Geschehen (*Die Eroberung von Konstantinopel 1453*) verfaßt hat, bemerkt enttäuscht, daß die osmanischen Chronisten wie Tursun Beg und Aşikpaşazade sich weniger für den militärischen Aspekt des Geschehens als vielmehr für die Intrigen im Zelt des Großherrn interessierten. Dies sei der Beweis, daß die Türken, noch bevor sie die Stadt eingenommen hatten, in den Dunstkreis byzantinischen Einflusses getreten seien, aus dem sie sich immer noch nicht befreit hätten. Es gibt nach wie vor kein Buch, das aus osmanisch-türkischer Perspektive die großartigen cinemaskopischen Details herausarbeitet, aber jedes türkische Kind weiß aus seinem Schulbuch, daß der Eroberer seine Schiffe über das Festland in das Goldene Horn hat ziehen lassen – gerade wie in García Márquez' Roman *Hundert Jahre Einsamkeit* oder in Werner Herzogs Film *Fitzcarraldo*. Tintorettos Gemälde über die Eroberung Konstantinopels dagegen kann jeden Istanbuler zum Lachen bringen, weil so manches architektonische Detail nichts mit der Wirklichkeit zu tun hat.

Die spirituelle und symbolische Bedeutung der Eroberung für konservative und islamistische Türken ist hoch. Es ist kein Zufall, daß der Sohn Erbakans, des berühmtesten islamistischen Politikers der Türkei im 20. Jahrhundert, den Namen Fatih (Eroberer) trägt. Auch nicht, daß das Viertel Fatih um die Moschee Mehmeds des Eroberers herum immer noch Istanbuls konservativste Gegend ist. Dagegen stellten die Geschichtsbücher des türkischen Erziehungsministeriums zur Zeit meiner Kindheit die Eroberung geradezu als Schritt zur Verwestlichung dar! Es wurde auf Bellinis Porträt des Eroberers verwiesen, das in der Türkei berühmter ist als die Mona Lisa, und man hielt es für außerordentlich bedeutsam, daß der Sultan Maler aus dem Westen kommen und sein Porträt anfertigen ließ. Man behauptete, die Renaissance sei von Istanbuler Künstlern begonnen worden, die vor den Eroberern geflüchtet waren.

Die heutigen türkischen Historiker verlieren ihr Selbstvertrauen, wenn sie in der Vergangenheit keine großen Helden und übermenschlichen Leistungen antreffen. Deswegen befassen sie sich mehr mit dem triumphalen Aspekt des Geschehens und dem neunzehnjährigen Großherrn. Die westlichen Historiker jener Zeit dagegen, deren Selbstbewußtsein durch das Geschehen erschüttert worden war, suchten nach einem Schuldigen und reduzierten unter Umständen die Angelegenheit auf eine vergessene offene Pforte in der Stadtmauer. Die osmanischen Chronisten, allen voran Tursun Beg, machen keine Einzelperson für den türkischen Sieg verantwortlich: Die Kanonen des Eroberers hatten durch Dauerbeschuß Breschen in die Mauern geschlagen.

Nach Mehmed dem Eroberer ist der zweite große osmanische Held der riesenhafte Hasan aus Ulubat, der als erster die

Fahne auf den Mauern aufpflanzte und dann den Heldentod starb. Jedes Jahr plaziert am 29. Mai ein Türke von riesiger Statur in historischem Kostüm wie Hasan aus Ulubat an gleicher Stelle unter den Blicken von Journalisten und einigen irritierten Touristen eine Fahne auf die Spitze eines Turms, der wie eine aus modernen Materialien errichtete neue Mauer aussieht, weil man ihn so schlecht restauriert hat.

So wie es Christen im osmanischen Heer gab, kämpfen auf den Stadtmauern, die zum Teil noch heute stehen, auch Türken gegen das Heer Mehmeds des Eroberers. Einer von ihnen war Orhan Beg, ein Onkel des Eroberers, der in Byzanz Asyl gesucht hatte, weil er erst befürchtet hatte, von seinem Bruder, später von seinem Neffen vergiftet zu werden. Der griechische Chronist Kritovoulos widmet der traurigen Geschichte dieses Orhan Beg einen eigenen Abschnitt. Kritovoulos kam bald nach der Eroberung nach Istanbul, gewann Zugang zum engen Kreis um den Eroberer und erlangte die Statthalterschaft der Insel Imbros, auf der er geboren war. In seiner farbigen Chronik, die er nach Augenzeugenberichten verfaßte und die den Eroberer in günstigem Licht zeigt (Plündereien, Vergewaltigungen und Massaker werden von dem jungen Großherrn stets tief bedauert), redet er nie von »Türken«, wenn er über das osmanische Heer spricht, sondern von »Arabern« und »Persern«.

Nach den Angaben dieses orthodoxen Chronisten aus Imbros beging Orhan Beg Selbstmord, indem er sich von den Mauern stürzte, als er sah, daß die Stadt überrannt worden war. Daß Orhan Beg, der begriff, daß es für ihn weder im Osten noch im Westen einen Platz gab, weil Ost und West in einen erbarmungslosen Kampf verwickelt waren, sich von der byzantinischen Mauerkrone stürzte, war aber tatsächlich ein Fall und keine Eroberung, ob man das nun vom Osten oder vom Westen aus sieht.

Eine private Lektüre von André Gides öffentlichem Tagebuch

Als ich acht Jahre alt war, schenkte mir meine Mutter ein Tagebuch, versehen mit Schloß und Schlüssel. Ich war entzückt davon. Es war in den frühen sechziger Jahren in der Türkei hergestellt worden. Die Tatsache, daß dieses schicke Notizbuch in der damaligen Zeit in der Türkei als »Tagebuch« gedacht war, war schon an sich interessant. Bis ich das elegante grüne Tagebuch geschenkt bekam, hätte ich mir nie träumen lassen, daß ich einmal ein eigenes Notizbuch haben würde, in das ich etwas hineinschreiben konnte, daß ich es würde verschließen können und den Schlüssel, vermutlich den ersten, den ich je besaß, in die Tasche stecken konnte. Es bedeutete, daß ich einen geheimen Text herstellen und die Kontrolle darüber behalten konnte. Diese sehr private Sphäre machte die Vorstellung vom Schreiben interessant und ermunterte mich dazu. Bis dahin waren mir Privatsphäre und Schreiben als etwas Unvereinbares vorgekommen. Man schrieb für Zeitungen, schrieb Bücher, schrieb zwecks Veröffentlichung, hatte ich geglaubt. Es war, als würde mir das verschließbare Notizbuch zuflüstern: Los, schreib etwas und zeig es niemandem.

Hin und wieder rufen uns Historiker und Literaturwissenschaftler in Erinnerung, daß das Schreiben eines Tagebuchs in der islamischen Kultur nicht üblich ist. Ansonsten schenkt man dem Thema keine besondere Aufmerksamkeit. Der eurozentrische Historiker betrachtet die Tatsache als Unzulänglichkeit und setzt sie zuweilen in Beziehung zu Begriffen wie der Privatsphäre oder deutet an, daß die Individualität durch sozialen Druck eingeschränkt wird.

Aus manchen kommentierten veröffentlichten Exemplaren läßt sich jedoch schließen, daß in vielen Teilen der islamischen Welt vermutlich Tagebuch geführt wurde, ohne daß es irgendeinen westlichen Einfluß gegeben hätte. Zumeist benutzten die Verfasser diese Tagebücher nur für sich, um Dinge aufzuzeichnen und sie im Gedächtnis zu bewahren. Man dachte nicht daran, für die Nachwelt zu schreiben, und da Tagebücher traditionell weder kommentiert noch veröffentlicht wurden, vernichtete man sie entweder absichtlich oder aus Versehen. Zunächst scheint die Vorstellung, das Tagebuch anderen zu zeigen oder es zu publizieren, im Widerspruch zu stehen zu einer Intimsphäre, wie das Tagebuch sie verkörpert. Der Gedanke, im Hinblick auf eine künftige Veröffentlichung Tagebuch zu führen, hat etwas Künstliches, Pseudoprivates. Andererseits erweitert er den Begriff der Privatsphäre kraft der Autoren und der Verleger. André Gide war der erste, der dies tat.

1947, zwei Jahre nach dem Zweiten Weltkrieg, wurde André Gide der Nobelpreis für Literatur verliehen. Diese Entscheidung verwunderte nicht: Ruhm und Wertschätzung des achtundsiebzigjährigen Gide hatten ihren Höhepunkt erreicht. In diesen Jahren galt er als der größte lebende Autor der französischen Literatur, die damals immer noch als das Zentrum der Weltliteratur betrachtet wurde. Durch die Offenheit, mit der er sich äußerte, die Vehemenz, mit der er sich politische Angelegenheiten zu eigen machte, und die ebenso große Vehemenz, mit der er sie dann wieder ablegte, durch sein eifriges Bemühen, mit dem er die »Aufrichtigkeit« des Menschen, die er ins Zentrum der Welt stellte, in die Diskussion einführte, hatte er sich zur Genüge Feinde und Bewunderer geschaffen.

Auch unter den türkischen Intellektuellen, die ihre Augen neidisch und sehnsüchtig nach Paris richteten, gab es sehr viele Bewunderer Gides. Ahmet Hamdi Tanpınar, der berühmteste von ihnen, schrieb anläßlich der Verleihung des Nobelpreises an Gide einen Artikel für die Zeitung *Cumhuriyet*, die sich für die Republik und die Annäherung an den Westen einsetzte. Hier seien einige Abschnitte aus diesem Artikel zitiert, doch für jene, die ihn gar nicht kennen, sollen zuvor ein paar Worte über den Autor Tanpınar vorangestellt werden.

Das Werk des Dichters, Essayisten und Romanciers Tanpınar, der dreißig Jahre jünger ist als Gide, hat heute seinen Platz unter den Klassikern der modernen türkischen Literatur. Linke, Modernisten und Verfechter einer Annäherung an den Westen erkennen ebenso wie Konservative, Traditionalisten und Nationalisten seinen Rang an, wobei man häufig versucht, aus dem Ansehen Tanpınars für sich Nutzen zu ziehen, um die eigenen Anschauungen zu stützen. Tanpınar wurde als Lyriker von Valéry beeinflußt, als Romancier von Dostojewski inspiriert, und als Essayist lernte er sehr viel von Gides innerer Ruhe und logischer Herangehensweise. Doch für die türkischen Leser und besonders für die türkischen Intellektuellen macht ihn unverzichtbar und attraktiv, daß er seinen Blick nicht nur auf den Westen, auf Frankreich, richtet, wo er mit literarischen Vorbildern versorgt wurde, sondern daß er, in gleicher Weise vom Geist der vergangenen osmanischen Kultur begeistert, besonders auch von deren Lyrik und Musik beeinflußt wurde. Das Interesse, das er sowohl für die Gelassenheit und Würde einer Kultur der Vormoderne als auch für das Experimentelle in der modernen europäischen Literatur empfand, ließ in Tanpınars Persönlichkeit eine sehr fesselnde Spannung entstehen, die eine Art Schuldgefühl einschloß. Aus diesem Blickwinkel betrachtet, kann man ihn mit einem anderen nichteuropäischen Autor, mit Tanizaki vergleichen. Wie bei Tanizaki ist der Spannungsbogen zwischen Tradition und Verwestlichung in Tanpınars Welt eine Quelle des Leidens. Zwar empfindet er im Gegensatz zu Tanizaki durch die Intensität dieser Spannung, durch das Leid und das Zufügen von Leid keine Lust, doch wird er durch seine Position zwischen den beiden Welten, durch den Kummer, sich in diesem Widerspruch zu befinden, und durch seine Traurigkeit darüber verletzt.

Nun seien ein paar Passagen aus dem erwähnten Artikel in *Cumhuriyet* zitiert: »In diesen Jahren nach Kriegsende war die Nachricht aus dem Ausland, die mich am meisten freute, daß André Gide den Nobelpreis zugesprochen bekommen hat. Diese edle Geste, diese angemessene Bewunderung zerstreute unser aller berechtigte Befürchtung: Es gibt Europa noch. (...)

Europa besteht noch – trotz des unheilvollen Sturms, der

darüber hinwegfegte, trotz der zerstörten Länder, trotz der elenden Lage der Menschenmassen, die auf einen Frieden warteten, der nicht kommen wollte, trotz der acht besetzten Hauptstädte und trotz des Bruderkriegs, in dem Frankreich und Italien sich selbst aufrieben. (...)

Tatsächlich ist André Gide einer der wenigen Menschen, die allein durch die Erwähnung ihres Namens in uns die Erinnerung an eine Zivilisation, an eine Kultur mit ihren besten Seiten wachrufen. (...)

In den Kriegsjahren habe ich sehr oft an zwei Menschen gedacht. Im besetzten, verbrannten und zerstörten Europa, in der hoffnungslosen Dunkelheit, von der man nicht wußte, welche Zukunft sie in sich trug, kamen sie mir wie zwei Rettung verheißende Sterne vor. Es waren Gide, von dem ich nicht wußte, wo er sich aufhielt, und Valéry, von dem ich nur soviel gehört hatte, daß er ohne Wein und ohne Zigaretten, ja sogar ohne Brot in Paris lebte.«

Tanpınar vergleicht dann Valérys und Gides schriftstellerische Tätigkeit miteinander und faßt zusammen: »Diese beiden Dichter verkörperten für mich – ich will mich gar nicht Leser, Schriftsteller nennen, denn neben ihnen wäre ich ganz klein – das Denken und Fühlen Europas. Nur diese beiden Kollegen ließen – in reinster Form und großen Linien – Europa weiterbestehen. Sie erneuerten die Märchen, verschafften ihnen wieder umfassende Geltung, sie retteten eine Kultur – mit einem Wort: das Wesen der Menschheit – vor Alltäglichkeit und Vereinnahmung ... Sie waren die menschgewordene Personifizierung einer Kultur.«

Ich erinnere mich, daß ich den Artikel vor Jahren bei der ersten Lektüre, obwohl er mir ein wenig gekünstelt vorkam, sehr »europäisch« fand. Er erschien mir manieriert und auch ein wenig mitleidslos, weil er unsere Aufmerksamkeit auf die Zigaretten, den Wein und das Leiden eines Schriftstellers lenkte, während Millionen von Menschen starben, ihre Familie, ihre Wohnung, ihr Land verloren, großes Leid durchlebten und so viele Leben, so viele Völker völlig aus dem Gleis gerissen wurden. Das war es also, was ich für europäisch gehalten hatte – doch es bedeutete nicht, daß Gide Europa repräsentierte. Es hieß, daß er als zurückgezogener, vereinzelter Schriftsteller einen ganzen Kontinent vertrat und die »Menschwerdung« einer ganzen Kultur darstellte. Und es bedeutete zu bedauern, wenn man daran denkt, was er während des Kriegs getan hatte.

Gides berühmtes *Tagebuch*, in dem er alle seine Gedanken mit essayistischer Nonchalance niedergeschrieben hat, sind sehr hilfreich, wenn man sich ihn in dieser Einsamkeit mit seinen Gedanken, seiner Unentschlossenheit und seinen Ängsten vorstellt. Diese Aufzeichnungen, in denen Gide seine intimsten und persönlichsten Gedanken niederlegt und die er noch zu Lebzeiten seinem Verleger zur Veröffentlichung übergeben hatte, sind wenn nicht die berühmtesten, so doch die angesehensten Tagebuchaufzeichnungen unserer Zeit. In einem der ersten Bände des *Tagebuchs* sind auch spöttische und ärgerliche Eintragungen über die Türkei, die er 1914 nach dem Balkankrieg besucht hatte.

Gide berichtet, daß er zunächst auf seinem Weg nach Istanbul im Zug einen Jungtürken getroffen hat. Er findet diesen Sohn eines Paschas, der nach einem sechsmonatigen Malereistudium in Lausanne mit dem populären Roman *Nana* von Zola unter dem Arm nach Istanbul zurückkehrt, oberflächlich und manieriert und macht sich über ihn lustig.

Nachdem er in Istanbul angelangt ist, kann er an der Stadt, genau wie an Venedig, nichts, aber auch gar nichts Liebenswertes finden. Alles hier wurde von anderen Orten durch den Einsatz von Geld oder unter Zwang hergebracht. Das einzige, was ihn in Istanbul zufriedenstellt, ist seine Abreise aus der Stadt.

»Diese Erde hat gar nichts hervorgebracht«, schreibt er in sein Tagebuch, »denn unter dem dichten Schaum, den das Zusammentreffen so vieler Völker, historischer Entwicklungen, religiöser Überzeugungen und Kulturen aufgespült hat, gibt es nichts Bodenständiges.«

Und sogleich kommt er auf ein weiteres Thema zu sprechen:

»Die Kleidung der Türken ist unvorstellbar häßlich, und um die Wahrheit zu sagen, dieses Volk hat nichts anderes verdient.«

Er schreibt offen und aufrichtig über Dinge, die zahlreiche Reisende in fremden Ländern erlebt haben, über die sie jedoch nicht berichten mochten: »Wenn ich die Leute dort nicht sympathisch finden kann, so mag mir auch die schönste Aussicht der Welt nicht gefallen.«

In diesem Punkt ist ihm das Festhalten an der eigenen »Aufrichtigkeit« wichtiger als die Länder, die er gesehen und bereist hat: »Der Nutzen, den ich von dieser Reise davontrug, stand im Verhältnis zum Widerwillen gegenüber dem Land. Es freut mich, daß ich dieses Land nicht stärker liebe.«

Die Schwedische Akademie rühmte Gides Werke, weil sie erfüllt seien »von einer leidenschaftlichen Wahrheitsliebe, die die französische Literatur von Montaigne und Rousseau bis heute für unabdingbar hält«. Die Leidenschaft, die Echtheit seiner eigenen Gefühle und Eindrücke mit einer derartigen Aufrichtigkeit zu verbinden, läßt Gide nach seiner Türkeireise etwas aussprechen, was bisher niemand zu sagen wagte. Dazu seien hier Gides Gedanken zu Europa angeführt: »Sehr lange Zeit habe ich gedacht, es gebe mehr als eine Kultur, mehr als eine Zivilisation, die unsere Liebe und unser Lob verdient hat. Doch jetzt weiß ich, daß unsere westliche Zivilisation – beinahe hätte ich die ›französische‹ gesagt – nicht nur die schönste, sondern auch die einzige Zivilisation ist.«

Diese Worte Gides, mit denen er heute an einer amerikanischen Universität einen Wettbewerb für den politisch unkorrektesten Aufsatz gewinnen könnte, zeigen uns: Wer die Wahrheit zu sehr liebt, wird nicht immer zu einem politisch korrekten Ergebnis kommen.

Doch ich habe an dieser Stelle weder die Absicht, die Aufmerksamkeit auf Gides erschreckende Aufrichtigkeit zu lenken, noch ihn wegen eines Rassismus zu tadeln, dem jedes Feingefühl abgeht. Genau wie Tanpınar liebe auch ich Gide, sein Werk, sein Leben und die Werte, die er vertritt. In meiner Kindheit und Jugend waren seine Bücher in der Türkei sehr beliebt. Sie standen alle im Bücherschrank meines Vaters, und ich empfand die gleiche Zuneigung, die die Generationen vor mir für Gide empfunden haben.

Ich weiß, daß ich mich dem Begriff von Europa, den ich im Sinn habe, am besten von ebendiesem Punkt aus annähern kann: indem ich an die Ablehnung denke, mit der Gide die anderen Kulturen und gewiß auch meine Kultur betrachtet, und zugleich an Tanpınars große Bewunderung für Gide und für Europa, das er durch Gide kennengelernt hat. Was Europa für mich darstellt, kann ich nur mit einem Bündel von Begriffen erklären, das diese Mischung aus Herabsetzung und Bewunderung, Liebe und Abscheu, Zurückweisung und Anziehung umfaßt.

Tanpınar hat seinen Artikel mit einem Lob für das »aufrechte Denken« und das »Gerechtigkeitsgefühl« Gides abgeschlossen, läßt jedoch an einer Stelle erkennen, daß er die Zeilen aus dem *Tagebuch* kennt. Doch aus verständlicher Zurückhaltung geht er nicht auf Einzelheiten ein. Auch Yahya Kemal, Lehrer und Meister Tanpınars, einer der ganz Großen in der türkischen Lyrik des 20. Jahrhunderts, hatte die Reisenotizen Gides gelesen. Das geht hervor aus einem Brief an A. Ş. Hisar, der nach Yahya Kemals Tod veröffentlicht wurde. Er charakterisiert die Aufzeichnungen folgendermaßen: »Eine Reisebeschreibung, die das Türkentum durch vergiftete Feindseligkeit schmäht.« Und er beklagt sich bei seinem Schriftstellerkollegen: »Dies ist der hinterhältigste Artikel, der je über uns geschrieben wurde … Es irritierte mich außerordentlich, ihn zu lesen.« Eine ganze Generation hatte diese Sätze Gides gelesen, hatte im Flüsterton darüber wie von einem Verbrechen gesprochen, das man schweigend überging – doch die Mehrheit tat so, als existierten diese Aussagen gar nicht. Eine Auswahl aus dem *Tagebuch* wurde ins Türkische übersetzt und vom Nationalen Erziehungsministerium veröffentlicht, doch natürlich hatte man die Ausführungen über die Türkei stillschweigend weggelassen. Tanpınar hat in anderen Artikeln vom unverkennbaren Einfluß gesprochen, den Gides Buch *Uns nährt die Erde* auf die türkische Lyrik hatte. Sehr viele türkische Autoren haben die Angewohnheit, ein Tagebuch zu führen und es noch zu Lebzeiten zu veröffentlichen, von Gide übernommen. Eine Form des Tagebuchs, zu dem Gides *Journal* angeregt hatte, auch wenn es weniger Geständnisse enthielt, sondern vielmehr aus dem Vergnügen am ärgerlichen Schimpfen und Murren entstanden war, wurde von Ataç, dem einflußreichsten Kritiker in der Frühzeit der Türkischen Republik, verbreitet, und die folgende Generation hat sie sich in kritischer Weise zu eigen gemacht.

Ich frage mich, ob ich das eigentliche Thema aus den Augen verliere, wenn ich alle Einzelheiten aufzähle und niederschreibe. Gide ist nach dem Balkankrieg nach Istanbul und in die Türkei gereist, und das türkische Volk und was er dort sah, hat ihm gar nicht gefallen. Dessenungeachtet haben Tanpınar und eine ganze Generation türkischer Schriftsteller ihn bewundert – liegt denn wirklich ein Widerspruch darin, daß sie seinem Beispiel folgten? Denn wir bewundern die Schriftsteller nicht deshalb, weil sie uns, unserem Land und unserer Kultur positiv gegenüberstehen, sondern wegen ihrer eigenen Welt, ihrer Werte und ihres literarischen Stils. Dostojewski erzählt in seinem *Tagebuch eines Schriftstellers*, das in einer Zeitung in Fortsetzungen erschien, was er auf seiner ersten Frankreichreise gesehen hat. Er berichtet lang und breit von der französischen Scheinheiligkeit und davon, daß die großen Werte dieses Landes dem Geld gegenüber an Bedeutung verlieren und verschwinden. Doch das hinderte Gide, der diese Zeilen später las, überhaupt nicht daran, Dostojewski zu bewundern und ein glänzendes Buch über ihn zu schreiben. Daher denke ich, daß Tanpınar, der Gide, obwohl dieser die Türken geringschätzte, bewunderte, und Dostojewski, der die Franzosen herabsetzte und von Gide bewundert wurde, in dem Maße, in dem sie sich von einem engstirnigen Nationalismus entfernen konnten, eine »europäische« Haltung eingenommen haben.

Als Dostojewski 1862 sehr verärgert erklärte, der Begriff der Brüderlichkeit sei in Frankreich gar nicht mehr mit Leben erfüllt, versuchte er seinen Vorwurf zu verallgemeinern, indem er behauptete: »bei den Franzosen, oder besser bei den Westeuropäern«. In diesem Punkt besteht gar kein Unterschied zu Gide, der Frankreich ebenfalls mit dem Westen gleichsetzte. Tanpınar nimmt die gleiche Haltung ein, doch empfindet er, anders als Dostojewski, bei dem der Zorn über Europa und den Westen stetig zunimmt, eine Bewunderung, in die sich Schuldgefühle mischen. Nun endlich kann ich mich meiner zuvor gestellten Frage besser annähern: Vielleicht liegt kein Widerspruch darin, daß ein Mensch für einen Schriftsteller Bewunderung empfindet, der seine Kultur, Zivilisation und Nation herabwürdigt, doch zwischen den beiden Geisteshaltungen, Verachtung und Bewunderung, besteht eine starke wechselseitige Beziehung. Aus meinem Blickwinkel betrachtet, zeigt sich der Gedanke an Europa im Schatten dieses Verhältnisses. Meine Vorstellung von Europa ist keine strahlende, klare, grandiose, hehre Idee. Die Vorstellung von Europa ist für mich eine drängende, heftige Frage, ein Spannungsbogen aus Abscheu und Zuneigung, Sehnsucht und Verachtung.

Ich weiß nicht, ob Gide nach Anatolien und Istanbul reisen mußte, um zu entdecken, daß die Zivilisation Frankreichs – seines eigenen Landes – oder des Westens in seinen naiven Worten »die schönste« sei. Doch habe ich heute keinen Zweifel daran, daß Gide, als er nach Istanbul kam, in einen andersartigen Kulturkreis eintrat, der sich von seinem eigenen unterschied.

In der vergangenen zwei Jahrhunderten waren auch türkische Intellektuelle, die mit einer Annäherung an den Westen sympathisierten, wie Gide der festen Überzeugung, daß sich Istanbul und Anatolien grundlegend vom Westen unterscheiden. Doch an dem Punkt, an dem Gide Ärger und Verachtung verspürte, empfanden sie Sehnsucht und Bewunderung, durchlebten sogar eine Art von Identitätskrise. Als sich türkische Intellektuelle wie Tanpınar mehr und mehr mit Gide zu identifizieren begannen, übergingen sie entweder stillschweigend die sie herabsetzenden Passagen, oder sie stimmten – ganz im

Gegenteil –, durch deren Schärfe bestärkt, diesen Aussagen zu. Das ist der Grund, warum sich die mit der Verwestlichung sympathisierenden Intellektuellen am Rande Europas, die zwischen dem Westen und dem Osten standen, gezwungen sahen, an das von André Gide mit Nachdruck vertretene Europa zu glauben. Vielleicht kann ich damit erklären, warum Gide einen solchen Einfluß auf die türkische Literatur hatte, obgleich er so schlecht über die Türken geredet, sie so herabgewürdigt hat.

Im Land meiner Herkunft war die europäische Idee kein Begriff, den man unter Berücksichtigung der Geschichte und der großen Ideale, die seine Entstehung förderten, untersuchen, analysieren oder auch entwickeln mußte: Sie war vielmehr immer ein Instrument. Wenn wir ihn als Vehikel verwenden, nehmen wir mit diesem Begriff – mit der Idee von Europa – an einer Art »Zivilisierungsprozeß« teil. Wir begehren etwas, weil dies in Europa, jedoch nicht in unserer eigenen Kultur und Geschichte existiert; unserer Sehnsucht hinsichtlich Europa verleihen wir Gesetzesrang. In unserem eigenen Land rechtfertigt dieses Konzept die Anwendung von Gewalt, radikale politische Veränderungen und einen rücksichtslosen Bruch mit der Tradition. Von der Stärkung der Rechte der Frauen bis hin zur Verletzung der Menschenrechte, von der Demokratie bis zur Militärdiktatur wird vieles mit der Annäherung an den Westen gerechtfertigt, was den europäischen Gedanken betont und sich als eine Spielart positivistischen Utilitarismus darstellt. Manche Tischsitten und auch sehr viele alltägliche Lebensgewohnheiten, die sich auf die Sexualmoral beziehen, wurden mein Leben lang mit den Worten: »In Europa macht man das so« kritisiert und entsprechend verändert. Diese Worte, die ich seit meiner Kindheit im Radio, im Fernsehen und von meiner Mutter gehört habe, haben nichts mit der Umsetzung vernünftiger Gedanken zu tun, vielmehr sind sie eine Folgerung, die aus sich selbst heraus vernünftigem Denken ein Ende setzt.

Was ich herausfand und was hinter der Begeisterung Tanpınars über die Verleihung des Nobelpreises an Gide eigentlich steckte, läßt sich so besser verstehen: Der Intellektuelle, der die Annäherung an den Westen vertrat, bedurfte weniger Europas selbst als eines Idealbilds von Europa. Ein intellektueller Vertreter dieser Verwestlichung konnte – auch wenn er wie Tanpınar darunter litt, daß die Werte der traditionellen Kultur, die alte Musik, die Poesie, »die Empfindsamkeit unserer Vorfahren« und unsere Lebensweise nunmehr verlorengingen –, solange er sich eine ideale, märchenhafte Vorstellung von Europa bewahren konnte, seine eigene Kultur sehr eingehend kritisieren und vom konservativen Nationalismus zu kreativem Modernismus wechseln. Zumindest konnte zwischen diesen beiden Sichtweisen ein inspirierendes, kritisches, interessantes neues Forum entstehen.

Auf der anderen Seite kann das Bedürfnis nach einem wunderbaren europäischen Ideal aus dem Märchenreich selbst einen tiefgründigen und komplexen Autor wie Tanpınar zum Teilhaber einer kindischen und ungehobelten Vorstellung vom Europa Gides machen: Gides wunderbare westliche Zivilisation ist die schönste Zivilisation. Doch diese Fiktion von Europa kann sich auch ins Gegenteil verkehren und ein feindliches, entgegengesetztes Bild entstehen lassen. Ich komme nun erneut auf die nicht leicht zu beweisenden Gründe für die Schweigsamkeit und die Schuldgefühle einer Generation republikanischer Intellektueller zurück und die Tatsache, daß die osmanischen Anhänger der Verwestlichung und die türkischen Intellektuellen nicht offen gegen Gides ungehörige, ihre eigene Kultur herabwürdigende Ausführungen aufgetreten sind: Eigentlich gaben auch sie in einer Nische ihres Denkens insgeheim Gides Beobachtungen recht – wobei sie dies vor sich selbst verbargen.

Inwieweit es angebracht ist, dies »insgeheim« zu nennen, weiß ich nicht. Ein großer Teil der Reiseeindrücke Gides wurde von den eine Westorientierung anstrebenden Jungtürken geteilt. Gegen wen sich diese Empfindungen richteten und in welcher Situation sie zur Sprache gebracht wurden, entschied darüber, ob sie geheimgehalten oder laut ausgesprochen wurden. Wir bewegen uns auf den Punkt zu, an dem sich der europäische Gedanke allmählich mit dem Nationalismus vermischen wird, der ihn nähren und ihm seine Form geben sollte. Nicht nur machte sich die letzte Generation der Jungtürken die Ansichten Gides und vergleichbarer westlicher Beobachter über die Türken, die Welt des Islam, den Osten und den Westen zu eigen – diese Ansichten haben auch im Gründungsgedanken der Türkischen Republik ihren Niederschlag gefunden.

Wie wir wissen, nahm Mustafa Kemal Atatürk, der Gründer der Türkischen Republik, der Vater der modernen türkischen Nation, in den ersten Jahren der Republik, von 1923 bis in die Mitte der dreißiger Jahre des 20. Jahrhunderts hinein, Reformen vor, die sein Land dem Westen annäherten. Das arabische Alphabet wurde durch das lateinische ersetzt, der christliche Kalender übernommen, der wöchentliche Feiertag auf den Sonntag verlegt; neben weiteren formalen Veränderungen gab es auch solche – wie die rechtliche Besserstellung der Frau –, die tiefere Spuren in der Gesellschaft hinterlassen haben. Die Diskussion über diese Neuordnung und ihre Rechtfertigung im Sinne einer am Vorbild des Westens ausgerichteten Modernisierung wird noch heute von einer nationalistischen, konservativen Kritik aufgegriffen und ist Anlaß für die meisten grundlegenden ideologischen Konflikte der heutigen Türkei.

Eine der ersten Reformen Atatürks, die er zwei Jahre nach Gründung der Republik durchführen ließ, war eine neue Kleiderordnung. Es handelt sich dabei um eine Reform, die einer Vorstellung von Europa im Sinne der Verwestlichung folgte und inspiriert war von dem Zwang, dem zufolge im osmanischen Reich die Bevölkerungsgruppen bestimmte Kleidung tragen mußten.

1925, genau ein Jahr nachdem Gide seine herabsetzenden Notizen über die Türken und andere Kulturen veröffentlicht hatte, sollte auch Atatürk seine in die gleiche Richtung gehenden Gedanken auf einer Reise durch Anatolien in einer Rede an die Bevölkerung zur Sprache bringen, wobei er Verbote bezüglich der Kleidung öffentlich bekanntgab: »So sehe ich zum

Beispiel hier in der Menge vor mir einen Menschen [er zeigt mit der Hand auf ihn], der hat einen Fes auf dem Kopf, um den er einen grünen Turban gewunden hat. Er trägt ein Hemd ohne Kragen und darüber ein Jackett, wie ich es anhabe. Was der Mensch weiter unten anhat, kann ich nicht sehen. Was ist denn das für ein Aufzug? Zieht denn ein zivilisierter Mensch diese seltsame Kleidung an, damit die Welt über ihn lacht?!«

Betrachtet man diese Äußerungen zusammen mit Gides Reisenotizen, so könnte man glauben, daß Atatürk dem französischen Autor recht gab, daß er sich der Ansicht anschloß, der zufolge sich die Dinge, die Gide in der Türkei mißfielen, auf die Kleidung konzentrierten. Wir wissen nicht, ob der Gründer der Türkischen Republik die ein Jahr zuvor veröffentlichten Aufzeichnungen Gides gelesen hat. Doch wir wissen, daß Yahya Kemal, ein Angehöriger seines Stabes, sie genau in diesen Tagen gelesen und sich in Briefen darüber beschwert hat. Von Bedeutung ist hier, daß die Kleidung für Atatürk, indem er Gides Logik folgte, zu einem Maßstab der Zivilisation wurde.

»Wenn das Volk der Türkischen Republik von sich sagt, es sei zivilisiert, so muß es durch sein Familienleben, durch seinen Lebensstil beweisen, daß es kultiviert ist. Entschuldigen Sie den harten Ausdruck – doch ein Aufzug, den man als ›unten grad und oben krumm‹ beschreiben kann, ist weder als Nationaltracht noch als internationale Bekleidung zu akzeptieren.«

Hier geht es nicht um die Frage, ob Atatürk mit diesen Worten direkt auf Gides Ausführungen eingegangen ist, sondern um die Tatsache, daß Atatürk Europa mit der Zivilisation gleichsetzt und daß sich nach Umsetzung dieses Gedankens die Forderung nach einer Verwestlichung als erniedrigende Quelle der Scham erwiesen hat. Diese Scham ist eng mit dem Nationalismus verknüpft. Verwestlichung und Nationalismus sind vom gleichen Geiste, jedoch existieren sie – bei Tanpınar – nur gemeinsam mit Schuldgefühlen und Scham. In meiner Welt hat sich der europäische Gedanke in tiefgreifender Weise mit diesen Gefühlen vermischt.

Atatürk und Gide stimmen in den ersten Jahren des 20. Jahrhunderts darin überein, die häßliche Kleidung der Türken rühre daher, daß sie sich außerhalb der europäischen Kultur stellten. Gide schrieb: »Um die Wahrheit zu sagen, dieses Volk hat nichts anderes verdient.« Und er faßt damit das wechselseitige Verhältnis zwischen Nation und Bekleidung zusammen. Atatürk wiederum wollte aufzeigen, daß die Kleidung ein falsches Bild des Volkes vermittelte. Zu der Zeit, als er die Reform der Kleidung durchsetzte, sagte er auf derselben Reise: »Ist es denn sinnvoll, einen wertvollen Edelstein mit Schlamm zu beschmieren und so den Augen der Welt zu präsentieren? Der Stein ist im Schmutz verborgen; deshalb erkennt man ihn nicht. Ist das etwa sinnvoll? Um den wertvollen Stein zeigen zu können, muß man unbedingt den Schlamm entfernen; das steht fest ... Zivilisierte internationale Kleidung ist für uns sehr wertvoll. Sie ist eine Kleidung, die unserem Volk gebührt.«

Indem er hier die traditionelle Bekleidung mit Schlamm vergleicht, der das türkische Volk überdeckt, zeigt Atatürk mit seinem Verhalten einen Weg, wie jeder Anhänger der Verwestlichung mit der »Scham«, der er sich ausgesetzt sieht, umgehen kann. Man könnte hier auch davon sprechen, daß die Scham umgangen werden soll. Atatürk trennt die Kleidung, die er (wie auch Gide) ablehnt, von den Menschen, die sie tragen. Ihre Kleidung betrachtet er nicht als Teil einer Kultur, die die Nation begründet, sondern als einen Schandfleck, der das Volk mit Schlamm beschmutzt hat. Daher nahm man für den »europäischen« Gedanken und für den Anspruch, als »Europäer« gelten zu können, mutig die schwierige Aufgabe auf sich, dem Volk diese Kleider auszuziehen und es mit Hilfe von Gesetzen und von Zwang neu zu kleiden. Genau dreiundsiebzig Jahre nach diesen Worten Atatürks hat die türkische Polizei letztes Jahr auf den Straßen eines konservativen Stadtteils von Istanbul Menschen, die in diesen traditionellen Kleidern umhergingen, gemeinsam mit Fernsehkameras und Journalisten verfolgt.

Von Gides Worten bis zu Tanpınars Reaktion, vom Ärger des

Dichters Yahya Kemal über Gide bis zu Atatürks tröstenden Bemühungen – immer tritt zusammen mit dem europäischen Gedanken eine Scham auf, eine tiefgreifende Empfindung, die im geheimen und unterschwellig fortdauert und von der wir nun offen sprechen wollen.

Der Anhänger der Verwestlichung schämt sich zunächst, weil er kein Europäer ist. Dann schämt er sich für das, was er unternommen hat, um Europäer zu werden (allerdings nicht immer). Er schämt sich dafür, daß er das, was er unternommen hat, um Europäer zu werden, nicht zu Ende geführt hat. Er schämt sich, daß er seine eigene Identität verliert, weil er Europäer werden will. Er schämt sich, weil er eine eigene Identität hat und weil er keine eigene Identität hat. Er schämt sich für diese Gefühle der Scham, die er von Zeit zu Zeit akzeptiert und die von Zeit zu Zeit heftiger werden. Er schämt sich dafür, daß über diese Schamgefühle überhaupt gesprochen wird.

All diese Scham und die ganze Verwirrung beeinflussen nur selten die »öffentliche Sphäre«. Während Gides Wunsch, sein privates Tagebuch an die Öffentlichkeit zu bringen, einerseits unsere Bewunderung hervorruft, wird dieser Akt andererseits als Legitimation für die staatliche Einmischung in die Kleiderordnung interpretiert, die wiederum zu den privatesten Belangen der Menschen gehört.

Der Prozeß

Im Istanbuler Stadtteil Şişli, in dem ich mein ganzes bisheriges Leben verbracht habe, muß ich am kommenden Freitag in dem Gerichtsgebäude gegenüber dem dreistöckigen Haus, in dem meine Großmutter vierzig Jahre lang allein gelebt hat, vor einen Richter treten. Ich werde beschuldigt, die Türkei verunglimpft zu haben. Der Staatsanwalt fordert drei Jahre Haft. Da vor demselben Gericht gemäß demselben Artikel 301 des Strafgesetzbuches kürzlich der armenischstämmige Istanbuler Journalist Hrant Dink zu sechs Monaten Haft verurteilt wurde, müßte ich mir eigentlich Sorgen machen, was ich aber nicht tue. Wie mein Anwalt bin nämlich auch ich der Ansicht, daß dieser Prozeß ein Fehler ist, daß ich juristisch gesehen im Recht bin und daß man – wie auch viele Istanbuler Freunde meinen – mich wohl kaum ins Gefängnis werfen wird.

So gesehen ist es mir fast peinlich, um diesen Prozeß überhaupt weiter Aufhebens zu machen. Von Istanbuler Kollegen, bei denen ich mich kundig gemacht habe, weiß ich zudem, daß die meisten von ihnen im Verlauf ihres Lebens mindestens einmal wegen irgendeines Artikels oder Buches unter weit härteren Umständen als ich mit Untersuchungsverfahren, Gerichten und Gefängnissen zu tun hatten. Bisweilen mache auch ich mir die von Schamgefühl und Schweigen geprägte Haltung zu eigen, in der man nach türkischer Sitte solche Lebenslagen zu ertragen hat, aber zugleich habe ich das Gefühl, daß gerade diese Einstellung einen nicht unbedeutenden Teil des Problems selbst ausmacht. Ich lebe in einem Land, das seine Generäle, Polizeioffiziere und Staatsmänner schon zu Lebzeiten bei jeder sich bietenden Gelegenheit würdigt und ehrt, seine Schriftsteller aber mit Gerichtsverfahren und Haftstrafen plagt und ihnen höchstens dann einmal eine Ehrung zukommen läßt, wenn abzusehen ist, daß sie bald das Zeitliche segnen werden, und so hat mich die Nachricht von diesem Prozeß nicht sonderlich überrascht. Ich begreife auch diejenigen, die mir lächelnd versichern, erst jetzt sei ich ein richtiger türkischer Schriftsteller. Doch selbstredend habe ich die Aussage, die mir diesen Ärger eingebracht hat, nicht aus diesem Grund getan.

Ich habe im Februar dieses Jahres gegenüber einer Schweizer Zeitung gesagt, in der Türkei seien eine Million Armenier und dreißigtausend Kurden umgebracht worden, und darüber geklagt, daß diese Themen in meinem Land tabu sind. Gemeint war damit, was im Osmanischen Reich 1915 den Armeniern widerfahren ist. Unter seriösen Historikern herrscht weltweit Einigkeit darüber, daß im Ersten Weltkrieg ein großer Teil der armenischen Bevölkerung unter dem Vorwand, dem Osmanischen Reich in den Rücken gefallen zu sein, deportiert wurde und unterwegs zu Tode kam. Von offizieller Seite wird in der Türkei behauptet, die Zahl der Toten liege weit niedriger, es habe sich ferner nicht um einen systematischen Völkermord gehandelt und außerdem seien während des Krieges auch zahlreiche Moslems von armenischer Hand getötet worden. Im September dieses Jahres kam es auf Betreiben von drei angesehenen Istanbuler Universitäten zu einer Fachtagung, auf der erstmals von der offiziellen Version abweichende Meinungen zu diesem Thema öffentlich diskutiert werden konnten (nachdem staatliche Stellen zuvor zweimal versucht hatten, die Veranstaltung zu verhindern). Bis dahin jedoch hatte jeder, der mit einschlägigen Äußerungen auffiel, mit einem Gerichtsverfahren und mit Haft zu rechnen.

Man hat mit solcher Sorgfalt versucht, vor dem türkischen Volk zu verbergen, was mit den osmanischen Armeniern 1915 geschehen ist, daß ein wahres Tabuthema daraus geworden ist. Die Reaktionen auf meine Interviewaussagen waren denn auch von einer Heftigkeit, wie sie eben nur auftritt, wenn an ein Tabu gerührt wird. Einige Zeitungen starteten eine Hetzkampagne gegen mich, von Leitartiklern wurde geäußert, nun sei es an der Zeit, mich zum Schweigen zu bringen, von Nationalistenvereinen wurden Versammlungen und Märsche organisiert sowie Bücher und Fotos von mir verbrannt. So wie Ka, der

Held meines Romans *Schnee*, mußte auch ich aufgrund meiner politischen Einstellung eine Zeitlang meinem geliebten Istanbul fernbleiben. Um die Angelegenheit nicht weiter anzuheizen und nach Möglichkeit aus den Schlagzeilen zu entfernen, verhielt ich mich anfangs ziemlich lang still und hoffte aus einem seltsamen Schamgefühl heraus, es werde Gras über die Sache wachsen. Erst als ein Landrat Anstalten machte, meine Bücher verbrennen zu lassen, und als nach meiner Rückkehr in die Türkei besagter Prozeß angestrengt wurde, erlangte der Fall internationale Dimensionen. Ich sah nun ein, daß hinter all dieser Aggressivität nicht einfach nur persönliche Eifersüchteleien steckten, sondern die Sache sowohl in der Türkei als auch international ein Forum finden sollte. Zum einen, weil ich finde, daß die »Ehre« eines Volkes nicht dadurch beschmutzt wird, daß man über dunkle Punkte seiner Vergangenheit spricht, sondern vielmehr dadurch, daß man nicht darüber spricht, und zum anderen, weil die Frage nach dem Schicksal der Armenier im Osmanischen Reich untrennbar mit der Frage der Meinungsfreiheit in der heutigen Türkei verknüpft ist. Die vielen Solidaritätsbezeigungen, die mich aufgrund meiner heiklen Lage aus dem Ausland erreicht haben, sind mir natürlich einerseits ein Trost, aber manchmal empfinde ich dabei auch Unbehagen, weil sie mir bewußt machen, daß ich zwischen zwei Stühlen sitze, zwischen meinem eigenen Land und dem Ausland. Das geht sogar so weit, daß ich europäische Konservative, die die Türkei nicht in der EU haben wollen und auch wissen, daß eine Türkei, die nicht auf das Vergnügen verzichten will, ihre Schriftsteller ins Gefängnis zu stecken, niemals Einlaß finden wird, davon überzeugen muß, wie gut es sowohl der Türkei als auch der EU bekäme, wenn die Türkei einmal die vollständige EU-Mitgliedschaft erlangen würde.

Dabei ist es am schwierigsten, schlüssig zu erklären, warum ein Staat, der sich um eine Vollmitgliedschaft bemüht, es darauf anlegt, einen international anerkannten Schriftsteller »unter den Augen des Westens« – wie es bei Conrad so schön heißt – zu inhaftieren … Und das ist nicht der einzige Widerspruch, den ich mit Hinweisen auf »Unwissenheit«, »Neid« und »Intoleranz« nicht hinreichend erklären kann. Wie sollen etwa die Behauptungen nationalistischer Kreise aufzufassen sein, laut denen die Türken ein sanftmütiges Volk seien, das zu Völkermorden, wie sie vom Westen begangen würden, gar nicht fähig sei, wenn dieselben Leute mir mit Mord drohen? Was für eine Logik steckt dahinter, wenn ein Staat sich darüber beklagt, von vielen Feinden in der Welt verleumdet zu werden, und dann selbst an seinem schlechten Image kräftig mitarbeitet, indem er seine Schriftsteller ständig mit Prozessen überzieht und einsperrt? Daß man in der Türkei zuerst einen Professor damit beauftragt, eine Untersuchung über das Problem von Minderheiten anzustellen, und ihm dann, weil man seinen Bericht darüber nicht für genehm hält, einen Prozeß macht; oder daß in der Zeit, die ich vom Anfang dieses Artikels bis zu dieser Zeile gebraucht habe, schon wieder fünf Journalisten und Schriftsteller mit Haft bedroht wurden, gehört wohl zu dem, was von mir bewunderte Dichter wie Flaubert oder Nerval in ihrem Hang zum Orientalismus zu Recht als *bizarreries* bezeichnet hätten, als Wunderlichkeiten.

Dieses seltsame Phänomen ist aber keineswegs auf die Türkei beschränkt, sondern muß als weitverbreitete neue Gegebenheit angesehen und entsprechend behandelt werden. Das bemerkenswerte Wirtschaftswachstum, das wir in Ländern wie China und Indien erleben, hat zur Herausbildung einer neuen Mittelschicht geführt, deren spezifische Eigenschaften sich wohl am besten durch Romane beschreiben ließen. Ob man sie nun als außerwestliche Bourgeoisie oder als neureiche Bürokratie bezeichnet, auf jeden Fall stehen diese neuen Eliten genau wie die westlich geprägte Elite meiner Heimat vor dem Dilemma, daß sie sich bemüßigt fühlen, zur Legitimierung ihrer Macht und ihres Wohlstandes zwei Haltungen an den Tag zu legen, die miteinander im Widerspruch stehen. Zum einen möchten sie unter Beweis stellen, daß sie selbst sich die Sprache und die Gepflogenheiten des Westens angeeignet haben, und möchten, daß ihr gesamtes Volk es ihnen am besten gleichtut. Zum anderen aber müssen sie sich der Kritik erwehren, nicht mehr genug »Stallgeruch« zu haben, und suchen daher ihr Heil in einem militanten, intoleranten Nationalismus. Dem außenstehenden Beobachter bieten sich daher Wunderlichkeiten im Flaubertschen Sinne, wenn er die Diskrepanz zwischen den politischen und wirtschaftlichen Programmen einerseits und den kulturellen Vorstellungen andererseits konstatiert.

V.S. Naipaul hat als einer der ersten aufgezeigt, wie unbarmherzig die neuen Eliten postkolonialer Gesellschaften im Umgang mit den Greueln ihrer jüngeren Vergangenheit sein können. Als ich diesen Mai in Korea mit dem großen japanischen Schriftsteller Kenzaburō Ōe zusammentraf, erzählte er mir davon, wie er bei sich zu Hause zur Zielscheibe nationalistischer Angriffe wurde, weil er der Meinung war, die während der Besetzung Koreas und Chinas von den Japanern begangenen Verbrechen müßten öffentlich zur Sprache gebracht werden. Die Intoleranz des russischen Staates gegenüber den Tschetschenen und anderen Volksgruppen, die Unterdrückung der Meinungsfreiheit in Indien durch militante hinduistische Eiferer sowie die in aller Stille an dem Turkvolk der Uiguren vollzogene ethnische Säuberung in China entspringen ebenfalls dieser Art von innerem Widerspruch. Einerseits die inbrünstige Hinwendung zur globalen Wirtschaft und andererseits die Verdammung von Demokratie und Meinungsfreiheit als westliches Teufelszeug …

Die Freunde der Türkei in Europa bemühen sich, die um Aufnahme in die Europäische Union bittende Türkei immer wieder in angemessenem Ton darauf hinzuweisen, daß sich die Demokratie und die Menschenrechte in gleichem Maße auf die EU zubewegen müssen wie die Wirtschaft. Ich denke, daß die Schriftsteller in außerwestlichen Gesellschaften, die uns einmal das Leben der mächtigen neuen Mittelschicht dieser Länder in allen Farben schildern werden, vom Westen die gleiche kritische Haltung erwarten. Dergleichen von einem Westen zu erhoffen, dessen Ansehen durch die Lügen um den Irakkrieg und die Gerüchte über Folterflüge merklich geschwächt ist, mag allerdings ein wenig optimistisch sein.

Die LITERATUR ist die Heimat

Über das Lesen

Ein Buch in der Tasche zu haben, bedeutet gerade in unglücklichen Zeiten nicht weniger als dies: eine beglückende andere Welt mit sich zu führen. Seit jeher ist mir das bloße Vorhandensein eines gern gelesenen Buches ein Kraft- und Trostspender – ob in Schulstunden, die mir vor lauter Gähnen Tränen in die Augen trieben, oder in nicht enden wollenden, nur höflichkeitshalber abgesessenen Besprechungen. Die Gründe, warum mir das Lesen nie als Bürde erschien, von Schule oder Beruf auferlegt, sondern immer nur als selbstgewählte Labsal, lassen sich beschreiben:

Der erste Grund ist, wie gesagt, die andere Welt. Man könnte sie auch als »Fluchtburg« bezeichnen. Es tut gut, sich für eine Weile aus der Unbill des Daseins in eine andere, wenn auch nur fiktive Welt zu flüchten.

Als ich zwischen sechzehn und fünfundzwanzig war, hat das Lesen mitgewirkt und mitgeholfen, mich selbst zu finden und mein Bewußtsein zu formen. Was für ein Mensch sollte ich werden? Was bedeutete die Welt um mich herum? Wie weit konnten die Themen, die Träume, die Orte reichen, mit denen ich mich auseinandersetzen wollte? Wenn ich lesend mitverfolgte, was andere erlebten, erträumten und erdachten, dann wußte ich, daß ich diese Erfahrungen in meinem Langzeitgedächtnis speichern und nie mehr vergessen würde – wie ein kleines Kind, das zum erstenmal in seinem Leben Bäume, Blätter oder ein Kätzchen sieht. Meine Lektüren würden mich prägen und mich schließlich zu dem Menschen machen, der ich werden wollte. In dieser Altersstufe begünstigte die Lektüre die Herausbildung meines Ichs – und weil dies auf so freundliche und kindgerechte Weise geschah, erschien mir das Lesen immer als phantastisches Spiel. Heute gelingt es mir nur noch selten, so hingegeben zu lesen wie damals. Vielleicht lese ich auch deshalb überhaupt weniger.

Drittens macht uns das Lesen wohl auch deshalb so glücklich, weil wir uns einbilden, dadurch besondere geistige Tiefe zu erlangen. Wenn wir ein Buch lesen, ist ein Teil unseres Bewußtseins nicht ganz bei der Sache, sondern flüstert uns zu, was für eine tiefsinnige intellektuelle Beschäftigung das Lesen doch sei, und beglückwünscht uns dazu. Bei Proust findet sich schön beschrieben, wie ein Teil unserer Aufmerksamkeit von dem Buch, das wir gerade lesen, abschweift und sich unserem Tisch zuwendet, unserer Lampe, dem Garten, in dem wir es uns gemütlich gemacht haben, oder der Aussicht um uns herum. Wir gratulieren uns gewissermaßen dazu, wie einsam wir sind, wie eifrig unsere Phantasie arbeitet und um wieviel »tiefer« wir doch sind als Leute, die nicht lesen. Ein gewisses Verständnis für diese Haltung bringe ich zwar auf, aber man sollte sich auf die eigene Lektüre auch nicht allzu viel einbilden.

Was mein eigenes Dasein als Leser angeht, so muß ich feststellen: Wenn Fernsehen, Kino oder andere Medien imstande gewesen wären, mich genauso in andere Welten zu versetzen und mir genauso viel Weltwissen zu vermitteln wie Bücher, dann hätte ich wohl weniger gelesen. Eines Tages werden diese Medien vielleicht dazu in der Lage sein. Aber leicht wird es ihnen nicht fallen. Wörter und Literatur sind nämlich wie Ameisen oder Wasser: Sie dringen überallhin, auch noch in die kleinsten Ritzen und Schlupflöcher. Und was wir über das Leben und die Welt am dringendsten wissen wollen, zeigt sich gerade in diesen Schlupflöchern – deshalb ist es am ehesten die Literatur, die das sieht und davon künden kann. Gute Literatur ist wie ein bis dahin über die Welt noch nie gesprochenes strahlendes Wort. Es ist diese hohe Neuigkeitsqualität, die mir das Lesen so wichtig und wertvoll macht.

Ich fände es allerdings falsch, die Lesefreude in Konkurrenz zur Schaulust zu setzen und zwischen Wörtern und Bildern eine künstliche Feindschaft zu konstruieren. Dies wohl deshalb, weil ich als ganz junger Mann Maler werden wollte und in einem fort zeichnete. Literatur und Bilderwelt sind Freunde, Brüder. Lesen bedeutet für mich, das, was der Text mir erzählt, vor meinem inneren Auge als Film ablaufen zu lassen. Wenn wir beim Lesen innehalten und den Blick auf ein Bild an der Wand oder zum Fenster hinausschweifen lassen oder einfach geradeaus vor uns hin sehen, dann beschäftigen wir uns nicht mit dem, was wir dort erblicken, sondern damit, das soeben über jene andere Welt Gelesene in Bilder umzusetzen. Damit wir die vom Autor erdachte andere Welt sehen und uns daran erfreuen können, muß erst unsere Vorstellungskraft wirken. Sie muß uns den Eindruck vermitteln, nicht nur der Leser jenes Textes und jener anderen Welt zu sein, sondern ein Teil davon, ja in gewisser Weise sogar ihr Schöpfer, und davon geht ein geheimes Glücksgefühl aus. Dieses geheime Glücksgefühl macht, daß wir das Bücherlesen nicht entbehren können.

Wie ich mich von einigen Büchern befreite

Während des letzten der beiden großen Erdbeben vor kurzem, im November 1999, mit dem Epizentrum in Bolu, gab ein Teil meiner Bücherwände plötzlich pochende Laute von sich und ächzte vor sich hin. Währenddessen lag ich hinten auf meinem Bett und sah, mit einem Buch in der Hand, dem Schwingen der nackten Glühbirne zu. Daß meine Bibliothek sich der Wut des Erdbebens anschloß, daß sie sich zum Sprecher der Erschütterung aufwarf, daß sie rebellierte, erschreckte mich zum einen, zum anderen machte es mich wütend, weil ich das Gefühl hatte, verraten worden zu sein. Bei früheren Nachbeben war es genauso gewesen. Ich entschloß mich, meine Bibliothek zu bestrafen.

So wählte ich in kurzer Zeit mit einer seltsamen Unbekümmertheit zweihundertfünfzig Bücher aus und warf sie fort. Ich suchte diese Bücher ohne jedes Zögern aus – wie ein Sultan, der hastig eine Menschenmenge durchstreift und dabei Untertanen bestimmt, die bestraft werden sollen, oder wie ein Kapitalist, der mit dem Finger Angestellte auswählt, die dann entlassen werden. Was ich bestrafte, war meine eigene Vergangenheit, war die Arbeit, die ich mir bei diesen Büchern mit Suche, Auswahl, Kauf, Transport, Aufbewahrung und Lektüre gemacht hatte; waren schließlich die Illusionen darüber, was ich bei zukünftigen Lektüren empfinden würde. Wie ich später merkte, hatte ich dabei mehr das Gefühl, mich von einer Last zu befreien, als eine Strafe auszuüben.

Dieses Glücksgefühl ist ein geeigneter Ausgangspunkt für die Beschreibung meines Verhältnisses zu Büchern und zu meiner Bibliothek. Denn ich möchte gerne etwas über meine Bücher sagen, aber dabei vermeiden, anzugeben, wie das die tun, die deutlich machen, wie besonders, wie kultiviert und exklusiv sie sind, wenn sie von ihrer Liebe zum Buch reden, oder auch die, die erzählen, wie sie diese oder jene Rarität in Prag bei einem Antiquar in einer kleinen Nebenstraße aufgetan haben. Dabei weckt die Selbstbeweihräucherung, die Zwanghaftigkeit und der Exhibitionismus dieser Handvoll Bibliophile und Sammler neben unserem täglichen abgeschmackten Mittelmaß eigentlich nur Respekt in mir. Schließlich lebe ich in einem Land, in dem nicht das Nichtlesen von Büchern, sondern das Lesen als sonderbar, ja als ein Anzeichen von Krankheit und Glücksunfähigkeit gilt. Aber mir kommt es nicht darauf an, zu erzählen, wie sehr ich die Bücher meiner Bibliothek liebe, sondern daß ich sie nicht liebe. Der kürzeste Weg, diese Wut zu einer Geschichte zu machen, ist, mich daran zu erinnern, wie und warum ich mich von Büchern befreie.

Wir stellen ja unsere Bücher in unserer Bibliothek unter anderem zur Schau, damit Freunde, die wir beeindrucken wollen, sie sehen. Deswegen ist es durch und durch vernünftig, aufzuräumen, einige Bücher zu verstecken und zu entfernen, von denen wir auf keinen Fall wollen, daß sie bei uns entdeckt werden. Wir werfen eine Menge Bücher weg, damit niemand mitbekommt, daß wir diesen Unsinn einmal ernst genommen haben. So ein Eifer flammt vor allem beim Übergang von der Kindheit zur Pubertät und von der Pubertät zum Erwachsensein auf. Mein älterer Bruder gab mir immer seine Kinderbücher, wenn er sich schämte, sie einst gelesen zu haben, und die gebundenen Sammlungen von Fußballzeitschriften – Bände der Vereinszeitschrift von Fenerbahçe –, wenn ich sie noch wichtig fand. Auf diese Weise schlug er zwei Fliegen mit einer Klappe.

Ich selbst habe mich so von zahlreichen türkischen Romanen befreit, von furchtbaren lyrischen und soziologischen Bänden, sowjetischen Romanen, mittelmäßigen Werken der Dorfliteratur und Zeitschriften kleiner Gruppen der linken Szene, die ich gesammelt hatte wie ein Archivar aus meinem *Schwarzen Buch*; auch was ich manchmal einfach kaufen und lesen muß: populärwissenschaftliche Bücher, Selbstanpreisungen der Art *Mein Weg zum Erfolg* und edelpornographische Werke ohne Illustrationen habe ich aus diesen Bedenken heraus erst in versteckte Ecken meiner Bibliothek verbannt und dann weggeworfen.

Es sitzen tiefe, nicht gleich sichtbare Leiden hinter der oberflächlichen Freude an der Herabwürdigung, die wir spüren, wenn wir uns entschließen, ein Buch wegzuwerfen. Was wir da herabwürdigen, ist ja eigentlich nicht das Buch, dessen Anwesenheit in unserer Bibliothek uns stört – das politische Bekenntnis, die schlechte Übersetzung, die Moderomane, Gedichte, die alle einander und vielen anderen gleichen. Es ist die Bedeutung, die wir einmal diesem Buch zugemessen haben und die ausreichte, Geld auszugeben, um es zu kaufen, jahrelang in unserer Bibliothek aufzuheben und sogar ein wenig darin zu lesen. Wir schämen uns nicht für das Buch, sondern eigentlich für uns, die wir es so ernst genommen haben.

Damit sind wir beim eigentlichen Thema: Meine Bibliothek ist für mich keine Quelle des Stolzes, sondern der Beklemmung und des Grolls. Sicher überlasse auch ich mich ab und an dem Behagen, die Bücher anzusehen, durchzublättern, einen Teil zu lesen, geradeso wie die Leute, die stolz auf ihre Bildung sind. In meiner Jugend habe ich mir ausgemalt, wie ich später als Schriftsteller vor meinen Büchern posieren würde. Jetzt bin ich unglücklich, weil mich das Gefühl bedrückt, Leben und Geld in all diese Bände gesteckt, sie wie ein Lastträger von Buchhändlern weggeschleppt und aufbewahrt zu haben. Noch viel schlimmer, es lastet auf mir, von ihnen »abhängig« zu sein. Ich zöge es vor, das Gefühl, »zu Hause zu sein«, das mir meine Bibliothek gibt, mit weitaus weniger Büchern erleben zu können. Mag sein, daß ich mit zunehmendem Alter Bücher wegwerfe, weil ich mich selbst glauben machen will, die Weisheit erreicht zu haben, die man von dem Besitzer einer Bibliothek erwarten kann, die aus gelesenen Büchern besteht. Aber immer noch kaufe ich deutlich mehr Bücher, als ich wegwerfe. Wenn eine der großen Bibliotheken der reichen westlichen Welt für mich leicht erreichbar wäre, wäre meine eigene Bibliothek kleiner. Für mich ist das Problem nicht, gute Bücher zu besitzen, sondern in der Lage zu sein, gute Bücher zu schreiben.

Das hat sicher damit zu tun, an gute Bücher kommen zu können, wenn man sie braucht. Nur besteht wahres Lesen nicht darin, daß der Mensch seine Augen und seinen Verstand allmählich und aufmerksam über den Text führt, sondern darin, daß er aus voller Seele sich ihm ganz überläßt. Deswegen verlieben wir uns im Leben nur in eine begrenzte Zahl von Büchern. Die beste persönliche Bibliothek bestünde aus dieser beschränkten Zahl wahrer, aufeinander eifersüchtiger Bücher. Die Eifersucht zwischen ihnen versorgte den kreativen Schriftsteller mit einer Art Spannung. Flaubert sagt zu Recht, daß ein Mensch, der zehn Bücher mit großer Aufmerksamkeit läse, ein großer Gelehrter würde. Weil die Leute nicht einmal so viel schaffen, sammeln sie Bücher und sind stolz auf ihre Bibliothek. Weil ich in einem Land ohne Bücher und ohne Bibliotheken lebe, kann ich wenigstens eine Entschuldigung vorbringen: Die zwölftausend Bände in meiner Bibliothek sind die unumgänglich nötigen Quellen und Referenzen meiner Arbeit.

Unter ihnen liebe ich vielleicht zehn oder fünfzehn Bücher, aber verliebt in meine Bibliothek bin ich wirklich nicht. Als Anblick, als Einrichtungsgegenstand, als Ansammlung von Staub und als materielle Last verspüre ich keinerlei Zuneigung zu ihr. Was mich eigentlich beglückt, ist, daß der Inhalt dieser Bücher für mich erreichbar ist, daß ich sie jederzeit lesen kann – sie sind wie die Frauen, die uns sogar als Vorstellung so glücklich machen, weil sie jederzeit bereit sind, uns zu lieben.

Weil ich mich vor dieser Abhängigkeit geradeso wie vor der Liebe fürchte, macht mich jeder einsehbare Grund, den ich finde, um mich von ihnen – den Büchern natürlich – zu befreien, glücklich. In den letzten zehn Jahren ist einer dazugekommen, an den ich in meiner Jugend nie gedacht hatte. Eine ganze Reihe von Autoren fortgeschrittenen Alters, deren Werke ich in meiner Jugend gekauft, gesammelt, ja sogar gelesen habe, weil sie nun einmal »Literaten meines Landes« sind, haben in den letzten Jahren einen Teil ihrer Energie darauf verwendet, zu beweisen, wie schlecht die von mir geschriebenen Bücher sind. Zuerst war ich erfreut, daß sie mich so wichtig nahmen. Jetzt bin ich erfreut, für die Reduzierung meiner Bibliothek eine Begründung zu haben, die liebenswerter ist als ein Erdbeben. So vermindern sich in den Regalen, die in meiner Bibliothek für die türkische Literatur vorgesehen sind, in großer Geschwindigkeit die Bücher von Schriftstellern zwischen fünfzig und siebzig mit von Geburt an verfehltem Leben, die halb erfolgreich, halb einfältig, mittelmäßig, männlich und kahlköpfig sind.

Das Glück, Stendhal in Händen zu halten

Diesen Sommer habe ich wieder einmal *Die Kartause von Parma* gelesen. Nach der Lektüre einiger Seiten dieses wundervollen Romans habe ich immer wieder den alten Band etwas von mir weggehalten und noch einmal aus einer kurzen Entfernung auf die vergilbten Seiten geschaut – wie in meiner Kindheit, wenn ich eine Limonade trank, die ich besonders gerne mochte und nur deshalb absetzte, um verliebt auf die Flasche in meiner Hand zu blicken … Es war Glück, und ich fragte mich, was mich an diesem Buch so glücklich machte, daß ich es den ganzen Sommer über mit mir herumtrug und allein schon diese Tatsache genoß. Kann man vom Glück der Romanlektüre sprechen, ohne über den Roman, den man liest, auch nur ein Wort zu verlieren, geradeso wie wir von der Liebe reden, ohne von den Frauen, die wir lieben, zu sprechen? Das will ich jetzt versuchen, und der Leser, der den Roman selbst von der Liebe zum Lesen trennen will, sollte, was in Klammern steht, auslassen.

Während ich die Geschehnisse im Roman (die Schlacht von Waterloo, die Macht- und Liebesränke in einem kleinen Fürstentum) verfolge, ergreift mich ein starkes Gefühl. Was mich glücklich macht, sind nicht die Ereignisse, sondern die Gemütszustände, in die sie mich versetzen. In mir existieren die Ereignisse jeweils nur als ein Gefühl. Ich spüre in mir die Kraft jugendlicher Begeisterung, des Lebens, des Optimismus, die Existenz von Tod, Liebe und Einsamkeit.

Während ich am Autor (Stendhal) seine Feinheiten, seine Kraft, seine besondere Genauigkeit, seinen Sinn für Tempo und die Geschwindigkeit, mit der er zum Kern des Geschehens vordringt, seine Intelligenz und Lebensklugkeit bewundere, kommt es mir vor, als flüstere er mir alle diese Dinge persönlich zu. Obwohl ich weiß, daß Millionen von Menschen vor mir dieses Buch gelesen haben, gibt es aus einem mir unbegreiflichen Grund in diesem Buch gleichsam viele Ecken, kleine Details, besondere Facetten und Informationen, die nur der Autor und ich verstehen, an denen nur wir beide Anteil haben. Die Geistes- und Seelenverwandtschaft mit einem derart intelligenten Schriftsteller hat mir Selbstvertrauen gegeben; und deshalb unterhalte ich eine ausgeglichene Selbstliebe, so wie das glückliche Menschen tun.

Einige Einzelheiten aus dem Leben des Autors (seine Einsamkeit, sein Mißerfolg in der Liebe und der Literatur, denn seine Bücher wurden nicht so geschätzt, wie er sich das wünschte) und die legendäre Entstehungsgeschichte dieses Romans (er diktierte ihn in zweiundfünfzig Tagen auf der Grundlage alter italienischer Chroniken einem Schreiber) kamen mir vor, als seien sie die Geschichte meines eigenen Lebens.

So wie Dinge aus der Persönlichkeit und der Seele des Autors auf mich übergegangen sind, ist auch vieles von den geschilderten Ereignissen, der historischen Zeit und dem geographischen Raum (die Zimmer in den Palästen, die Napoleonische Idee, die oberitalienischen Seen, die realistischen Landschaften der Alpen, die der Autor mit der Sensibilität eines modernen Städters schildert, die Konflikte, Morde und politischen Intrigen) bei mir haftengeblieben. Ich habe mich nicht wie Prousts Held mit diesen Ereignissen identifiziert. Ich war nicht dort, war kein Teil des Romans. Aber während ich aufmerksam in den Roman blickte, geradeso wie ich damals die Limonade in der Flasche betrachtet hatte, erfüllte mich das aufregende Gefühl, aus meiner gewöhnlichen Umgebung in eine ganz andere Gegend hinüberzugehen. Zuerst trug ich das Buch aus diesem Grund mit mir herum.

Ich hatte das Buch zuerst 1972, vor achtundzwanzig Jahren, gelesen. Lächelnd über die Randbemerkungen und Unterstreichungen, die ich bei dieser ersten Lektüre gemacht hatte, trauerte ich zugleich meiner jugendlichen Begeisterung nach. Und ich empfand Zuneigung zu diesem Jugendlichen, der vor so langer Zeit mit Begeisterung dieses Buch las, um sich eine neue Welt zu schaffen, die Welt zu verstehen und ein besserer

Mensch zu werden. Ich mochte diesen jungen Mann voller guter Absichten, aber ohne gedankliche Konsequenz, lieber als den jetzigen Leser, der glaubt, alles gesehen zu haben. So sind während der Lektüre mein achtzehnjähriges Ich, der Autor (Stendhal), zu dessen Mitwisser ich geworden war, seine Helden und ich durcheinandergeraten. Ich habe diese wimmelnde Menschenmenge sehr gemocht.

Weil es mich an mich selbst vor achtundzwanzig Jahren erinnerte, liebte ich das Buch auch als Objekt. Ich streichelte den bleigrauen Einband und hielt ab und zu das Lesebändchen zwischen meinen Fingern. Auf die Innenseite des hinteren Einbanddeckels hatte ich vor Jahren einige Notizen geschrieben, und die las ich jetzt wieder.

Auf diese Weise vermischte sich allmählich das Glück der Lektüre mit dem Gefühl für das Buch als einen Gegenstand. Deshalb nahm ich das Buch wie ein glückbringendes Amulett auch an Orte mit, von denen ich wußte, daß ich dort keine Zeit haben würde, es zu lesen. Wenn ich gelangweilt oder besorgt war, schlug ich es an irgendeiner Stelle auf, las einen Absatz und fand Entspannung. Nun ging ebenso wie von den Wörtern des Buches auch von seinem Einband und seinen Seiten ein Glücksgefühl aus. Damit war ebenso wie die Bedeutung des Werkes das Lesen selbst glückbringend.

Wenn ich, wie ich das an manchen Abenden auf der kleinen Insel tat, auf der ich den Sommer verbrachte, auf einer Bank am Rande eines verlassenen Weges saß und im blassen Licht einer Straßenlaterne das Buch las, hatte ich das Gefühl, daß es wie die Bäume, Sträucher, steinernen Mauern, Schatten, wie der Mond und das Meer ein Teil der natürlichen Welt war. Vielleicht wegen seines in tiefer Vergangenheit angesiedelten Themas kam mir das Buch wie ein Baum oder ein Vogel vor, als ein ganz natürliches, jeder Künstelei bares Ding. Es machte mich sehr glücklich, dieser Natürlichkeit nahe zu sein, und ich fühlte, daß das Buch mich von den Dummheiten und Widerwärtigkeiten des Alltags reinigte, mich zu einem besseren Menschen machte.

In einem dieser Glücksmomente hielt ich das Buch wieder von mir weg, blickte aber nicht auf die vergilbte Seite, sondern auf die Bäume und das fern in der Dunkelheit liegende Meer und fragte mich, was die Bedeutung eines Romans mit derartiger Wirkung sei. Aber diese Frage zu stellen war so, als hätte ich nach dem Sinn des Lebens gefragt. Dennoch war ich dem Sinn des Lebens durch das Buch gleichsam nähergekommen und hätte vielleicht ein, zwei Dinge dazu sagen können.

Wie alle großen Romane ist auch der Sinn des Lebens eng verbunden mit dem Glück. Wie im Roman gibt es auch im Leben einen Wunsch, eine Bewegung, einen Eifer in Richtung auf das Glück. Aber das ist nicht sein ganzer Sinn gewesen. Der Mensch möchte auch über den Wunsch und diese Bewegung nachdenken, und ein guter Roman (wie *Die Kartause von Parma*) ist dazu sehr geeignet. Am Ende bringt uns ein wunderbarer Roman, der Teil der uns umgebenden Natur und unseres Lebens ist, dem Sinn des Lebens sehr nahe. Aber anstelle des Glücks, das das Leben nicht bietet, hat er bloß ein Glücksgefühl gespendet, das mit dessen Sinn zusammenhing.

Eine Seite zu lesen und währenddessen all diese Gedanken im Hinterkopf zu halten machte mich nun noch glücklicher. Doch auf der anderen Seite spürte ich, wie dieses Hochgefühl des Glücks begann, den Zauber des Romans in meiner Hand abzutöten.

Erst Dostojewski lehrt, wie man die Erniedrigung genießt

Wir alle kennen die Genüsse der Erniedrigung. Na schön, ich drücke es anders aus: Wir alle haben Zeiten erlebt, in denen wir entdeckten, wie angenehm es ist, sich zu erniedrigen. Wir wissen, wie es ist, wenn wir uns von dieser ganzen moralischen Last befreien, so zu sein wie alle anderen, wenn wir uns zornig immer aufs neue wiederholen – so als wollten wir uns selbst davon überzeugen –, daß wir nichts wert und ein Stück Dreck sind. Von anderen erniedrigt zu werden oder den anderen zuvorzukommen und sich gleich selbst zu demütigen läuft am Ende auf das gleiche hinaus. Das ist der Punkt, an dem wir plötzlich ganz wir selbst werden, uns inmitten unseres eigenen Gestanks, unseres Schmutzes und unserer Angewohnheiten wohl fühlen und es aufgeben, über den Rest der Menschheit positive Ansichten zu hegen. Dieser letzte Ort ist derart gemütlich, daß wir uns an die Wut und den Egoismus, die uns so weit gebracht haben, immer wieder fast dankbar erinnern.

Als ich nach dreißig Jahren Dostojewskis *Aufzeichnungen aus einem Kellerloch* zum zweitenmal las, dachte ich, genau diese Ansichten würden durch dieses Buch verdeutlicht. Dabei hatten mich bei meiner ersten Lektüre weniger die Freuden und die Logik der Erniedrigung als vielmehr die Wut des Helden, seine Einsamkeit in der urbanen Umgebung St. Petersburgs und seine ätzende, amüsante Sprache hingerissen. Der Mann im Kellerloch erschien mir als eine Variante Raskolnikows aus *Schuld und Sühne*, als jemand, der sein Schuldgefühl abgelegt hatte. Entsprechend verhalf sein Zynismus dem Helden zu seiner so unterhaltsamen Logik. Mit achtzehn Jahren waren die *Aufzeichnungen aus einem Kellerloch* für mich wichtig gewesen, weil sie vieles offen zur Sprache brachten, was ich in Istanbul erlebte, fühlte und wußte – ohne zu wissen, daß ich es wußte.

Sofort konnte ich mühelos zahlreiche Eigenschaften des Helden, der sich von seiner Umwelt zurückgezogen hatte, an mir selbst wiederfinden. Zuallererst seine Behauptung, es sei ungehörig, länger als vierzig Jahre zu leben (als Dostojewski seinen vierzigjährigen Helden das sagen ließ, war er selbst dreiundvierzig). Dann, daß er fand, ihm fehle die Verbindung zum Leben in seinem eigenen Land, weil er von westlichen Büchern vergiftet sei; daß er dachte, jede Form von Bewußtsein sei eine Krankheit; daß er bemerkte, daß seine Leiden nachließen, wenn er sich selbst für schuldig hielt; daß er sein Gesicht für ziemlich dumm hielt; daß er Spiele spielte wie »Kann ich dem Blick dieses Mannes da standhalten?« ... Diese Eigenheiten des Helden, die ich auch bei mir wiederfand, verbanden mich mit ihm und sorgten dafür, daß ich mir seine »Exzentrik und Fremdheit«, ohne sie zu hinterfragen, zu eigen machte. Den tieferen Sachverhalt, den das Buch und sein Held andeuteten, habe ich mit achtzehn Jahren vielleicht gefühlt, aber ohne weiteres Nachdenken vergessen, weil er mir nicht gefiel, ja unheimlich war.

Heute nun, bei meiner zweiten Lektüre, kann ich mit größerer Gelassenheit sagen, was für mich das wirkliche Thema des Buches ist und ihm eigentlich seine Kraft gibt: der Neid, die Wut und der Stolz, kein Europäer zu sein. In meiner Jugend habe ich diesen Zorn des Mannes aus dem Kellerloch, mit dem ich mich doch so leicht identifiziert hatte, mit einer individuelleren Abkehr von der Gesellschaft verwechselt. Weil ich mich gern – wie alle verwestlichte Türken – für europäischer hielt, als ich war, dachte ich, was den Mann, den ich so mochte, in das Kellerloch verbannte, sei eine philosophische Grille, kein psychologisches Problem, das mit Europa zu tun hatte. Die europäischen Denker von Nietzsche bis Sartre oder der Ende der sechziger Jahre in der Türkei aufgekommene Existentialismus erklärten mir die Sonderbarkeit des Mannes aus dem Kellerloch mit Begriffen, die mir sehr »europäisch« vorkamen. So entfernten sie mich weiter von allen Dingen, die das Buch mir ganz allein zuflüsterte.

Um besser verstehen zu können, welche Geheimnisse die *Aufzeichnungen aus einem Kellerloch* einem Menschen zuflüstern, der wie ich am Rande Europas in ständigem Ringen mit europäischem Gedankengut lebt, muß man einen Blick auf die Jahre werfen, in denen Dostojewski diesen seltsamen Roman schrieb.

Ein Jahr zuvor, 1863, war Dostojewski zu seiner zweiten Europareise aufgebrochen, die als ein völliger Mißerfolg enden sollte. Er hofft, der Krankheit seiner Frau, dem Scheitern der von ihm herausgegebenen Zeitschrift *Die Zeit* und St. Petersburg zu entkommen. Außerdem plant er, sich in Paris heimlich mit seiner Geliebten Apollinaria Suslova, die fünfundzwanzig Jahre jünger ist als er, zu treffen. (Deswegen wird er sie auch vor Turgenjew verbergen, als sie sich später in derselben Stadt treffen.) Aber mit einer für Dostojewski typischen Unentschlossenheit fährt er zunächst – statt zu seiner Geliebten nach Paris – nach Wiesbaden zum Glücksspiel und verliert eine Menge Geld. Diese Pechsträhne setzt sich im Verhältnis zu seiner mitleidlosen Geliebten fort. Während die Suslova auf Dostojewski wartet, legt sie sich einen Geliebten zu, ohne dies Dostojewski bei seiner Ankunft in Paris zu verheimlichen. Tränen, Drohungen, inständige Bitten, Selbsterniedrigungen, Haß, ständige Niedergeschlagenheit und Hilflosigkeit: Dostojewski erlebt alles, was später im *Spieler* und im *Idioten* seine männlichen Helden durchleben, die sich neben starken und hochmütigen Frauen erniedrigen, sich völlig aufgeben und ihr Leiden in eine Art Demonstration ihres Stolzes verwandeln.

Als sich Dostojewski mit dem Gefühl der Niederlage von seiner Geliebten trennt und nach Rußland zurückkehrt, erfährt er, daß seine schwindsüchtige Frau im Sterben liegt. Sein Bruder Michael versucht, als Ersatz für die eingegangene Zeitschrift eine neue Lizenz zu erhalten, scheitert dabei aber ein ums andere Mal. Schließlich wird die Genehmigung gegeben (die Zeitschrift heißt *Epocha*, das Zeitalter), aber das Geld reicht nicht: Die Januar-Nummer erscheint erst im März, und das Layout ist fürchterlich schlecht. Als die *Aufzeichnungen aus einem Kellerloch* unter diesen Umständen im *Epocha* veröffentlicht werden, erscheint in ganz Rußland keine einzige Besprechung des Romans.

Woran wir uns als zweites erinnern müssen, ist, daß die *Aufzeichnungen aus einem Kellerloch* zuerst als Essay geplant waren. Dostojewski hatte beabsichtigt, eine Kritik zu Tschernischewskis *Was tun?* zu verfassen, der ein Jahr zuvor erschienen war. Dieser Roman, unter westlich orientierten und reformistischen Jugendlichen sehr beliebt, trug auch die Züge eines Lehrbuchs des aufklärerischen Optimismus. Ich kann gut nachfühlen, was an diesem Buch Dostojewskis Zorn verursachte, weil es in den siebziger Jahren ins Türkische übersetzt und mit einem gegen Dostojewski gerichteten Vorwort (er sei reaktionär, pessimistisch, kleinbürgerlich) in Istanbul veröffentlicht wurde. Es wurde von jungen Kommunisten, die die Sowjetunion bewunderten, mit der gleichen kindlichen, utopistischen Verblendung begrüßt wie seinerzeit in Rußland.

Bei diesem Zorn handelte es sich weniger um eine antiwestliche Reaktion als um eine Revolte gegen die Art und Weise, wie europäisches Gedankengut im eigenen Lande verwendet wurde. Mehr als die Phantasterei hinter dem Utopismus erzürnt Dostojewski die primitive Freude, die aus ihm geschöpft wird. Er hielt es nicht aus, daß die russischen Intellektuellen mit jedem aus Europa neu importierten Gedanken glaubten, alle Geheimnisse der Welt, ja, noch wichtiger, alle Geheimnisse ihres eigenen Landes verstanden zu haben, und wie selbstzufrieden sie deshalb wurden. Deswegen stritt Dostojewski nicht gegen die primitive »deterministische Dialektik« Tschernischewskis, sondern dagegen, wie dieser Gedanke gelebt wurde: gegen das Glücks- und Erfolgsgefühl, das von ihm ausging.

Dostojewski behauptete oft, daß die prowestlichen russischen Intellektuellen den Kontakt zum Volk verloren hätten. Ich glaube, das ist nur ein Vorwand. Damit Dostojewski an einen Gedanken glaubte, mußte dieser Gedanke scheinbar nicht vernünftig, sondern »erfolglos« und eher einer ungerechten Behandlung unterworfen sein. Hinter dem Abscheu und Haß, die

Dostojewski in den 1860er Jahren gegen die prowestlichen Liberalen und die deterministische Utopien verbreitenden Modernisten in sich zu nähren begann, steckte die Tatsache, daß deren Gedanken »erfolgversprechend« aussahen.

Eigentlich ist das Problem verwickelter und dunkler, wie überall, wo Menschen an dem Gegensatz zwischen Ost und West, Europäer und Einheimischem leiden. Denn Dostojewski hielt den Gedanken der Materialisten, gegen die er wütend protestierte, zugleich für »richtig«. Erinnern wir uns zunächst daran, daß Dostojewski ein Ingenieur war, der eine moderne Erziehung genossen hatte; seine Weltsicht hatte sich aus diesen Gedanken zusammengesetzt, und er wußte nicht, wie man anders hätte denken können. Wir können annehmen, daß er gerne die Fähigkeit gehabt hätte, anders, nämlich »russischer« zu denken, doch er bemühte sich nicht darum. Noch am Ende seines Lebens werden wir in den Notizen, die er in den Jahren machte, als er die *Brüder Karamasow* schrieb und sich für die Biographien russisch-orthodoxer Mystiker interessierte, Zeuge, wie unwissend Dostojewski auf diesen Gebieten war. (Aber es gefällt mir, wie er eine pragmatische und utilitaristische Haltung einnimmt, statt sich anzuklagen, »den Kontakt mit dem Volk verloren zu haben«.) Auch ist der Schluß wohl nicht falsch, Dostojewski habe angenommen, das aus Europa stammende Gedankengut (mit Ausnahme des Individualismus) werde sich auch in Rußland durchsetzen, und daß er sich eigentlich genau aus diesem Grund gegen diese Gedanken gewandt hat.

Aber ich muß wiederholen: Wogegen Dostojewski sich richtete, ist nicht der Inhalt der Verwestlichung, sondern ihre Notwendigkeit und ihre Berechtigung. Er glaubte, daß die prowestlichen Intellektuellen in seinem Land überheblich waren, weil sie beanspruchten, im Recht zu sein, aus ihrem Erfolgsgefühl heraus. Wir sollten uns erinnern, daß in Dostojewskis Wortschatz Überheblichkeit die größte aller Sünden ist und die Vokabel »stolz« nur als Schimpfwort verwendet wird. Als er zwei Jahre zuvor seine erste Europareise in seinen *Winterlichen Aufzeichnungen über sommerliche Eindrücke* beschrieb, brachte er die Laster des Westens (Individualismus, Geldgier, Bürgerlichkeit) stets mit Überheblichkeit und Stolz in Verbindung. In einem Moment äußerster Wut schrieb er sogar, daß die englischen Priester reich genug seien, um sich ihren Stolz leisten zu können. Auch die Franzosen hätten einen überheblichen, geradezu adligen Zug an sich, weil sie Hand in Hand auf der Straße spazierten. Achtzig Jahre später sollte Sartre in seinem Roman *Der Ekel*, einem Buch im Geiste der *Aufzeichnungen aus einem Kellerloch*, eine ganze Welt auf diese Beobachtung gründen.

Daß Dostojewski auf der einen Seite wußte, daß in Rußland nur durch Verwestlichung etwas zu erreichen sein würde, aber andererseits die verwestlichten Intellektuellen verabscheute, ist der Grund für die Originalität der *Aufzeichnungen*. Alle Dostojewski-Spezialisten sind sich einig, daß dieses Buch den Auftakt zu seinen großen Romanen bildet. Um so interessanter ist es darum, zu betrachten, was Dostojewski an diesem Punkt seines Lebens aus der Spannung zwischen seinem Wissen und seinem Abscheu gemacht hat.

Gut, daß Dostojewski die Kritik an Tschernischewskis Roman, die er seinem Bruder versprochen hatte, nie verfaßte! Ein Grund mag gewesen sein, daß er keinen kritischen Essay allein gegen eine Logik verfassen konnte, die er für richtig hielt. Außerdem drücken schöpferische Autoren wie Dostojewski, die ihre Kraft eher aus der Phantasie als aus der logischen Diskursivität schöpfen, ihre Gedanken lieber in Erzählungen oder Romanen aus. Und ohnehin ist die erste Hälfte der *Aufzeichnungen* beinahe ebensosehr ein Essay wie ein Roman geworden; hin und wieder wurde sie separat veröffentlicht.

Diese berühmte erste Hälfte des Romans besteht aus dem wütenden Monolog eines St. Petersburgers, der nach einer kleinen Erbschaft auf seinen Beamtenposten verzichtet und sich aus der Gesellschaft in eine Isolation und psychische Lage zurückzieht, die er sein »Kellerloch« nennt. Zunächst attackiert dieser Held eine Ansicht, die Tschernischewski als »vernünftigen Egoismus« bezeichnet hat. Danach ist der Mensch seiner natürlichen Veranlagung nach gut und begreift es, wenn man ihn nur mit Hilfe von Wissenschaft und Vernunft »aufklärt«, als seinen Vorteil, wenn er vernünftig handelt. So wird er selbst dann eine utopische Gesellschaft gründen, wenn er nur seinen eigenen Vorteil verfolgt. Anders aber der Mann im Kellerloch: Als erstes zeigt er, daß der Mensch selbst dann nicht immer im eigenen Interesse handelt, wenn er klar sieht, worin es besteht. (Man kann das so lesen: »Verwestlichung liegt im russischen Interesse, trotzdem wehre ich mich dagegen.«) Dann legt er dar, daß der Mensch ein verwickelteres Verhältnis zum »vernünftigen« Handeln hat: »Die ganze Kraft des Menschen liegt darin, zu beweisen, daß er keine Schraube, sondern ein Mensch ist ... Deshalb tun wir nicht das, was man von uns erwartet, sondern etwas Unsinniges.« Der Mann aus dem Kellerloch wehrt sich gegen die wissenschaftliche Vernunft, die stärkste Waffe des Westens, indem er sogar dagegen protestiert, daß zwei mal zwei vier ergibt.

Wichtig ist, daß Dostojewski für solche Überlegungen einen glaubhaften Helden schafft. Was in seinen späteren Romanen deutlich hervortreten und was ihn als Romancier eigentlich ausmachen wird, sind die Entdeckungen, die er dabei macht: gegen den eigenen Vorteil zu handeln, aus Schmerz Lust zu ziehen, plötzlich mit Leidenschaft das genaue Gegenteil von dem zu verteidigen, was von einem erwartet wird... Wir können diese Erwartungen als europäischen Rationalismus, vernünftigen Egoismus und so weiter lesen. Vielleicht ist es für uns heute deswegen schwierig, darin Dostojewskis Originalität nachzuvollziehen, weil er später so oft nachgeahmt wurde.

Schauen wir uns die folgende Erfahrung an, die der Mann aus dem Kellerloch macht: Als er eines Abends an einer üblen Kneipe vorbeigeht, sieht er drinnen, wie sich Männer um einen Billardtisch herum schlagen. Plötzlich ergreift den Mann aus dem Kellerloch Neid. Er selbst möchte wie einer dieser Männer da erniedrigt und aus dem Fenster geworfen werden. Er betritt die Kneipe, aber anstatt Prügel zu beziehen, wie er erhoffte, wird er auf ganz andere Weise gedemütigt: Ein Offizier stößt ihn zur Seite, weil er den Weg versperrt, aber er tut das, ohne ihn überhaupt wahrzunehmen.

Ich sehe in dieser kleinen Episode alle bestimmenden Elemente der späteren Romane. Wenn Dostojewski genau wie Shakespeare ein so großer Autor ist, daß er das Selbstbild des Menschen verändert und bereichert hat, dann können wir hier die ersten Anzeichen eines neuen Menschenbildes entdecken und beobachten, wie diese bedeutende Entdeckung zustande kam. Mißerfolg und Unglück hatten Dostojewski von der Welt der Gewinner entfernt. Er hatte begonnen, die prowestlichen Intellektuellen zu verabscheuen, die auf das russische Volk – und auf solche wie ihn – herabsahen. Er war in das Dilemma geraten, einerseits die Verwestlichung bekämpfen zu wollen, andererseits eine westliche Kunst, den Roman, dafür verwenden zu müssen.

Die *Aufzeichnungen aus einem Kellerloch* sind das Ergebnis der Bemühung, eine Geschichte zu schreiben, die alle diese psychologischen Stufen beschreitet, oder auch der Anstrengung, einen Helden und eine Welt zu schaffen, die alle diese Widersprüche glaubhaft vereinigen.

Als er das Buch begann, hatte Dostojewski an seinen Bruder und Herausgeber geschrieben: »Ich weiß auch nicht, was daraus werden wird, vielleicht etwas entsetzlich Schlechtes.« Die großen Entdeckungen der Literaturgeschichte werden wie das, was wir persönlichen Stil nennen, meist nicht durch berechnende Entwürfe gemacht. Wie in den *Aufzeichnungen* entstehen diese verblüffenden, befreienden Entdeckungen durch die äußerste Anstrengung eines schöpferischen Autors, der versucht, sich aus einer widersprüchlichen, unerträglichen Lage zu befreien.

Während des Schreibens mögen die Autoren selbst diese Konsequenzen nicht ganz erkennen. Aber wenn heute zu unserem Menschenbild gehört, daß wir unseren Gestank, unseren Dreck und unsere Niederlagen annehmen und mögen können, daß wir akzeptieren, daß es etwas Folgerichtiges in den Genüssen der Erniedrigung gibt, dann haben die *Auf-*

zeichnungen aus einem Kellerloch den Anfang dazu gemacht. Mich befriedigt es, daß weite Teile der modernen Literatur gerade aus dieser quälenden Spannung erwachsen sind: ein Europäer zu sein und gleichzeitig einen großen Abscheu davor zu empfinden.

Das Furchterregende an Dostojewskis Dämonen

Die Dämonen, eines der aufwühlendsten Werke der Weltliteratur, ist zweifellos der größte politische Roman, der je geschrieben wurde. Die Wirkung, die er auf mich ausübte, als ich ihn mit Zwanzig zum erstenmal las, läßt sich mit den Worten Erschütterung, Erstaunen, Glauben und Furcht beschreiben. Kein Roman war mir bis dahin so nahegegangen, keine Geschichte hatte mir eine so erregende Lektion über das Seelenleben des Menschen erteilt. Erschütternd war die Lektüre für mich deshalb, weil ich zum erstenmal die Dimensionen erfaßte, die der Machtwille des Menschen annehmen kann, sein Vermögen zu verzeihen, seine Fähigkeit, sich selbst und andere zu betrügen, sein Ringen um den Glauben, sein Lieben und sein Hassen, sein Drang zum Heiligsten und sein fataler Hang zum Allergewöhnlichsten; erschüttert war ich auch, weil ich erkannte, daß diese Charakterzüge eigentlich immer gemeinsam auftreten, und schließlich, weil ich all diese Gefühls- und Seelenlagen über eine Romanhandlung erfuhr, in der Tod, Politik und Betrug auf gewaltsame Weise miteinander verwoben waren. Mein Erstaunen wiederum rührte daher, daß mir soviel Wissen und Erfahrung in so kurzer Zeit zuteil wurde. Die Geschwindigkeit, mit der dies geschehen konnte, ist vielleicht auch der größte Vorteil der Romankunst: In dem Tempo, in dem die Protagonisten großer Romane fühlen und leben und sich abmühen, eröffnen sich uns Lesern ganz neue Welten, an die wir genauso glauben wie an die Protagonisten selbst. Und so glaubte auch ich mit der gleichen Inbrunst an Dostojewskis prophetische Stimme und an die Welt seiner bekenntnisfreudigen Helden.

Die Furcht hingegen, die das Buch in mir auslöste, ist schwerer zu erklären. Zum Teil ist sie wohl auf die unglaublich eindringliche Selbstmordszene zurückzuführen (das Verlöschen der Kerze, der im Nebenzimmer Lauschende) und auf das entsetzliche Verbrechen, das aus einer wohlbekannten Furcht heraus hastig begangen wird. Furchterregend ist wohl auch, wie schnell es bei den Romanhelden zwischen ihrem engen provinziellen Lebensrahmen und der Welt der großen Gedanken hin und her geht und welche Kühnheit Dostojewski damit für sie und für sich selbst beansprucht. Beim Lesen der *Dämonen* spüren wir, daß bis hin zum unscheinbarsten Alltagsdetail alles zwangsläufig mit den großen Menschheitsideen zu tun hat, und gelangen entsetzt zu der jedem Paranoiker geläufigen Einsicht, daß alle Gedanken, alle großen Ideale miteinander verbunden sind – so wie es sich eben in der Geschichte mit den Geheimgesellschaften verhält, mit den irgendwie miteinander in Verbindung stehenden Zellen, den Revolutionären und den Spitzeln. Hinter dieser furchterregend paranoiden Welt, in der jeder mit jedem zu tun hat und alle Gedanken nur wiederum einer dahintersteckenden größeren Wahrheit als Bindeglied und zugleich als Maske dienen, stecken die Fragen nach der Existenz Gottes und nach der menschlichen Freiheit. Nicht nur hat Dostojewski in den *Dämonen* diese beiden existentiellen Fragen in einer Weise miteinander verknüpft, die es uns heute schwermacht, sie unabhängig voneinander zu betrachten, sondern er hat sie auch in der Gestalt eines Protagonisten, der sich durch die Existenz Gottes und durch seine eigene Freiheit zum Selbstmord treiben läßt, in einer Art literarisch verarbeitet, die dem Leser nie mehr aus dem Kopf geht. Es gibt nur wenige Dichter, denen es gegeben ist, abstrakte Gedanken, Glaubenssätze und geistige Widersprüche so glaubwürdig in literarische Figuren umzusetzen wie Dostojewski.

Als Dostojewski Ende 1869 mit der Arbeit an den *Dämonen* begann, war er achtundvierzig Jahre alt. *Der Idiot* war soeben veröffentlicht worden und *Der ewige Gatte* schon geschrieben. Zwei Jahre zuvor hatte er sich mit seiner Frau nach Europa (Florenz, Dresden) abgesetzt, um sich seinen Gläubigern zu entziehen und ruhiger arbeiten zu können, doch fühlte er sich dort nicht wohl. Er hatte das Prosaprojekt *Leben eines großen*

Sünders im Kopf, das sich um die Themen Religion und Atheismus drehen sollte. Aus seinem Abscheu vor dem Nihilismus heraus, einer damals in Rußland um sich greifenden Bewegung, die wir heute als Mischung aus Anarchismus und Liberalismus beschreiben würden, wollte er einen politischen Roman schreiben, der die Abneigung der Nihilisten gegenüber den russischen Traditionen, ihre westlichen Anschauungen und ihre Gottlosigkeit spöttisch aufs Korn nehmen sollte. Nachdem er schon eine ganze Weile an dem Buch gearbeitet hatte, aber den Glauben an seine Geschichte allmählich zu verlieren begann, las er mit einer Erregung, wie sie für im Exil lebende Menschen typisch ist, in russischen Zeitungen von einem politischen Verbrechen, an dem sich seine Phantasie wieder entzündete. In jenem Jahr war ein Moskauer Student namens Iwanow wegen vermeintlichen Verrats an der gemeinsamen Sache von vier Kameraden ermordet worden. Anstifter zu jenem Mord innerhalb einer revolutionären Zelle war deren geistiger Führer, ein gewisser Netschajew, ein hochintelligenter junger Mann von teuflischem Zuschnitt. Der von Dostojewski in der Figur des Pjotr Werhowenski dargestellte Netschajew und seine Freunde (im Roman Tolkatschenko, Wirginski, Schigaljew und Lamschin) verdächtigen genau wie im Roman ihren Kameraden (Schatow) des Verrats, töten ihn daraufhin in einem Park und werfen seine Leiche in einen See.

Als Dostojewski sich durch die literarische Verarbeitung dieses Verbrechens mit der geistigen Welt der russischen Nihilisten und Europäisierer auseinandersetzte, wollte er mit aller Deutlichkeit aufzeigen, daß sich hinter den Träumen von der »neuen Welt«, der »Revolution« und der »Utopie« auch handfeste Machtgelüste verbergen, die auf das Hier und Heute ausgerichtet sind, auf diese Welt, auf unsere Ehepartner, unsere Freunde, unser ganzes Umfeld. Und mir, der ich damals gerade meine ersten linken Anwandlungen hatte, kam es so vor, als sei die Geschichte nicht in Rußland angesiedelt, vor hundert Jahren, sondern in der Türkei, die damals mitten in gewalttätigen politischen Auseinandersetzungen steckte. Es war, als würde

Dostojewski mir ein düsteres Geheimnis zuflüstern, mir verraten, was es so auf sich hatte mit aller Weltverbesserei, mit dem Wahn, irgendwo seien geheime Kräfte am Werke, mit glühendem Revoluzzertum, mit dem Trieb, andere zu verleiten, mit der Lust, den zu erniedrigen, der nicht unsere Sprache spricht oder unsere Meinung teilt. Ich weiß noch gut, wie ich mich oft wunderte, warum eigentlich über diesen Roman nie gesprochen wurde. Daß man sich in linken Kreisen ausschwieg über ein Werk, das über unser kulturelles Klima derartig viel zu sagen hatte, vermittelte mir das Gefühl, durch dieses Buch Mitwisser eines furchtbaren Geheimnisses zu sein.

Aber noch einen anderen Grund hatte meine persönliche Betroffenheit. Zu jener Zeit, also ziemlich genau hundert Jahre nach Netschajews Verbrechen und dem Erscheinen der *Dämonen*, kam es in der Türkei, an der Bosporus-Universität, an der ich studierte, zu einem ähnlichen Mord. Mitglieder einer revolutionären Gruppierung, unter denen sich auch Kommilitonen von mir befanden, hatten, angestiftet von einem danach untergetauchten, zugleich intelligenten und teuflischen »Helden«, einen des Verrats bezichtigten Studenten mit Keulen erschlagen und waren dann erwischt worden, als sie in der Nacht versuchten, die in einem Koffer verstaute Leiche mit einem Ruderboot auf die andere Seite des Bosporus zu schaffen. Den bis zum Verbrechen gehenden Radikalismus dieser Jungrevolutionäre, ihre Auffassung, der »gefährlichste Feind« sei der »Feind aus den eigenen Reihen«, konnte ich nachvollziehen, da ich sie aus den *Dämonen* kannte. Jahre später fragte ich einen Freund, der zu den damaligen Akteuren gezählt hatte, ob er die *Dämonen* überhaupt gelesen habe, doch stellte sich heraus, daß er und seine Kumpane das Buch gar nicht kannten und dessen Handlung nur unbewußt nachgeahmt hatten.

Obwohl in den *Dämonen* eine Atmosphäre politischer und seelischer Gewalt vorherrscht, ist der Roman zugleich auch Dostojewskis amüsantestes Werk. Besonders in den Massenszenen legt Dostojewski einen Sinn für Spott und Verhöhnung an den Tag, der seinesgleichen sucht. In der Figur des Karmasinow zeichnet er eine gehässige Karikatur seines Freundes Turgenjew, mit dem er zerstritten war. Dostojewski wirft Turgenjew vor, sich gegenüber den Nihilisten und den Europäisierern allzu aufgeschlossen zu zeigen und damit die russische Kultur in den Schmutz zu ziehen. Außerdem kreidet er Turgenjew seinen Gutsherrenreichtum an. In gewisser Hinsicht können die *Dämonen* auch als Auseinandersetzung mit Turgenjews Roman *Väter und Söhne* aufgefaßt werden.

Doch wenn Dostojewski auch den Linksliberalen und den Verfechtern der Europäisierung noch so zürnen mag, kennt er sie aus persönlichem Umgang zu gut, um sich nicht manchmal auch liebevoll über sie zu äußern. Das Ende der Vaterfigur Stepan Trofimowitsch, seine Begegnung mit dem russischen Bauern, von dem er stets geträumt hatte, wird mit solcher Innigkeit erzählt, daß beim Leser, der den umständlichen Mann den ganzen Roman über milde belächelt hatte, plötzlich ein Gefühl der Bewunderung aufkommt. Dies läßt sich als Gruß an die Leidenschaften, die Niederlagen und die mit gekünstelter Aufrichtigkeit gepaarte Vitalität begreifen, die den von Dostojewski dargestellten proeuropäischen, revolutionären, an ein Alles-oder-Nichts glaubenden Intellektuellentypus auszeichnet.

Ich verstehe die *Dämonen* seit jeher als ein Buch, das radikale Intellektuelle beschreibt, die mit ihren Träumen vom Westen und ihren krisenhaften Gotteszweifeln am Rande Europas, fernab von den großen Metropolen leben, als ein Buch, das ihre schamhaft verschwiegenen Geheimnisse in die Welt hinausschreit.

Die Brüder Karamasow

Ich weiß noch gut, wie ich mit Achtzehn in Istanbul in einem Haus mit Blick auf den Bosporus allein im Zimmer saß und die *Brüder Karamasow* las. Es war mein erstes Buch von Dostojewski. Im Bücherschrank meines Vaters war es in zwei Ausgaben vorhanden, nämlich in der berühmten englischen Übersetzung von Constance Garnett und in einer türkischen Fassung aus den vierziger Jahren, und sein Titel, der auf geheimnisvolle Weise davon kündete, wie seltsam, wie anders und wie gewaltig Rußland sein mußte, hatte mich schon lange in eine neue Welt gelockt.

Wie alle großen Werke ließen die *Brüder Karamasow* mich beim ersten Lesen spüren, daß ich auf der Welt nicht allein und dennoch in meinem Winkel ein einsamer, hilfloser Mensch war. Nicht allein war ich deshalb, weil es mir bei der genußvollen Lektüre des opulenten Romans immer wieder so vorkam, als hätte ich einen erschütternden Gedanken schon selbst einmal gedacht oder eine haarsträubende Szene selbst erlebt. Und die Einsamkeit rührte daher, daß mir bestimmte Grundwahrheiten über das Leben vermittelt wurden, die ich anderswo nie zu hören bekam – geradeso, als hätte vor mir das Buch noch niemand gelesen. Dostojewski flüsterte mir gewissermaßen über das Leben und die Menschen Dinge ins Ohr, die niemand sonst wußte. Dieses besondere Wissen war so überwältigend, daß ich beim Abendessen mit meinen Eltern oder beim Politisieren in den überfüllten Gängen der Technischen Universität, wo ich Architektur studierte, immer wieder spürte, daß das Buch in mir weiterarbeitete, daß mein Leben von nun an nicht mehr das gleiche sein würde und daß, verglichen mit der unendlich weiten, ergreifenden Welt jenes Buches, meine eigenen Sorgen und Nöte doch reichlich nichtig waren. Ich lese gerade ein Buch, das meine ganzen Lebensvorstellungen über den Haufen wirft, und deshalb ist mir bange, dachte ich damals.

»Die erste Begegnung mit Dostojewski«, heißt es einmal bei Borges, »ist wie die erste Begegnung mit der Liebe oder mit dem Meer und stellt im Leben einen Einschnitt dar.« Für mich kam diese Begegnung einem Verlust der Unschuld gleich.

Was war das Geheimnis, das Dostojewski mir in den *Brüdern Karamasow* und seinen anderen großen Werken zuflüsterte? Wollte er mir demonstrieren, daß ich immer einen Gott oder irgendeinen großen Glauben brauchen, aber nie mit letzter Konsequenz an etwas glauben würde? Sollte ich einsehen, daß in jedem von uns ein Teufel sitzt, der gegen unsere tiefsten Überzeugungen löckt? Oder begreifen, daß tiefe Leidenschaften, enge Bindungen und große Gedanken zwar sehr wohl das Leben ausmachen, daß uns aber Glück auch durch eine Bescheidenheit zuteil werden kann, die diesen hehren Begriffen diametral entgegengesetzt ist? War die Botschaft, daß der Mensch ein Wesen ist, das sich zwischen den Extremen Hoffnung und Verzweiflung, Liebe und Haß, Wahrheit und Illusion noch viel schneller hin und her bewegt, als ich dachte? Oder daß der Mensch, wie das Beispiel von Vater Karamasow zeigt, selbst dann, wenn er Tränen vergießt, unehrlich sein, ja diese Tränen sogar simulieren kann? Das Frappierende ist, daß Dostojewski uns diese ganze »Lebenskunde« nicht in Form ausformulierter Gedanken verabreicht, sondern zu ihrer Vermittlung dreidimensionale Helden agieren läßt, die uns wie aus Fleisch und Blut erscheinen. Beim Lesen der *Brüder Karamasow* wundern wir uns einerseits, wie schnell die Romanfiguren von einem Extrem ins andere fallen können, und vermuten, daß diese Alles-oder-nichts-Mentalität typisch für Dostojewski oder ganz allgemein für die russischen Intellektuellen des ausgehenden 19. Jahrhunderts war, als Rußland von einer tiefen gesellschaftlichen Krise erschüttert wurde. Dann aber entdecken wir diese Seelenzustände und das, was sie auslöst, auch in uns selbst. Dostojewski lesen heißt – vor allem in jungen Jahren – fortwährend auf Entdeckungsreise sein und staunen. Das liegt zum einen daran, daß Dostojewskis Romane sorgfältig durchkomponierte Handlungsstränge aufweisen, und zum anderen erstaunlicherweise daran, daß die so entstehende Welt in ständigem Wandel begriffen ist.

Manchen Autoren ist die Welt ein Ort, der seine Entwicklung abgeschlossen hat. Meister wie Flaubert oder Nabokov sind die besten Beispiele für diesen Ansatz, bei dem das Interesse weniger dem gilt, was die Welt zusammenhält, als vielmehr der Schilderung von Symmetrien, Nuancen, Schattierungen und der Ironie des Schicksals, also grob gesprochen: Oberflächenphänomenen. Das Gefühl der Tiefenschärfe, das sich bei der Lektüre von Flaubert und Nabokov dennoch einstellt, rührt nicht von großen Gedanken her, die einem vermittelt würden, sondern von der meisterhaften Liebe zum Detail.

Nun zu sagen, daß es daneben eine ganz andere Art von Schriftstellern gebe, deren bedeutendster Repräsentant Dostojewski sei, ist im Grunde genommen untertrieben, denn eigentlich steht Dostojewski ganz allein da. Für ihn ist die Welt einem steten Wandel unterworfen, ist unvollständig, mangelhaft. Wir möchten die Grundregeln dieser im Entstehen befindlichen Welt begreifen und uns darin einen als richtig und moralisch empfundenen akzeptablen Ort suchen. Dadurch aber werden wir selbst Teil der entstehenden Welt, die durch den Roman ergründet werden soll. Die Mühe, der wir uns beim Lesen unterziehen, und das daraus resultierende Verantwortungsgefühl vermengen sich mit den Ungewißheiten und dem Schrecken, der Entstehung einer Welt beizuwohnen, und werden damit Teil unserer Selbsterkenntnis. Deshalb fürchten wir auch, was wir bei der Lektüre Dostojewskis über uns selbst erfahren: Die Regeln, nach denen wir funktionieren, sind nicht klar definiert.

Welchen Platz soll der Glaube in meinem Leben einnehmen, welche moralischen Forderungen ergeben sich daraus, welche metaphysischen Aspekte hat mein Glaube, und wie kann ich sie mit meinem täglichen Leben in der Gesellschaft vereinbaren: All diese Fragen, mit denen sich die meisten Menschen in ihren Jugendjahren leidenschaftlich auseinandersetzen, haben Dostojewski ein Leben lang beschäftigt, und in den *Brüdern*

Karamasow hat er sie in so vollendeter Form in allen ihren Facetten beleuchtet, daß das Buch gerade für junge Menschen Pflichtlektüre sein sollte. Dazu kommt noch, daß mit den zentralen Themen Vatermord und Schuldgefühl geheime Wünsche und Ängste angesprochen werden, von denen man ebenfalls in jungen Jahren gepeinigt wird. Auch Freud, der der Seelenwelt Dostojewskis eine wichtige Schrift widmete und darin die *Brüder Karamasow* sowohl von der Bedeutung als auch vom Thema her mit Sophokles' *Ödipus* und Shakespeares *Hamlet* verglich, bezeichnete die Vatertötung als das erschütterndste Moment in dem Buch.

Man kann den Roman allerdings auch dann noch voller Begeisterung lesen, wenn man die Jugend schon hinter sich gelassen hat und zu einer gefestigten Weltanschauung gelangt ist. Mich hat bei der zweiten Lektüre besonders beeindruckt, wie Dostojewski traditionelle vormoderne Werte wie Heimatkultur und Bescheidenheit und von der Moderne glorifizierte Werte wie Unternehmertum, Aufsässigkeit und Zweifel aufeinanderprallen läßt. Dostojewski greift Gedanken aus seinem Roman *Der Idiot* wieder auf und entwickelt sie weiter. So läßt er etwa Iwan Karamasow sagen, Intelligenz führe zu Schuld und Niedertracht, Dummheit dagegen zu Unbefangenheit und Ehrlichkeit. Daß Vater Karamasow sich nicht um seine Kinder kümmert, grob ist, genußsüchtig und verlogen, erfüllte mich beim zweiten Lesen nicht mehr mit dem von Dostojewski geforderten Abscheu, sondern entlockte mir, da als realistisch erkannt, nur mehr ein wissendes Lächeln. Dostojewski verfügt in ganz besonderem Maße über die allen großen Schriftstellern eigene Fähigkeit, beim Verfassen seiner Texte gleichsam unbewußt den eigenen Überzeugungen auf den Zahn zu fühlen, ja gegen sie anzuschreiben. Deutlich abzulesen ist dies an der Art, wie in den *Brüdern Karamasow* die Protagonisten mit ihren Seelennöten kämpfen und sich gegenseitig befehden. Fast schon an ein Wunder grenzt es, daß man in dem umfangreichen Roman die vielen Figuren mit ihren so unterschiedlichen Persönlichkeiten und glaubwürdigen Details so gut auseinanderhalten kann. Auch die Helden anderer Schriftsteller, wie zum Beispiel die von Charles Dickens, bleiben uns in Erinnerung, aber oft liegt das nur daran, daß sie durch ihre skurrilen oder liebenswerten Eigenschaften eher als Karikaturen angelegt sind. Zu Dostojewskis großen Stärken zählt es, daß seine Protagonisten uns nicht mehr aus dem Kopf gehen. Daß die drei Brüder Karamasow ironischerweise auch seelenverwandt sind, zwingt uns dazu, eine Wahl zu treffen, uns mit ihnen zu identifizieren, über sie zu sprechen, zu streiten. Jede Diskussion über die Brüder Karamasow wird somit zwangsläufig zu einer Diskussion über das Leben selbst.

In meiner Jugend fühlte ich mich am meisten zu Aljoscha hingezogen. Seine naive Gutmütigkeit und sein Bemühen, jedermann zu verstehen, appellierten an mein Moralempfinden. Aber zugleich hatte ich stets im Hinterkopf, daß Aljoscha genauso wie der christusähnliche Fürst Myschkin aus dem *Idioten* in all ihrer Reinheit wohl unerreichbare Vorbilder darstellten, so daß mir allmählich eher die verabsolutierende Art des Theorie- und Bücherfreundes Iwan entsprach. Ohnehin steckt wohl in jedem zornigen jungen Mann aus der dritten Welt, der mit moralischem Anspruch auftritt, etwas von Iwan und dessen schneidender Kälte. In Iwan ist etwas angelegt, mit dem sich Dostojewski auch in seinen *Dämonen* auseinandersetzte, nämlich der Typus des ab der Oktoberrevolution in Rußland dominierenden Intriganten, der einem großen politischen Ziel alles andere rücksichtslos unterordnet. Dennoch ist Iwan ein Karamasow: Trotz der wütend leidenschaftlichen Überspanntheiten der Figur achtet Dostojewski sorgfältig darauf, seinen Iwan auch mit einer Portion Anteilnahme und ungestillter Liebesbedürftigkeit auszustatten. Der älteste Sohn Dimitri wiederum steht mir seit jeher am fernsten. Daß er, weltzugewandt wie der Vater, mit diesem um eine Frau rivalisiert, macht ihn zu einem lebensnahen Charakter, den man aber leicht wieder vergißt. Da man schon ahnt, daß Dimitri seinem Vater immer mehr gleichen wird, macht man sich seine Sorgen nicht zu eigen und läßt ihn nicht an sich herankommen. Ein uns beunruhigender Karamasow-Bruder (oder Stiefbruder?) ist selbstredend auch der im Hause Karamasow als Dienstbote tätige Smerdjakow. Er erinnert uns nicht nur daran, daß auch unser eigener Vater ein fatales zweites Leben führen könnte, sondern zeigt auch auf, wie sehr die Mittelschicht es fürchtet, von der Unterschicht beobachtet oder gar verurteilt zu werden. Nach seinem Verbrechen demonstriert Smerdjakow mit unerbittlicher Logik, wie eine Randfigur durch ihre Intelligenz und ihre seelische Stärke ins Zentrum des Geschehens rücken und alles unter ihre Kontrolle bekommen kann.

Während Dostojewski in seinen *Brüdern Karamasow* die Tragödie einer Provinzfamilie beschrieb, hatte er selbst mit den politischen und kulturellen Fragestellungen zu kämpfen, die ihn sein ganzes Leben nicht losließen. Er und Tolstoi waren damals die größten lebenden Schriftsteller Rußlands, und er wurde gegen Ende seines Lebens endlich auch von der öffentlichen Meinung als solcher anerkannt. Schon bevor er den Roman schrieb, brachte er unter dem Titel *Tagebuch eines Schriftstellers* eine Zeitschrift heraus, in der er zu politischen, literarischen, kulturellen, philosophischen und religiösen Themen engagiert Stellung nahm und auch literarische Entwürfe veröffentlichte. Mit Hilfe seiner Frau publizierte er seine letzten Bücher und erzielte mit seinem *Tagebuch,* das damals die gefragteste Theorie- und Literaturzeitschrift Rußlands war, nicht unerhebliche Einkünfte. War er in seiner Jugend noch linksliberal und europaorientiert gewesen, so vertrat er nun einen Panslawismus und war stolz auf seine persönliche Beziehung zur Familie des Zaren, der ihm 1861 mit der Abschaffung der Leibeigenschaft einen Jugendtraum erfüllt hatte (und ihn nicht zuletzt einmal durch einen Gnadenakt davor bewahrte, wegen eines politischen Vergehens exekutiert zu werden). Als Dostojewski vom Ausbruch des unter anderem auf panslawistische Bestrebungen zurückzuführenden Osmanisch-Russischen Krieges (1877/78) erfuhr, ging er in eine Kathedrale und betete weinend für das große russische Volk. (Die abfälligen Bemerkungen über die Türken, die Dostojewski unter dem Eindruck dieses Krieges in die *Brüder Karamasow* einfließen ließ, werden in den türkischen Ausgaben mit schöner Regelmäßigkeit getilgt oder abgemildert.) Dostojewski, der von Lesern und Bewunderern zahlreiche Briefe erhielt und selbst von seinen Gegnern geachtet wurde, war mit knapp sechzig Jahren bereits ein alter, verbrauchter Mann und starb ein Jahr nach der Veröffentlichung der *Brüder Karamasow*. Seine Frau berichtete Jahre später in ihren Erinnerungen betrübt von einer literarischen Versammlung, zu der ihr Mann einmal vier Stockwerke habe hochsteigen müssen und ganz außer Atem angekommen sei, woraufhin man sein erschöpftes Schweigen während der Versammlung als Hochmut mißdeutet habe. Trotz seiner Epilepsieanfälle und einer Lungenerkrankung wollte Dostojewski bis zu seinen letzten Lebenstagen nicht darauf verzichten, bis in den frühen Morgen bei Tee und Zigaretten an einem Roman zu schreiben.

Daß es Dostojewski, dessen Leben und Werk an literarischen Wundern schon reich genug ist, in seinem entkräfteten Zustand noch geschafft hat, einen der größten Romane aller Zeiten zu schreiben, darf als ein letztes Wunder gelten. Einen zwischen Alltags- und Familiensorgen und großen Gedanken so schnell hin und her wechselnden Roman gibt es nicht noch einmal. Und Ironie des Schicksals ist, daß Dostojewski, der das größte Werk der Romankunst schuf, also der – neben der Orchestermusik – bedeutendsten Kunstform der westlichen Zivilisation, den Westen und Europa damals genauso verabscheute wie ein heutiger türkischer Provinzislamist.

Unbarmherzigkeit, Schönheit, Zeit

Es gibt Schriftsteller, die uns viel beibringen, unsere Ansichten nicht nur über das Leben, sondern auch über das Schreiben und die Literatur formen, Schriftsteller, die wir mit Liebe und Leidenschaft lesen und die trotzdem bloß auf eine bestimmte Phase unseres Lebens beschränkt bleiben. Selbst wenn wir sie in späteren Jahren wiederlesen, dann nicht, weil wir sie immer noch benötigten, sondern nur, weil wir sie früher einmal gelesen haben, also mit einem Beigeschmack der Nostalgie. Hemingway, Sartre, Camus und sogar Faulkner gehören für mich zu dieser Sorte Schriftsteller. Wenn ich sie – was selten geschieht – wieder zur Hand nehme, erwarte ich nicht, daß sie mich mit neuer Kraft erfüllen, sondern will mich lediglich daran erinnern, wie sie mich einst beeindruckt und meinen Geist geformt haben.

Und dann gibt es noch Schriftsteller, die ich dauernd benötige. Jedesmal, wenn ich Proust aufschlage, möchte ich in mir wachrufen, wie unendlich groß die Aufmerksamkeit sein kann, die die Helden eines Autors auf ihre Unentschlossenheit, Leidenschaft oder Verliebtheit verwenden. Wenn ich Dostojewski lese, habe ich das Bedürfnis, mir wieder darüber klarzuwerden, daß trotz aller anderen Rück- und Absichten das eigentliche Anliegen des Romanciers die Tiefe ist. Die Größe dieser großen Schriftsteller wurzelt offenbar auch ein wenig darin, daß wir sie brauchen. Nabokov ist einer dieser unverzichtbaren Autoren, die ich immer aufs neue lese.

Was bringt mich dazu, *Lolita, Fahles Feuer* oder das zerlesene Exemplar von *Erinnerung, sprich!*, in dem Nabokov seinen Stil am glänzendsten demonstriert, wie eine unverzichtbare Notapotheke sorgfältig in meine Tasche zu legen, wenn ich auf eine Reise gehe, meinen Koffer für den Sommerurlaub packe und sogar, wenn ich in das Hotelzimmer aufbreche, in das ich mich einschließen werde, um die letzten Seiten meines neuesten Romans zu schreiben?

Selbstverständlich die Schönheit der Nabokovschen Prosa. Aber von Schönheit zu sprechen erklärt nichts. Die Schönheit von Nabokovs Büchern hat immer einen »mißgünstigen« (er hat auch in einem seiner Buchtitel dieses Wort verwendet), destruktiven Zug. Diese Besonderheit läßt uns auch spüren, daß es sich bei der »Zeitlosigkeit« von Schönheit um eine Täuschung handelt, und verweist uns auf Nabokovs Leben, Zeit und Kultur. Ich möchte hier versuchen, die Wirkung dieser Schönheit auf mich zu erklären, deren Preis in einem faustischen Pakt Unbarmherzigkeit und Mißgunst sind.

Die berühmte Szene, in der Lolita Tennis spielt, Charlottes langsames Eintauchen in den Hourglass-See, Humberts Blick vom Wegrand auf einem Hügel hinab auf das kleine Städtchen, wo er dem Gewimmel spielender Kinder zusieht (ein Bild von Brueghel ohne Schnee), die Treffen mit seiner Jugendliebe im Wald, an die er sich erinnert, wie sein kleiner Sohn Dimitri den Zügen nachschaute, oder wie er, eine Hand in der seines Vaters, die andere in der seiner Mutter, spazierenging, oder der Friseur im Städtchen Kasbeam, von dem er im Schlußwort zu *Lolita* sagt, daß es einen ganzen Monat gedauert hat, ihn zu beschreiben (insgesamt gerade zehn Zeilen!), oder eine der figurenreichen Familienszenen in *Ada oder das Verlangen*: Wenn man das liest, spürt man, daß das Leben ganz genau so ist, daß der Autor Dinge, die wir alle kennen, in einer verblüffenden, bewunderungswürdigen, ja zu Tränen rührenden Exaktheit und Treue an dem notwendig richtigen Ort, in einer genau richtigen Weise – die uns nie eingefallen wäre – zusammengefügt hat. Nabokov hat einmal mit dem stolzen Selbstbewußtsein eines Autors, der genau weiß, was er kann, gesagt, er sei gut darin, »das rechte Wort am rechten Platz« zu finden. Die vollkommen gelungene Wahl des »rechten Wortes« im Sinne Flauberts, diese Genauigkeit in der Prosa ist derart hinreißend, daß der Text für einen Augenblick eine magische Qualität gewinnt. Hinter diesem Zauber, der durch die Intelligenz des Autors, seine Kreativität, sein Glück oder durch ein neues, ihm von Gott geschenktes Wort (und er besitzt zahllose solcher

Gottesgaben, die bei einem Schriftsteller wie mir Neid, Bewunderung und eine Art Identifikationswunsch hervorrufen) erklärt werden kann, steckt ein unbarmherziger Schritt auf den Leser zu.

Um das, was ich Nabokovs Unbarmherzigkeit nenne, besser zu verstehen, schauen wir uns einmal den Friseur in Kasbeam an, zu dem Humbert, auch ein wenig, um die Zeit totzuschlagen, geht, kurz bevor ihn Lolita voll Unbarmherzigkeit (einer gerechten Unbarmherzigkeit allerdings) verläßt. Es handelt sich um einen alten Friseur aus der Provinz, der pausenlos schwatzt und, während er Humbert rasiert, ihm ununterbrochen von seinem Sohn, einem Baseballspieler, erzählt. Er wird mit wenigen Sätzen wunderbar lebendig porträtiert, wie er seine Brille an Humberts Umhang abwischt und seine Schere ruhen läßt, während Humbert die Zeitungsausschnitte über seinen Sohn liest. Wenn wir das lesen, spüren wir sogar in der Türkei, daß wir ihn kennen. Im letzten Augenblick aber spielt Nabokov noch eine Karte aus, die uns überrascht. Humbert interessiert sich für das Gespräch so wenig, daß er erst im letzten Augenblick bemerkt, daß der Sohn, von dem die Zeitungsausschnitte handeln, die ihm der Friseur zeigt, vor dreißig Jahren gestorben ist.

Während so Nabokov in zwei Sätzen, an denen er einen Monat geschrieben hat, die Atmosphäre eines provinziellen Friseurladens zeichnet und dabei die Geschwätzigkeit des Mannes und seine Prahlerei mit den Erfolgen seines Sohnes einfängt, wie es Tschechow (ein Autor, für den Nabokov offen Bewunderung zeigt) gefallen hätte, überführt er seine melodramatische Sehnsucht nach dem »toten Sohn« in das Thema »Verlust und Trauer in der Provinz«, was der Leser gutwillig mitzumachen sich anschickt. Aber dann erfährt er in einer gnadenlosen und spöttischen Wendung, daß der Erzähler und Held sich für die Sorgen des Friseurs gar nicht interessiert. Ja, wir Leser, die wir uns von der Aufregung Humberts, der ja vor Liebe ungeduldig fiebert, haben anstecken lassen, werden uns sofort bewußt, daß auch wir, genauso wie der Held und Erzähler, keine Trauer für den vor dreißig Jahren verstorbenen Sohn des Friseurs aufbringen können. Damit sind auch wir Leser mitschuldig an der Unbarmherzigkeit, die der Preis für die Schönheit der Erzählung ist. Im Alter zwischen zwanzig und dreißig habe ich Nabokov immer mit einem merkwürdigen Gefühl von Schuld und mit einem nabokovschen Stolz gelesen, den ich als Schutzschild gegen dieses Schuldgefühl entwickeln wollte. Das war der Preis für den Genuß, den ich in meiner Welt aus den Romanen zog, und für ihre Schönheit.

Nabokovs Unbarmherzigkeit und die von ihr ausgehende Schönheit zu verstehen ist nur möglich, wenn man sich zuvor in Erinnerung ruft, wie unbarmherzig das Leben mit ihm umgegangen ist. Nabokov, der aus einer reichen russischen Adelsfamilie stammt, verliert nach der Oktoberrevolution seinen Besitz, seine Habe, seine Ländereien und Häuser (später wird er voll Stolz schreiben, dies sei für ihn nicht wichtig gewesen). Er flieht: aus Rußland über Istanbul (wo er einen Tag bleibt) nach Berlin, nach einem Aufenthalt als Flüchtling dort nach Paris und nach dem Einmarsch der Nazis in Frankreich weiter nach Amerika. In Amerika verliert er seine Muttersprache, die er sich, in Berlin Russisch schreibend, als literarisches Idiom zu eigen gemacht hatte. Seinen Vater, einen liberalen Politiker, verliert er bei einem irrtümlich verübten Anschlag, ähnlich dem, den er im *Fahlen Feuer* ironisch und unbarmherzig beschreibt.

Als er in seinen Vierzigern nach Amerika emigriert, hat er also seinen Vater, seine Familie, deren Mitglieder über alle Welt verstreut sind, sein Vermögen und seine Sprache verloren. Man kann seine sonderbare Unbarmherzigkeit, die Edmund Wilson als »dem Schwächsten noch einen Tritt versetzen« beschreibt, sein stolzes Bekenntnis, sich nicht für Politik zu interessieren, seine erniedrigend spöttische Haltung gegenüber durchschnittlichen Menschen und ihrer durchschnittlichen Lebensweise, die die Grenze der Kitsch- und Schundkritik überschreitet, seine Andeutung, daß er nicht für Leser schreibe, die bei der Lektüre die Lippen bewegten, moralisierend verurteilen. Wenn wir das nicht wollen, müssen wir uns an die Verluste in seinem Leben erinnern und an die außerordentliche Einfühlsamkeit, die er für seine Helden wie Lolita, Sebastian Knight oder John Shade aufbringt.

Wie beim Beispiel des Friseurs von Kasbeam kommt Nabokov dadurch zu seiner Unbarmherzigkeit, daß er bis in das kleinste Detail zeigt, daß das Leben, die anderen, die Natur, die physische Umwelt, die Straßen und Städte unseren Sorgen und Schmerzen keinerlei Linderung verschaffen. Das erinnert an die Bemerkung Lolitas über den Tod, der auch ihr Stiefvater zustimmte: Der schrecklichste Zug am Tod, so sagt Lolita, ist, »daß der Mensch weiß, er ist allein«. Der tiefe Genuß, der in der Lektüre Nabokovs liegt, ist die Erkenntnis, daß die mitleidlose Tatsache, daß unser Leben mit der inneren Logik der Welt in keinerlei Einklang steht, selbst schön ist. Wenn wir diese tiefe Logik der Welt, die nur gute Literatur uns lieben lehren kann, erkennen, bleibt uns nur der Trost der Schönheit: Der Glanz der Nabokovschen Prosa, der dem von Schmetterlingsflügeln gleicht, ihre Symmetrie, die Licht-, Logik- und Spiegelspiele – die er mit der Intuition des Autors, der sich seines Schreibens jederzeit äußerst bewußt ist, das »Prisma von Babel« nennt – ist vielleicht das letzte, woran wir uns gegenüber der Unbarmherzigkeit des Lebens und der Welt halten können. Nachdem Humbert seine Lolita verloren hat und vom Leben erbarmungslos zerschmettert worden ist, sagt er dem Leser, daß er zu nichts anderem mehr in der Lage sei, als mit Wörtern zu spielen. Halb spöttisch verweist er auf die »Zuflucht, die man Kunst nennt.«

Diese Zuflucht, die die Unbarmherzigkeit zum Preis hat, schafft, wie schon aus Humberts über den ganzen Roman für den Leser spürbaren Zynismus erkennbar, ein Gefühl der Schuld. Die Nabokovsche Prosa ist durch die Unbarmherzigkeit, mit der ihre Schönheit erkauft wird, emotional schuldbeladen – wie Humbert, der in der Reinheit eines kleinen Kindes außerzeitliche Schönheit sucht. Wir fühlen, daß der Autor, der

Erzähler, der Besitzer dieser wunderbaren Sprache, der uns seine Geschichten und Romane schenkt, ständig damit beschäftigt ist, dieses Schuldgefühl zu unterdrücken. Erkennbar wird dies zwischen den Wellen rückhaltlosen Sarkasmus und hochintelligenter Aggressivität oder auch daran, daß Nabokovs Helden dauernd zu ihrer Vergangenheit, ihren Kindheitserinnerungen zurückkehren.

Wie auch aus seinen Erinnerungen abzulesen, war die Kindheit für Nabokov ein Goldenes Zeitalter, nicht zu vergleichen mit dem Rest des Lebens. In seinen Memoiren, die Nabokov unter dem Eindruck von Tolstois *Kindheit und frühe Jugend* verfaßte, befaßt sich Nabokov nicht mit den Schuldgefühlen, die Tolstoi von Rousseau übernommen hatte. Offenbar sind Schuldgefühle für ihn ein Schmerz, den er nach seiner Kindheit und Vertreibung aus dem Paradies Rußland erleben sollte, während er seinen literarischen Stil ausbildete. Puschkin hat sich einmal beklagt: »Wenn alle russischen Autoren von ihrer verlorenen Kindheit erzählen, wer wird dann vom heutigen Rußland sprechen?« Nabokov ist eine moderne Fortsetzung dieser Literatur des Adels und der landbesitzenden Klasse, aber selbstverständlich nicht nur das. Hinter der Auseinandersetzung Nabokovs mit Freud, bei dem er es nicht lassen kann, sich dauernd über ihn lustig zu machen und auf ihm herumzuhacken, muß wohl letztlich die Bemühung stehen, das Goldene Zeitalter der Kindheit von Schuldgefühlen, ödipalen Verwirrungen, Verwicklungen in Verbot und Sünde freizuhalten, und nicht – wie Nabokov behauptet –, die Tatsache, daß Freud Unsinn erzählt hat. Denn wenn er über Themen wie »Zeit«, »Gedächtnis« oder »Unsterblichkeit« zu schreiben beginnt, unternimmt es Nabokov gerade in seinen brillantesten Abschnitten, einen »Zauber« ganz im Stile Freuds zu veranstalten.

Hinter Nabokovs Zeitbegriff steht sein Widerstand gegen die Unbarmherzigkeit und Schuld, die der Preis der Schönheit sind. Mit seinem Zeitbegriff, den er in *Ada* ausführlich erläutert, erinnert Nabokov seinen Leser daran, daß das Gedächtnis es möglich macht, uns unsere Kindheit und das Goldene Zeitalter unserer Vergangenheit zu erhalten. Diesen bekannten, banalen Gedanken betont Nabokov mit außergewöhnlicher poetischer Energie und dem Ziel, Vergangenheit und Gegenwart in einem Augenblick, im gleichen Satz erlebbar werden zu lassen. Erinnerungsbeladene Dinge kommen aus der Vergangenheit und begegnen uns im unerwartetsten Augenblick, Erscheinungen hängen mit wunderbaren Erinnerungen zusammen, und die Vergleiche des Erzählers gemahnen uns beständig, daß es neben der Misere des Jetzt ein Goldenes Zeitalter gibt. Was man Erinnern nennt, wird in Nabokovs Augen zur stärksten Waffe des kreativen Autors und der Phantasie. Das Erinnern ermöglicht das Leben, indem es die Gegenwart mit dem Lichtschein der Vergangenheit umgibt. Aber dabei handelt es sich nicht, wie bei Proust, um die Vergangenheit eines Erzählers, der keine Zukunft hat und dessen Lebensweg bereits vollendet ist. Wie man an seiner Hartnäckigkeit in bezug auf Zeit und Erinnerung sehen kann, handelt es sich um die Entschlossenheit eines Autors, der weiß, daß Gegenwart und Zukunft aus dem Spiel mit der Erinnerung und dem Wechsel der Zeit entstehen. *Lolitas* Ausgeglichenheit und Lebendigkeit erwachsen aus diesem einmal unbeschwerten, einmal angestrengten Kommen und Gehen zwischen dem Gestern und dem Jetzt.

Zuerst das Gedenken an die Kindheit vor Lolita, dann, nachdem Lolita ihn verlassen hat, das an die Zeit mit Lolita. Nabokov verwendet bei der Schilderung dieser wunderbaren Erinnerungen immer wieder das Wort »Paradies« – und einmal spricht er von den »Eisbergen des Paradieses«.

Ada hingegen ist Nabokovs Bemühung, dieses Paradies der Vergangenheit in der Gegenwart erstehen zu lassen. Weil er wußte, daß er die Welt der Erinnerungen an das Goldene Zeitalter zu seinen Lebzeiten weder in Amerika – denn *Lolitas* Amerika schwankt zwischen Abgeschmacktheit und Freiheit hin und her – noch in Rußland oder der Sowjetunion erlebbar machen konnte, schuf Nabokov aus den Erinnerungen an diese beiden Länder ein drittes, utopisches Land, ein literarisches Paradies. Unser Autor, der die Kindheit für eine Zeit der Unschuld hielt, überließ sich der Harmlosigkeit unendlicher Einzelheiten und schuf eine wundervolle, sonderbare, extreme, narzißtische und in jeder Hinsicht kindliche Welt.

In *Ada* hat Nabokov versucht, nicht in Form von Memoiren eines alternden Schriftstellers zur Kindheit zurückzukehren, sondern in einem umgekehrten, eleganten und sehr ehrgeizigen Überschlag die Kindheit in das Alter zu tragen. Es werden nicht nur die Kindheitslieben der Hauptpersonen verherrlicht, sondern angedeutet, daß sie ihr ganzes Leben lang durch ihre Treue zu ihrer Liebe und zueinander Kinder geblieben sind. So wie Humbert das Paradies in der Liebe eines Kindes sucht, wollen Van und Ada im Paradies leben, indem sie die Liebe ihrer Kindheit auf ihr ganzes Leben ausdehnen. Zuerst erfahren wir, daß die beiden Liebenden Cousin und Cousine, später, daß sie eigentlich Geschwister sind. Nabokov scheint, ganz wie Freud, den er mit so großer Lust verachtet, sagen zu wollen, daß uns Tabus vom Paradies der Kindheit fernhalten.

Weil nach Nabokov die Kindheit ein Paradies frei von Schuld und Sünde ist, ist die egoistische Seite in Vans und Adas Liebe die, die man eigentlich bewundern muß. Wir empfinden diese Bewunderung auch, weil der Autor ein so großer Zauberer wie Nabokov ist.

Das bringt den Leser dazu, sich mit der armen Lucette zu identifizieren, die für ihre große Liebe zu Van nicht belohnt wird. Während Van und Ada im Paradies ihre wundervolle und absonderliche Liebe leben, die ihnen der Autor zugedacht hat, wird Lucette, die modernste, komplizierteste und unglücklichste Person des Romans, ein Opfer Nabokovscher Unbarmherzigkeit. Sie wird, nach den Gefühlen, die mancher Leser *Adas* für das Buch entwickelt, von der großen Liebe und dem Roman ausgeschlossen.

Hier ist der Platz, an dem der Leser groß sein muß, damit der Autor groß sein kann. Nabokovs Bemühen in *Ada*, das Paradies im Heute erstehen zu lassen und gegen das Leben seine eigene Welt zu schaffen, seine Entschlossenheit, er selbst zu bleiben, sein Beharren auf seinen Witzen und seinen fixen Ideen, der Hochmut, mit dem er seinen Vorlieben, Spielen und der Grenzenlosigkeit seiner Phantasie Respekt zollt, machen den Roman für den ungeduldigen Leser von Zeit zu Zeit fast unannehmbar. Das ist die Stelle, an der auch Proust, Kafka und Joyce gegen den Leser anschreiben; aber Nabokov, der Vater postmodernen Witzes (hätte er gewußt, daß es so kommen würde, hätte er diese Vaterschaft womöglich abgelehnt), sieht, anders als diese Autoren, die Reaktion des Lesers voraus und macht sie zu einem Teil des Spiels: Er erklärt die Schwierigkeit des philosophischen Romans, den Van schreibt, und daß die »fächerwedelnden Damen bei ihrem Salongeschwätz« ihn für eingebildet halten, damit, daß ihm literarischer Ruhm egal ist.

Ich muß gestehen, daß ich diese hochmütige Haltung Nabokovs in meinen Jugendjahren, als jeder von einem Romancier erwartete, soziale und moralische Bewertungen abzugeben, wie einen unsichtbaren Schutzpanzer vor mir her getragen habe.

Aus der Perspektive der Türkei erschienen in den siebziger Jahren Nabokovs Romane wie auch die Helden von *Ada* als Phantasien einer nichtexistierenden Welt »ohne aktuellen Bezug«. Weil ich fürchtete, die Bücher, die zu schreiben ich plante, mit moralischen Forderungen an eine gnadenlose, ungleiche und häßliche soziale Lage zu ersticken, erschien es mir als eine individuelle moralische Verpflichtung, mir nicht nur *Lolita*, sondern auch solche Bücher Nabokovs wie *Ada* anzueignen, in denen er seine fixen Ideen, Witze, literarischen Spiele und Andeutungen, sexuellen Phantasien, seine Weisheit und seine Ironie ins Extreme getrieben hat. Deswegen weht gleich neben der großen Literatur der kühle Wind des Schuldgefühls, der den Menschen sich allein fühlen läßt.

Ada ist der Versuch eines großen Schriftstellers, zu tun, als gebe es dieses Schuldgefühl nicht, indem er das Paradies mit seinem großen literarischen Können und Willen in unserer Zeit erstehen läßt. Deswegen versinkt alles in diesem Roman, und zuallererst Adas und Vans Geschwisterliebe, in dem genauen Gegenteil von dem, was beabsichtigt worden war – in Sünde, sobald man einmal das Vertrauen in dieses große Buch verliert.

Für wen schreiben Sie eigentlich?

Der Gedanke ist anziehend, und das Wort hat sogar einen fast geheimnisvollen Klang: Weltliteratur! Eine Bruderschaft der Buchleser! Nicht die Literatur der Länder, sondern die Literatur der ganzen Welt!

Im ersten Moment scheint uns ein Zauberwort wie »Weltliteratur« von den autoritären, einschränkenden Forderungen nationaler Traditionen zu befreien, und es verführt uns zu der naiven Vorstellung, die Literaturen aller Länder seien Schwestern. Wenn wir jedoch die Einflüsse, Entlehnungen und leidenschaftlichen Würdigungen, wenn wir die Zentren von Klatsch und Legendenbildung, die Presse und die anderen Medien in den letzten zweihundert Jahren betrachten, dann zeigt sich, daß die Literatur ein elegant aufgemachtes Erinnern ist, zugleich aber ein feingesponnenes Vergessen. Die Länder, in denen viel gelesen wird und die sich ihres literarischen Reichtums rühmen, haben den anderen während der letzten zweihundert Jahre ihre literarischen Elemente und Formen aufgenötigt. Die heutige Weltliteratur, vor allem die Kunst des Romans, ist ein Sieg des Westens.

Die Moderne war nicht zuletzt eine Reaktion auf die nachlassende Qualität und die Vermarktung der Literatur in den Ländern Mitteleuropas. Sie ließ in anderen Ländern mit geringeren Leserzahlen die lokale und traditionelle Literatur rasch in Vergessenheit geraten. Die englischen Kriminalromane (Arthur Conan Doyle und Agatha Christie) sind ein Beispiel dafür, daß sich literarische Formen trotz der immer dichter geknüpften Kommunikationsnetze keineswegs leicht transportieren lassen. Sie ließen sich zwar leicht importieren, aber weder in Deutschland noch in Frankreich konnte ein Gegenstück zu dieser literarischen Form entstehen, ganz zu schweigen von Ländern wie Indien oder der Türkei.

Die kulturellen Differenzen und Ungleichzeitigkeiten haben

weltweit zu einer literarischen Arbeitsteilung geführt: Während die Autoren der westlichen Welt zur Identität des Mörders, zum Sinn des Lebens, zur Struktur der Welt und der Sprache und in die Tiefen der menschlichen Psyche vordringen wollten, konnten sich andere Literaturen nur mit der Schilderung von Armut, Unterdrückung, Gewalt und Rückständigkeit Gehör verschaffen.

Mit der zunehmenden Anzahl von Übersetzungen meiner Bücher in andere Sprachen wird mir in der Türkei immer häufiger die vorwurfsvolle Frage gestellt: »Für wen schreiben Sie, für die türkischen Leser oder für die Leser in aller Welt?« Hinter dieser Frage verbirgt sich ein grenzenloser Argwohn gegenüber der globalen Arbeitsteilung in der Literatur – und ein erschreckender Nationalismus, der nur durch starke Gegeneinflüsse, durch Bibliotheken, durch Autoren, die gegenseitig die Werke ihrer Zeitgenossen lesen, und durch eine reiche Übersetzungskultur überwunden werden kann.

Die modernen Kommunikationsmittel und eine hohe Leserzahl in den Ländern Mitteleuropas haben bewirkt, daß sich die Weltliteratur den nationalen Literaturen angenähert hat: Wir haben ein Zentrum, das der gesamten Provinz den eigenen Geschmack aufgenötigt hat, und eine Provinz, die ihre Stimme bis zu den Ausdrucksmöglichkeiten, das heißt der Sprache, des Zentrums erheben kann. Nur Autoren, die im Zentrum schreiben, als sei es in der Provinz (William Faulkner, Thomas Bernhard), oder die in der Provinz schreiben, als sei es im Zentrum (Dostojewski, Borges), können uns vor den erstickenden nationalen Forderungen bewahren und von den internationalen Rollenklischees befreien.

Die bedrohliche Welt der Patricia Highsmith

Bei meiner eifrigen Lektüre von Patricia Highsmith' letztem Roman *Ripley Under Water* habe ich, angefangen von den Grundmotiven über die fixen Ideen und falschen Fährten bis hin zu den Schuldgefühlen, freudig alles wiedergefunden, was mich an den Büchern dieser außergewöhnlich talentierten Schriftstellerin seit jeher fasziniert.

Gegen Ende von *Ripley Under Water*, als ein nervtötender, schnüfflerischer Nachbar an ein altes Verbrechen rührt, das Tom Ripley lange erfolgreich kaschiert hatte, klagt Ripley: »Normale Leute werden von anormalen Leuten in übelster Weise belästigt.«

Patricia Highsmith' Mr. Ripley ist ein raffinierter Betrüger und Hochstapler und ein unbarmherziger Mörder. Sei es nun von der Autorin so beabsichtigt oder nicht, auf jeden Fall habe ich den Stoßseufzer ihres symphatisch-neurotischen Helden als ironische Quintessenz ihrer Krimis empfunden, denen es an Ironie nicht mangelt.

Die Ausgangsbasis für Highsmith' Romane besteht darin, daß normale Leute von anormalen Leuten eben in ganz besonderer Weise belästigt werden. Das Geheimnis dieser beunruhigenden, Mißtrauen erweckenden Besonderheit liegt in Patricia Highsmith' unvergleichlicher Romanwelt selbst begründet. Die Autorin zeigt uns zunächst »normale« Menschen in der Banalität ihres »normalen« Lebens. In *Lösegeld für einen Hund* ist dies ein in New York lebendes Intellektuellenehepaar, in *Leute, die an die Tür klopfen* eine traditionelle amerikanische Familie aus dem Mittleren Westen, in *Tiefe Wasser* und *Der Geschichtenerzähler* jeweils ein Mittelschichtehepaar in seiner Villa. Die normalen Leute in *Elsies Lebenslust* führen in Manhattan ein ruhiges Leben als linksliberale Intellektuelle. Patricia Highsmith' Lieblingsheld Tom Ripley wohnt in einem Dorf in der

Nähe von Paris (das wohl Highsmith' eigenem Wohnort in der Schweiz nachempfunden ist) und genießt dort die Annehmlichkeiten eines beschaulichen Lebens, das er sich mit seinen raffinierten Betrügereien, seiner Meisterschaft im Identitätenwechsel und seinen grausamen Verbrechen redlich verdient hat.

Mit dem kalt sezierenden Blick des unbestechlichen Beobachters läßt Patricia Highsmith uns am Anfang jedes Romans an den kleinen Zeremonien und Gepflogenheiten eines langweiligen, gewöhnlichen Alltags teilhaben und widmet sich dabei mit geradezu liebevoller Aufmerksamkeit einer ganzen Reihe wie zufällig erscheinender, unbedeutender Details. Dann lesen wir von gutsituierten Akademikern, die sich über ein neues Haus, eine neue Reise, ein neues Kind unterhalten. Wir sehen, wie Mittelschichtprotagonisten sich neue Sachen kaufen, ihre Blumen gießen, ihre Wohnung aufräumen, gemütlich einen Kaffee schlürfen, und wir hören die Worte dahinplätschern, die all diese Tätigkeiten begleiten. Im Festhalten und Darstellen von Alltagsgeschwätz ist Patricia Highsmith eine wahre Meisterin. Beim Lesen der Dialoge fällt einem plötzlich wie Schuppen von den Augen, wie künstlich der kultivierte, furchtbar gutgemeinte Smalltalk oft ist, und wie unerträglich das Händeschütteln, die Prozedur des gegenseitigen Vorstellens.

Die Glanzleistung Patricia Highsmith' besteht gerade darin, daß sie die Langeweile des modernen Alltagslebens zu vermitteln versteht, ohne dabei selbst zu langweilen. Die einfachen, natürlichen Sätze, mit denen sie die Zufälligkeit und Spontaneität der Dinge beschreibt, informieren uns über die Farbe einer Tapete, das von einem Freund zu einem besonderen Anlaß gemalte Aquarell, die Vorbereitungen für ein Abendessen mit Gästen, den Geschmack eines in aller Eile getrunkenen Kaffees und machen uns zugleich klar, daß all unsere Wünsche, Leidenschaften und Vorhaben schal und leer sind.

So flach ist dieser Alltag, so seelenlos und enervierend, daß damit der Nährboden für das plötzliche Auftauchen irgendeines neuen, intelligenteren, leidenschaftlicheren und einfach grundsätzlich »anderen« Elements schon bereitet ist. Wo der traditionelle Roman dann bei der holistischen Deutung von Leben und Geschichte mit den Komponenten Liebe, Ehe, Aufopferung, Ehre und Leid zu Werke geht und der moderne Roman die ästhetische Komplexität seiner ureigenen Sprache und Struktur wirken läßt, bringt Patricia Highsmith die Geschütze raffiniert ausgeführter Verbrechen und tiefempfundener Schuld in Stellung.

Wir bringen für die von Patricia Highsmith erdachten Verbrecher Sympathie auf und bewundern ihre Vitalität. Ungeduldig warten wir darauf, daß endlich ein Verbrechen begangen wird und die geordnete Welt durcheinandergerät, aber nicht etwa, weil damit dumpf an unsere eigenen Ressentiments gegenüber Recht und Gesetz appelliert würde, sondern einfach, weil das Intelligenteste und am tiefsten Empfundene an Patricia Highsmith' Romanwelt die Identifizierung mit dem Verbrecher ist. Das Verbrechen wird gebraucht, damit aus einem in Banalität versunkenen Leben ein wenig Intelligenz und Gefühl herausgekitzelt werden kann.

Um in den abscheulich langweiligen Alltag einzudringen, braucht das Verbrechen keinen weiten Weg zurückzulegen. Wie etwa in *Ripley Under Water* ist in vielen Highsmith-Romanen der Mensch, der alles aus dem Gleichgewicht bringt, ein Nachbar, von dem wir um der Fortführung unseres beschaulichen Lebens willen zunächst annehmen wollen, er sei so wie wir. Im *Geschichtenerzähler* wird durch die guten Absichten eines Nachbarn der Gang der Dinge erst beschleunigt. In *Zwei Fremde im Zug* trägt der Hauptschuldige die Züge eines sich in alles einmischenden Nachbarn. In *Elsies Lebenslust* ist die einwirkende Nachbarschaft auf ein ganzes Viertel erweitert, das als bedrohlich empfunden wird. Genau wie in *Ripley Under Water* nehmen die Protagonisten, die gar nichts anderes wollen als ruhig vor sich hin leben, jeweils die Gefahr nicht ernst und wähnen sich hinter ihren Gartenmauern in Sicherheit. »Diese Männer«, sagt Eddie in *Lösegeld für einen Hund,* »sind zwar nervtötend, aber weh tun können sie uns nicht.«

Da der Leser weiß, daß den Protagonisten, die er ob ihres banalen Lebenswandels verachtet, eben doch weh getan wird, hat die Lektüre von Patricia Highsmith' Romanen beinahe masochistische Züge an sich, denn eigentlich muß er sich eingestehen, daß die Gewöhnlichkeit und Bedeutungslosigkeit, die aus jedem dieser Romane spricht, auch die Gewöhnlichkeit und Bedeutungslosigkeit seines eigenen Lebens ist. In jedem Buch Patricia Highsmith' wird uns jeweils wieder mit der gleichen Unverblümtheit unter die Nase gerieben, daß wir nicht weniger verwundbar sind als jene kleinbürgerlichen Romanhelden. Diese Offenheit gegenüber dem Verbrechen, der Strafe und den Verheerungen des Schuldgefühls definiert sich eigentlich dadurch, daß der Nachbar, der Störenfried von außerhalb, kurz gesagt der »andere«, genauso ein Mensch ist wie wir.

Deshalb schimmert ja durch all die abseitigen Verhaltensweisen, denen wir in Patricia Highsmith' Romanen begegnen – anonyme Briefe, Drohanrufe, Gewaltanwendung, Erniedrigung von Opfern (nicht selten findet man sich an Dostojewski erinnert) –, auch eine Art Hoffnung auf Freiheit durch. Diese Hoffnung stimmt uns darauf ein, uns mit dem »Opfer« in absoluter Weise zu identifizieren. Und deshalb beginnen auch wir, wie die verwundbaren Romanhelden die Handlungen des Verbrechers vorauszuahnen.

Und wenn wir an diesem Punkt angelangt sind, an dem die Wünsche der Schriftstellerin, der Leser und der Protagonisten aufeinandertreffen, kommen nach und nach auch noch andere Geheimnisse von Patricia Highsmith' Romanen zum Vorschein. Es wird uns nämlich auch der nächste Verbrecher, da wir uns ja mit ihm identifizieren werden, zu einem vertrauteren, verständlicheren Wesen. Nicht nur teilen wir seine Neigung zum Verbrechen, sondern wir finden den Verbrecher auch anziehend und vital. Neben dem Verbrecher sind auch die geheimen Wünsche von uns Lesern deutlich zutage getreten und nachvollziehbar geworden. Und wir haben entdeckt, daß wir selbst es sind, die aus dem Trieb heraus, zu leiden und bestraft zu werden, den »Nachbarn« suchen, das Verbrechen, den »anderen«. Um uns der Vitalität und Energie des »anderen« zu bemächtigen, laufen wir dem Verbrechen hinterher. Ich wüßte keinen modernen Autor, der das aus der romantischen Literatur stammende Doppelgängermotiv so elegant und fruchtbar verarbeitet hätte wie Patricia Highsmith.

Dieses Grundmuster, das bei Poe zum Mittel wird, um Entsetzen hervorzurufen, bei Hoffmann zur Quelle der Verzauberung, bei Dostojewski zum Vorwand für eine fixe Idee und bei Nabokov zum literarischen Spiel, greift Patricia Highsmith auf, um auf unerbittliche Weise mit den verschiedenen Varianten des Schuldgefühls und des Wunsches nach Bestrafung zu spielen. In einer Romanwelt, in der Liebe keine Tändelei ist, die einen zu törichten Nichtigkeiten verführt, sondern wie im *Süßen Wahn* eine ausgewachsene Geisteskrankheit, und in der Freundschaft zu einer persönlichen Gefahrenquelle wird, besteht der einzige Ausweg darin, wie Tom Ripley im Roman *Der talentierte Mr. Ripley* den »anderen«, den Ursprung des Schuldgefühls, zu töten und an seine Stelle zu treten. Das Faszinierende an Tom Ripley ist, daß er zwei Persönlichkeiten in sich vereinigt, von denen die eine an den gewöhnlichen Wonnen eines leichten Lebens Gefallen findet, während die andere der lebensvollen Poesie von Schuld und Sühne zugetan ist. Ein Manko von *Ripley Under Water* ist, daß dem anziehenden Helden kein entsprechender »anderer« gegenübersteht.

In Patricia Highsmith' gelungensten Romanen, *Zwei Fremde im Zug* und *Der Stümper*, gestehen sich die Protagonisten gegenseitig ihren Wunsch, ein Verbrechen zu begehen, das allein ihnen die Chance bietet, ihr ganzes Leben umzukrempeln, und sie zwingen sich gegenseitig zum Handeln, so daß sie sich auch als Mitwisser auf Gedeih und Verderb aneinanderbinden. Da ist dann der Gedanke, daß der Nachbar, der »andere«, so ist wie wir, nicht mehr tröstlich, sondern eher beunruhigend. Doch da wir diese Beunruhigung der Alltagslangeweile vorziehen, lesen wir Patricia Highsmith' Anstiftung zum Verbrechen mit Genuß. Und es ist sogar so, daß wir von Roman zu Roman ungeduldig darauf warten.

Problemlos über meine Probleme …

Anziehender und unterhaltsamer als die Aufgaben, vor die einen das Leben stellt, sind für mich die Probleme beim Schreiben literarischer Texte. Darauf beruht mein Literaturverständnis, das ist meine Ausgangsposition. Wie hoch der Einsatz auch ist, um gut schreiben zu können, und wie überdrüssig ich meiner Traurigkeit und Beklemmung während des Schreibens auch oft bin, so weiß ich doch, daß die Literatur eine unterhaltsamere, reichere und glücklichere Welt ist als das Leben selbst.

Manchmal ist Literatur ohne Leben möglich, und es gibt dafür viele erfolgreiche und glänzende Beispiele. Doch ein Leben ohne Literatur ist für mich ein mangelhaftes, ja unglückliches und sinnloses Leben. Diese Überzeugung treibt mich immer wieder an, den Leser irgendwie zu unterhalten, ihn zu erfreuen, ihm in seiner Existenz Zufriedenheit zu verschaffen – zumindest, solange er auf meine Sätze blickt.

Dennoch habe ich nie auf das Doppelsinnige, das Undurchsichtige oder Dunkle beim Schreiben verzichtet. Mein Schreibinstinkt veranlaßt mich, den Text mit neuen Bedeutungen, mit den Möglichkeiten von Zufall und Anspielung zu bereichern. Als ob die aus dem Geschriebenen sprudelnde Lebenskraft erkundet und in Schutz genommen werden müßte, nicht aber der literarische Vorsatz oder die Entscheidungen des Autors.

Aus eigener Erfahrung weiß ich, daß dieses gefahrvolle Gebiet den Leser manchmal langweilen, manchmal sogar terrorisieren kann. Andererseits ist es genau das, was das Schreiben – das Schreiben eines Romans – reizvoller und reicher macht als das Illustrieren einer vorher festgelegten Geschichte mit Hilfe von Wörtern. Der Autor, der die Risse im Text, die eigenen Widerstandsknoten, inneren Regeln und Zufälle mutig angeht, wird dort einen neuen Kontinent entdecken, der aus Intensität, Kraft und Bedeutungsreichtum besteht. An diesem Punkt verwandeln sich der Text in Textur, die Geschichte ins Geflecht des

Geschriebenen und beide ergänzen einander, und hier beginnt das wahre und reine literarische Vergnügen.

Ich sagte: »das wahre und reine literarische Vergnügen«. Ich liebe eine reine Literatur, die frei ist von anderen Elementen, und habe stets Verlangen danach. Es ist die Sehnsucht nach etwas Reinem, das pure Literatur ist, vielleicht wie die Musik, die nur aus sich selbst entsteht. Obwohl ich wie jeder Schriftsteller-Phantast, wie jeder schöpferische Geist, der ein wahrer Dichter sein möchte, den Ruf nach Reinheit ständig in meinem Innern höre, ist mir klar, daß meine Bücher nicht so pur, so rein sind, wie ich es gern hätte. Zu viele Komponenten – soziale, historische, politische, psychologische oder auch linguistische – sind in sie eingeflossen. Mag sein, daß ich diesem Problem zuviel Aufmerksamkeit schenke, es ist aber ein Problem, das mich zu dem macht, der ich bin.

Ich habe unter dem Einfluß der Geschichte des modernen europäischen Romans zu schreiben begonnen. Doch irgendwann in meinen Dreißigern, nachdem ich meinen ersten realistischen, modernen Familienroman beendet hatte, wuchs in mir das Gefühl, daß die Gestaltung und die Welt des Romans, die zum Ausdruck gebrachte Lebensanschauung und Empfindungsweise, nur unzureichend »die meine« und – um das Wort »östlich« zu vermeiden – nicht genügend »istanbulisch« waren. So manche Tendenz, die in meinen späteren Büchern deutlich wird – sei es der Rückgriff auf die traditionelle Literatur des Ostens, das gelegentliche Erzählen aus reiner Freude am Erzählen, das Vermeiden Tschechowscher Psychologie und Sensibilität oder auch die Suche nach einem nichtwestlichen Verständnis von Integrität: all das sind meine Reaktionen auf diese unzulänglichen Empfindungen, all das entspringt meinen Bemühungen, mich beim Schreiben eines Romans wie »im eigenen Hause« zu fühlen.

Eine Frage, mit der ich immer konfrontiert werde, vielleicht meiner Romane wegen, vielleicht auch, weil ich Türke bin, ist die nach der Identität. Die Menschen des Landes, in dem ich lebe, wollen ständig von mir wissen: »Wer sind wir, Moslems, Türken, orientalisch oder westlich, mediterran oder dritte Welt?« Fragen dieser Art sind zur fixen Idee, zu einem Lebensstil geworden. Manchmal antworte ich im Scherz: »Ich weiß auch nicht, wer wir sind. Doch wenn Sie mich fragen, dann sind es die absurden Vorstellungen von Identität, die den einzigen gemeinsamen Nenner zum Thema Identität der Menschen dieses Landes bilden.«

Das ist durchaus verständlich. Die Türken leben seit zweihundert Jahren in einer Phase kulturellen Wandels. Sie haben beschlossen, sich radikal von ihrer Vergangenheit zu lösen und haben sich auf den Weg in eine neue Welt begeben. Das ist ein schmerzhafter, leidvoller Prozeß. Aus diesem Grunde werden in meinem Land viele aktuelle politische Probleme als *kulturelle* Probleme verstanden. Selbst das kleinste städtische Verwaltungsproblem kann so zu einer ost-westlichen Streitfrage werden.

Als Heranwachsender habe ich in der Schule, in den Lehrbüchern, in meiner Umgebung feststellen müssen, wie ernst der Ost-West-Komplex genommen wurde, welch tiefe Empfindungen er auslöste. Die damit verbundenen Probleme haben es den Türken als Strafe auferlegt, den kulturellen Wandel, dieses Ost-West-Problem, viel zu ernst zu nehmen, sich viel zu sehr mit der eigenen Identität zu beschäftigen.

Heute ist meine Einstellung zu diesem Thema klar: Alle Diskussionen über die Identität, alles, was ihre Geschichte betrifft, und alle Erklärungen, die über sie abgegeben wurden, sind, schlicht gesagt, Geschwätz. Glauben Sie nicht an das Identitätsgerede! Es ist alles gelogen. Es sind irrige Ansichten, verbreitet von Leuten, die mit Autorität und Macht herrschen wollen und die andere deswegen mit verschwommenen Ideen füttern; Menschen, die mit der eigenen Persönlichkeit nichts Rechtes anfangen können, oder glauben, man müsse sich unbedingt eine Identität zulegen. Meiner Ansicht nach kann man das nicht oft genug betonen. Dies ist allerdings eine politische Haltung – außerhalb meiner Bücher.

In meinen Büchern, zum Beispiel in der *Weißen Festung*, habe ich versucht, meine Haltung zu diesem ideologischen Komplex spielerisch zum Ausdruck zu bringen. Manchmal kommt mir der Gedanke, daß ich in jedem meiner Bücher auf den politischen Druck reagiert habe, dem man hier ausgesetzt ist. Eigentlich wollte ich immer nur das häusliche Leben schildern, die Zimmer, die Flure, die Onkel und Tanten, die einfachen Dinge des Alltags und das, was ich auf der Straße sah, doch am Ende mußte ich jedesmal feststellen, daß ich wohl ganz andere Dinge erzählt hatte.

Die Menschen auf der Straße sprechen mich manchmal auf irgendwelche großartigen Ideen an, so daß ich das Gefühl habe, ich würde nicht vom Duft und den Farben des täglichen Lebens sprechen, sondern von bedeutungsschwangeren Dingen. Das beunruhigt mich, hängt aber möglicherweise mit der Wahrnehmung der Literatur in heutiger Zeit zusammen. Aus meiner Sicht hat sich Literatur immer den großartigen Ideen, den großen Verallgemeinerungen widersetzt. Ich glaube, daß die Aufgabe der Literatur – falls es eine Aufgabe gibt – darin besteht, mit den großen Ideen zu spielen, die wir, ohne es zu merken, als gängiges Kleingeld in unseren Händen halten, daß die Aufgabe der Literatur darin besteht, die großen Ideen vom Rande her wie eine Maus zu benagen, sie spüren zu lassen, daß sie nicht stimmen, und im Leser Zweifel an den ewig gültigen Meinungen zu wecken.

Ich fühle das Dilemma, in dem ich mich hier befinde. Denn die Türkei – das Land, in dem ich arbeite, in dem ich meine Romane schreibe – ist ein Land, in dem sich allgemeine, fertige Theorien, paranoide Ideen sowie die Wahnvorstellung eingenistet haben, daß alles mit allem zusammenhänge. Das öffnet mir zwar ein weites Feld, das heißt, ich kann zum Beispiel sehr leicht ironisch werden, kann mich amüsieren. Andererseits wirkt es beklemmend, bedrückend auf mich. Meistens sind meine Bücher in der Türkei ganz anders interpretiert worden, als es in meiner Absicht lag. Wo ich mich über verwandte Geister lustig machte, die im gleichen kulturellen Klima leben wie ich, indem ich sie überspitzt als Paranoiker darstellte, sahen meine Leser paranoide Theorien, an die ich gar nicht gedacht hatte.

Wenn die Textur genauso wichtig wird wie die erzählte Geschichte, wenn dunkle Stellen, die Länge der Sätze bedeutend werden, wenn es zum Kriterium für das Gelingen eines Romanes wird, ob er eine Art mysteriösen Dunkels und eine gewisse Verschleierung bewirken kann, dann gleicht das Schreiben – zumal in einem Land wie dem meinen – dem Kreisen um sich selbst, dem Versuch der Katze, ihren eigenen Schwanz zu fangen. Das heißt, ich bin verärgert über die Leidenschaft meiner Leser für große Ideen, über ihre paranoiden Neigungen, und deshalb erfinde ich eine Geschichte, die eben damit spielt.

Doch dann wird meine erfundene Geschichte als Hinweis auf eine andere paranoide Idee gelesen und kommt auf diese Weise wieder zu mir zurück. Das kann man pessimistisch betrachten oder als Bereicherung empfinden.

Als ich mit dem Schreiben historischer Romane begann, habe ich gegen bestimmte, in der Vergangenheit übliche Formen des historischen Romans protestiert, habe sie verworfen.

Das erste Merkmal dieser von mir abgelehnten Romanform ist ihr positivistisches Geschichtsverständnis. Dieser Auffassung gemäß ist dem Autor der Sinn der Welt bekannt, er findet die Lösung und setzt sie dem Leser vor. Das zweite Merkmal geht davon aus, daß die Geschichte einen Sinn hat – was den Blick auf die Welt etwas optimistischer macht. Wenn aber die Geschichte einen Sinn hat, heißt das auch, die Welt hat einen Sinn. Dieser Überzeugung zufolge gibt es in der Welt einen Fortschritt, eine Veränderung zum Positiven hin.

Daß also die Geschichte sinnvoll sei und die menschliche Intelligenz diesen Sinn herausfinden und richtig einordnen könne, ist Ergebnis der Aufklärungsphilosophie, wie sie den historischen Roman der Generationen vor mir durchdrungen hat. Ja, man schrieb diese Romane geradezu in der Absicht, diese Anschauung sinnfällig zu machen, man wollte das Gefühl vermitteln, daß sie überall hinter dem Ablauf der Ereignisse stehe, hinter dem Sichrühren der Menschen genauso wie dem Sichregen der Bäume.

Das dritte Problem ist der Wunsch, »gelehrt«, sachkundig zu sein, das heißt die Neigung zum richtigen Detail. Auch das gehört zur positivistischen Weltanschauung, zu dem Glauben, sämtliche Einzelheiten der Vergangenheit in Erfahrung bringen zu können, und der Ansicht, der Autor habe folglich über sie zu verfügen.

Beim vierten Merkmal handelt es sich um das »Dramatisieren«: »Jeder historische Zeitraum hat seine spezifischen Probleme, die man erforschen und aus dem gesamten Verlauf des Lebens in dieser Periode ableiten kann.« Was nun die Aufgabe des Autors betrifft, so muß er diese elementaren Probleme auswählen und dramatisch zum Leben erwecken, muß sie den Lesern als menschliche Auseinandersetzungen darbieten ...

Für mich stellt sich hingegen folgende Frage: Wie kann ein Schriftsteller den Leser für sich einnehmen, wie kann er Autorität erwerben? Ich möchte den Leser bitten: »Komm näher, komm zu mir, gib mir die Hand, ich werde dir dies und das zeigen.« Um eine fruchtbare Beziehung zwischen Autor und Leser herzustellen, muß der Leser ein wenig in die Rolle eines Kindes, der Autor dementsprechend in eine Vaterrolle schlüpfen. Diese Vater- und Kindmaskierungen sind Gesten, sind bewußte Entscheidungen, die ein Vertrauensverhältnis stiften. Wie aber steht es mit dem Vertrauensverhältnis im Falle des historischen Romans?

Dieses Verhältnis von Autorität und Vertrauen stellt der Schriftsteller nicht mit der Begründung her, die Vergangenheit in allen Einzelheiten nachzuerzählen, sondern mit seiner Kreativität, mit einer unabhängigen Meinung über das Vergangene und einer freien Verknüpfung verschiedener Epochen der Geschichte ... Es geht also nicht um die *Gelehrsamkeit* des Autors, sondern um seine *Kreativität*, nicht darum, inwieweit er *Historiker*, vielmehr inwieweit er *Erzähler* ist. Wenn dies – bei einem Schriftsteller von Format – gut gemacht ist, vermittelt er uns das Gefühl, daß die Literatur eine Alternative zur Geschichte sein kann, daß man über die Geschichte hinausgehen kann.

Der Schriftsteller sucht ohnehin immer nach Vorwänden, um sich der Autorität der Wissenschaft zu entziehen. So behauptet er, eine Alternative zu einer Disziplin gefunden zu haben, die aus der Akkumulation chronologischer Daten besteht. Und die Kraft der Phantasie stellt eine wahre Alternative zur Geschichte dar.

Insbesondere in Ländern, die unter dem Einfluß der Moderne stehen, gibt es viele Schriftsteller, die ihre Sprache und ihr Volk hassen. Immer wieder bringen sie ihre Abneigung und ihren Haß zum Ausdruck für den Stoff, aus dem sie geschaffen sind, und für die Kultur, in die sie hineingeboren wurden. Falls es unter Ihren Bekannten Schriftsteller gibt, dann wissen Sie, wie wütend sie sich über das tägliche Leben auslassen können. Ich tue das auch, habe aber noch eine andere, optimistische Seite. Es ist das seltsame Gefühl, in einer unvergleichlichen Umgebung zu leben, das mir eine besondere Stellung verschafft. Es ist das Gefühl, in einer außergewöhnlichen, fast grotesk zu nennenden Welt zu leben, wie sie keinem anderen Autor gegeben ist, diese Welt womöglich ganz allein zu kennen und somit etwas ganz Besonderes zu besitzen.

Ich lebe in einer sehr merkwürdigen Kultur, und da meine Schriftstellerkollegen nicht auf die Dinge achten, die ich beachtenswert finde, habe ich das Gefühl, gleichsam der alleinige König und Besitzer dieses seltsamen Landes zu sein. Istanbul hatte eine Million Einwohner, als ich geboren wurde. Innerhalb von vierzig Jahren sind es zehn Millionen geworden. Ich bin einer der wenigen Autoren, denen es vergönnt ist, an einem Ort zu leben, der einer so rasanten Veränderung ausgesetzt ist. Wenn ich durch die Straßen von Istanbul gehe, empfinde ich das sehr bewußt und spüre im Geiste die kraftvollen Geschichten, die diese Erschütterung anklingen läßt, spüre, wie eigenartig und absurd dies alles ist, was die Menschheit in ihrer Geschichte noch nicht erlebt hat.

Manchmal fühle ich mich darum auch sehr einsam. Wenn ich die Probleme der türkischen Literaturgeschichte mit der Geschichte der modernen Literatur und des modernen Romans in den westlichen Ländern vergleiche, habe ich den Eindruck, nichts an meiner Kleidung sitze richtig. Doch es verschafft mir auch ein Gefühl von Lebenskraft. Trotz der Einsamkeit während meiner Arbeit spüre ich, daß mit ihr noch etwas anderes einhergeht – sie verleiht dem Menschen Kraft und läßt ihn sich seiner Erfolge bewußt werden.

Im Laufe meines Schriftstellerlebens habe ich nach mühevoller Arbeit das Gefühl erlangt, der König einer Stadt zu sein. Und die Geschichte geht weiter. Ich hoffe, ihr Ende wird erst sehr viel später kommen – und die Schlußszene sich noch lange hinziehen!

In Frankfurt und in Kars

Es ist mir eine große Freude, heute hier in Frankfurt sein zu dürfen, wo Ka, der Protagonist meines Romans *Schnee*, seine letzten fünfzehn Jahre verbringt. Dieser Protagonist ist Türke, und mit Kafka verbindet ihn zwar keine Blutsverwandtschaft, wohl aber eine literarische Verwandtschaft. Ka heißt eigentlich Kerim Alakuşoğlu, doch da er diesen Namen nicht mag, bedient auch er sich lieber einer Abkürzung. Nach Frankfurt kommt er Anfang der achtziger Jahre als Asylbewerber. Im Grunde interessiert er sich nicht für Politik, sie ist ihm sogar zuwider, und sein ganzes Sinnen und Trachten gilt der Poesie. Mein Protagonist ist also ein in Frankfurt lebender Dichter. Die türkische Politik hat ihn ganz gegen seinen Willen quasi wie ein Unfall ereilt. Wie einem das passieren kann, darüber möchte ich später noch etwas sagen, wenn mir die Zeit dazu reicht. Zu sagen gäbe es da überhaupt vieles. Doch keine Sorge: Meine Romane sind zwar lang, aber hier werde ich mich kurz fassen.

Um von der Stadt, in der Ka die achtziger und den Anfang der neunziger Jahre verbringt, ein möglichst lebensnahes Bild zu vermitteln, bin ich vor fünf Jahren, im Jahre 2000, nach Frankfurt gekommen. Zwei heute hier anwesende Menschen haben mir damals großzügig Hilfe geleistet und mich etwa in der Nähe der Gutleutstraße zu dem kleinen Park hinter den alten Fabrikgebäuden gebracht, in dem Ka sich oft aufhält. Um mir den Weg vorstellen zu können, den Ka morgens von seiner Wohnung bis zur Stadtbücherei zurücklegt, in der er jeden Tag stundenlang sitzt, gingen wir vom Hauptbahnhof aus durch die Kaiserstraße, an den Sexshops vorbei, dann durch die Münchener Straße mit ihren türkischen Lebensmittelgeschäften, Dönerbuden und Friseurläden, bis hin zur Hauptwache, und wir kamen dabei an der Paulskirche vorbei, in der wir uns heute befinden. Wir gingen auch in den Kaufhof, wo Ka den Mantel kauft, den er dann viele Jahre stolz und glücklich trägt. Zwei Tage lang streiften wir in den von Türken bewohnten ärmlichen alten Vierteln herum, besuchten Moscheen und Vereine, gingen in türkische Lokale und Cafés. Es sollte dies mein siebter Roman werden, doch weiß ich noch gut, daß ich mir wie für einen Erstling voller Eifer allerlei überflüssige Notizen machte und mich etwa fragte, ob an dieser oder jener Stelle auch schon in den achtziger Jahren die Straßenbahn vorbeigekommen war.

Gleichermaßen ging ich in der im Nordosten der Türkei gelegenen Stadt Kars vor, in der mein Roman spielen sollte. Da ich nur sehr wenig über diese kleine Stadt wußte, fuhr ich oft dorthin, lernte Leute kennen, knüpfte Freundschaften und machte mich Straße für Straße, Laden für Laden allmählich mit dem Städtchen vertraut. Ich ging in die entlegensten, vergessensten Viertel dieser entlegensten, vergessensten Stadt der ganzen Türkei und sprach mit Arbeitslosen, die ohne jede Hoffnung auf Anstellung in den Teehäusern herumsaßen, sprach mit Gymnasiasten, mit den Polizisten in Zivil und in Uniform, die mir unentwegt folgten, und mit Chefredakteuren, deren Blätter nicht über eine Auflage von 250 Exemplaren hinauskamen.

Ich erzähle das nicht etwa, um meinen Schreibprozeß zu thematisieren, sondern um ein Thema anzuschneiden, das mit der Romankunst als solcher zu tun hat und mir von Tag zu Tag bewußter wird: nämlich die Tatsache, wie wir uns den »anderen« in unserem Kopf, den »Fremden«, den »Feind« allmählich aneignen. Selbstverständlich sollen die Menschen in einem Roman Situationen erleben, die wir kennen, die uns beschäftigen, die unserer eigenen Lage ähneln. Wir möchten vor allem, daß ein Roman von Menschen handelt, die uns gleichen, oder noch besser: daß er von uns selbst handelt. Wir beschreiben eine Mutter, einen Vater, eine Familie, ein Haus, eine Straße, die wie die unseren sind, eine uns bekannte Stadt, das uns vertrauteste Land. Durch die seltsame Zauberkraft aber, die der Romankunst innewohnt, werden unsere Familie, unser Haus und unsere Stadt zu jedermanns Familie, Haus und Stadt. Es heißt oft, die *Buddenbrooks* wiesen sehr viele autobiographische Bezüge auf. Als ich den Roman mit siebzehn Jahren in Händen hielt, las ich ihn aber nicht als die Familiengeschichte jenes Autors, über den ich ohnehin kaum etwas wußte, sondern als eine allgemeine Familiengeschichte, mit der ich mich ohne weiteres identifizieren konnte. Die wundersamen Mechanismen der Romankunst dienen dazu, der ganzen Menschheit unsere eigene Geschichte als die Geschichte eines anderen zu unterbreiten.

Und doch ist dies nur die eine Seite dieser großen Kunstform, die seit vierhundert Jahren die Leser in ihren Bann zieht und uns Schriftsteller beflügelt und beseelt. Die andere Seite ist das, was mich in die Straßen von Frankfurt und von Kars geführt hat: nämlich die Möglichkeit, die Geschichte eines anderen als unsere eigene Geschichte zu erzählen. So versuchen wir mittels von Romanen erst die Grenzen anderer zu verschieben und dann unsere eigenen. Die anderen werden zu »uns«, wir zu den »anderen«. Natürlich kann ein Roman auch beides zugleich. Er eröffnet uns die Möglichkeit, sowohl unser Leben als das eines anderen zu erzählen, als auch das Leben von anderen Menschen als das unsere zu schildern. Dazu ist es gar nicht unbedingt nötig, in anderen Städten und Straßen herumzuwandern, wie ich es in Kars tat. Um sich zu verfremden oder andere zu beschreiben wie sich selbst, greifen die meisten Romanschriftsteller ganz einfach auf ihre Phantasie zurück. Ich möchte hier nochmals den Gedanken der literarischen Verwandtschaft aufgreifen und ihn an folgendem Beispiel verdeutlichen: »Was wäre, wenn ich eines Morgens als ungeheures Ungeziefer erwachte?« Hinter jedem großen Roman steckt meines Erachtens ein Schriftsteller, der sich daran ergötzt, sich als ein anderer darzustellen, und eine Schöpferkraft, die über ihre Grenzen hinauswachsen will. Um sich vorzustellen, daß man eines Tages als ungeheures Ungeziefer erwacht, kreuz und quer über Wände und Plafond kriecht, von den anderen Hausbewohnern verabscheut und vom Vater mit Äpfeln beworfen wird, braucht man nicht so sehr Insektenstudien zu betreiben – man muß vielmehr Kafka sein. Ein wenig Nachforschung ist aber wohl doch nötig, um sich in andere hineinzuversetzen. Und am meisten muß dabei folgendes bedacht werden: Wer ist eigentlich dieser »andere«, den wir uns vorstellen sollen?

Diese uns so unähnliche Person appelliert an unsere primitivsten Instinkte und löst Aggressionen und Verteidigungsreflexe aus, Abscheu und Furcht. Wir wissen, daß diese Gefühle unsere Phantasie anregen und unsere Schreibaktivität befördern werden. Der Romanschriftsteller spürt, daß aufgrund der Funktionsweise der von ihm ausgeübten Kunst eine Identifikation mit dem »anderen« fruchtbare Ergebnisse zeitigen wird. Er weiß, daß es ihn befreien wird, genau andersherum zu denken, als es der allgemeinen Erwartung entspricht. Die Geschichte des Romans kann auch als die Geschichte der Möglichkeit geschrieben werden, sich in andere hineinzuversetzen und sich durch dieses Vorstellungsvermögen zu verändern, ja zu befreien.

In *Robinson Crusoe* versetzen wir uns nicht nur in Robinson, sondern auch in seinen Diener Freitag. In *Don Quixote* interessiert uns Sancho Pansa nicht weniger als der in seiner Bücherwelt lebende Ritter. Tolstois Glanzstück *Anna Karenina* lese ich mit Vorliebe als den Roman eines glücklich verheirateten Mannes, der von einer unglücklich verheirateten Frau zugrunde gerichtet wird. Als Tolstois Vorbild diente Flaubert, der selbst nie eine Ehe einging und sich an der unglücklichen Madame Bovary abarbeitete. In *Moby-Dick,* der ersten großen Allegorie des modernen Romans, spürt Melville über die Jagd auf den weißen Wal den Ängsten nach, die das damalige Amerika vor allem Fremden empfand. Der Süden des heutigen Amerika wiederum ist für Literaturliebhaber untrennbar verbunden mit Faulkners Darstellung der dortigen Welt der Schwarzen. Wir spüren auch, daß dem Werk eines Schriftstellers, der zu ganz Deutschland sprechen möchte, etwas fehlt, wenn es ihm nicht gelingt, auf direkte oder indirekte Weise die Berührungsängste zwischen Deutschen und Türken zu erfassen. Und ich spüre nun auch, daß heute das Werk eines türkischen Schriftstellers unvollständig bleibt, wenn er nicht auf die Kurden, auf die Minderheiten in der Türkei und auf die unausgesprochenen dunklen Punkte unserer Geschichte einzugehen vermag.

Die einem Schriftsteller angemessene Art von Politik ist nicht, wie vielfach angenommen, das Engagement für eine bestimmte politische Sache oder die Mitarbeit in einer Partei oder einer irgend gearteten Gruppierung. Sie entspringt vielmehr seiner Vorstellungskraft, seinem Vermögen, sich in andere hineinzuversetzen. Diese Kraft befähigt ihn nicht nur dazu, bisher nicht in Worte gefaßte Wahrheiten zutage zu fördern, sondern macht ihn auch zum Fürsprecher all derer, die sich kein Gehör verschaffen können und deren Wut nicht vernommen wird, sowie zum Sachwalter des unterdrückten, nie artikulierten Wortes. Der Schriftsteller kann auch, wie es mir in jungen Jahren erging, ohne ausgeprägte politische Neigung sein und ganz andere Absichten verfolgen. Den größten aller politischen Romane, nämlich Dostojewskis *Dämonen*, lesen wir heute nicht mehr im Sinne Dostojewskis als Pamphlet gegen die Verwestlichung Rußlands und den Nihilismus, sondern als Werk, das uns viel über die slawische Seele und die russische Wirklichkeit verrät. Es werden uns dadurch Geheimnisse zuteil, die wir nur aus Romanen erfahren können und nicht durch Zeitunglesen oder Fernsehen. Dieses ganz besondere, unvergleichliche Wissen über die Geschichte und das Leben von Menschen und Völkern, das uns beunruhigen und erschüttern, durch seine Tiefgründigkeit verunsichern oder aber durch seine Schlichtheit verblüffen kann, beziehen wir nur aus der aufmerksamen, geduldigen Lektüre großer Romane. Ganz besonders fühle ich mich etwa von dem Geheimnis angesprochen, das dem Leser aus Dostojewskis *Dämonen* zugeflüstert wird, aus jener von Erniedrigung und Stolz, Scham und Wut geprägten geschichtlichen Atmosphäre. Dahinter stecken natürlich die Haßliebe und die seelischen Spannungen eines Schriftstellers, der sich nicht völlig der westlichen Welt zugehörig fühlt, aber doch vom Glanz ihrer Zivilisation geblendet ist.

Wenn Journalisten das äußerst beliebte Ost-West-Thema anschneiden, fällt mir meist ein, was in Teilen der westlichen Presse unter diesem Begriff heute verstanden wird, und dann würde ich über die Ost-West-Problematik am liebsten gar nichts sagen. Oft wird unter dem Ost-West-Problem nichts anderes aufgefaßt als die Tatsache, daß die armen Länder im Osten sich nicht allen Anforderungen des Westens und der USA beugen wollen. Dieser Standpunkt verrät, daß die Kultur, das Leben und die Politik jener Gefilde, aus denen auch ich stamme, nur als lästiges Problem angesehen werden, und von Schriftstellern wie mir wird sogar eine Lösung für dieses Problem erwartet. Dazu muß gesagt werden, daß der herablassende Stil, in dem dergleichen formuliert wird, Teil des Problems an sich ist. Aber natürlich gibt es tatsächlich ein Ost-West-Problem, das sich nicht auf ein vom böswilligen Westen ausgelöstes Stilproblem reduzieren läßt. Eigentlich ist es mehr ein Problem der Kluft zwischen Arm und Reich, und es ist ein Problem, das mit dem Frieden zu tun hat.

Der osmanische Staat hatte im 19. Jahrhundert im Westen zunehmend mit Schwierigkeiten zu kämpfen und mußte unablässig militärische Niederlagen einstecken. Als das Osmanische Reich zerfiel, unternahmen die Jungtürken, die neuen Führungsschichten und sogar die letzten Osmanensultane unter dem Einfluß der verführerischen westlichen Überlegenheit eine ganze Reihe von Reformen. Der gleiche Grundgedanke, nämlich dem Westen nachzueifern, steckte hinter den Reformen, die schließlich nach Gründung der Türkischen Republik von Kemal Atatürk initiiert wurden. Es dominierte die Vorstellung, daß die Schuld an der Armut und Schwäche des Landes bei den Traditionen, den damaligen religiösen Organisationsformen und überhaupt der ganzen alten Kultur zu suchen sei. Auch mir, der ich einer westlich orientierten Istanbuler Mittelschichtfamilie entstamme, passiert es immer wieder, daß ich diesem gutgemeinten, aber zu naiven und unzureichenden Erklärungsmuster verfalle. Wer dem optimistischen Europäisierungsgedanken anhängt, will seine Kultur und sein Land verändern und bereichern, indem er den Westen imitiert. Die osmanisch-türkische Europäisierungsbewegung wollte und will ihr Land wohlhabender, zufriedener und stärker machen und beinhaltet somit auch eine Komponente, die man als patriotisch oder nationalistisch bezeichnen könnte. Europäisierung bedeutet aber naturgemäß auch, daß man sich mit gewissen Eigenheiten seines Landes und seiner Kultur kritisch auseinandersetzt, ja daß man diese falsch und wertlos findet – wenn man es auch nicht so drastisch formulieren würde wie jemand aus dem Westen. Wie ich aus der Reaktion auf meine Romane sowie aus meinen persönlichen Erfahrungen weiß, lösen solche Bemerkungen ein tiefes und vielschichtiges Gefühl aus, nämlich ein Gefühl der »Scham«. Die Probleme zwischen dem Osten und dem Westen, oder, wie ich es lieber bezeichne, zwischen der Tradition und der Moderne, zwischen meinem Land und Europa, haben immer auch mit einem nie ganz zu tilgenden Schamgefühl zu tun. Ich versuche dieses Gefühl stets im Zusammenhang mit seinem Gegenbegriff zu sehen, nämlich dem »Stolz«. Wo jemand allzu stolz und selbstgewiß auftritt, steht bekanntlich oft ein »anderer« im Schatten von Scham und Erniedrigung. Und wer sich erniedrigt vorkommt, bei dem macht sich gerne stolzer Nationalismus bemerkbar. Diese Art von Scham, Stolz, Erniedrigung und Wut ist das Material, aus dem ich meine Romane forme. Da ich aus einem Land komme, das Einlaß nach Europa begehrt, weiß ich nur allzugut, wie leicht solche heiklen Gefühle sich gefährlich steigern können. So möchte ich von dieser Scham in dem Flüsterton sprechen, den ich aus den Romanen Dostojewskis zu vernehmen glaube, so als täte ich ein Geheimnis kund. Die Romankunst hat mich nämlich gelehrt, daß es eine befreiende Wirkung hat, verborgene Schamgefühle mit anderen zu teilen.

Doch wo diese Freiheit sich zu entfalten beginnt, da spüre ich auch schon die moralischen Bedenken, die es mit sich bringt, wenn man andere vertritt und an ihrer Stelle spricht. Das erwähnte heikle Gefühl, der nationalistische Stolz oder die patriotische Empfindlichkeit werden vom Vorstellungsvermögen des Schriftstellers, von dem Spiegel, den er ihnen vorhält, verunsichert. Jene Wirklichkeit, die uns nur stumm beschämt, solange sie geheim bleibt, wird durch die Imagination des Schriftstellers ihrer Geheimnishaftigkeit beraubt und damit zu einer neuen Welt, mit der man sich auseinanderzusetzen hat. Wenn der Schriftsteller mit den die Welt bestimmenden Regeln und der verborgenen Geometrie des Lebens hantiert und spielt wie ein Kind und dabei mehr seiner Ahnung folgt als einer Gewißheit, hebt in Familien, Sippen, Gruppierungen und Gemeinschaften aller Art ein Rumoren an. Es ist ein glückliches Rumoren. Ein Roman vermittelt uns, daß die Welt, in der wir leben, genauso wie ein Märchen oder eine Geschichte jemandes Phantasie entspringt; er holt ans Tageslicht, was von Familien, Schulen, Gesellschaften unterschlagen und verborgen wurde, und – mehr noch – er macht es erst möglich, daß jenes überhaupt gedacht wird. Wir kennen alle den Genuß, der sich beim Lesen eines Romanes einstellt: Wir verfolgen aufmerksam, wie ein Mensch sich unter anderen Menschen seinen Weg bahnt, wie er sich geistig und seelisch an der Welt reibt und sich dabei verändert, wie er mit Menschen und Dingen umgeht und wie der Schriftsteller bei der Begleitung dieses Werdegangs mit bestimmten Worten entschlossen Akzente setzt. Wir wissen, daß das Gelesene zwar ein Phantasieprodukt, aber doch aus dem gleichen Material wie unsere Welt geformt ist. Ein Roman ist weder ganz Phantasie noch ganz Wirklichkeit. Einen Roman zu lesen bedeutet, daß man sowohl mit der schöpferischen Gestaltung des Autors konfrontiert wird als auch mit der eigenen, neugierig hinterfragten Lebensrealität. Wenn wir still in einem Eckchen sitzend oder gemütlich ausgestreckt einen Roman lesen, dann bewegt sich unser Verstand in einem fort zwischen der Romanwelt und unser eigenen Welt hin und her. Jetzt beginnen auch wir uns einen »anderen« vorzustellen, von dem wir vorher noch nichts wußten. Oder wir unternehmen die gleiche Reise in die Tiefen einer uns sehr ähnlichen Seele. Ich verweise hier auf diese verschiedenen Situationen, weil ich auf ein bestimmtes Bild hinauswill, das bisweilen vor meinem geistigen Auge ersteht. Manchmal versuche ich nämlich, mir die irgendwo ruhig in einem Sessel sitzenden Romanleser in der sie umgebenden Örtlichkeit einzeln vorzustellen. Dann sehe ich allmählich, verstreut über zahlreiche Städte und Gegenden, Tausende, ja Zehntausende von Menschen vor mir, die alle lesend den Phantasien eines Autors folgen, seinen Helden, seiner eigenen Welt. All diese Leser bedienen sich nun, genau wie der Autor, ihrer Phantasie und versuchen sich in eine andere Person hineinzuversetzen. Das ist dann jeweils der Moment, in dem sich in uns Toleranz und Bescheidenheit, Liebe, Mitleid und Freude zu regen beginnen: Gute Literatur appelliert nämlich nicht so sehr an unsere Urteilskraft als vielmehr an unser Einfühlungsvermögen.

Wann immer ich mir diese über viele Straßen, Viertel und Städte verteilte Leserschaft vorzustellen versuche, die in diesem Sinne ihre Einbildungskraft mobilisiert, wird mir wieder deutlich, daß hier eigentlich eine als Gruppe, Volk oder sonstwie bezeichnete Gemeinschaft dabei ist, sich ein Bild von sich selbst zu machen. Religionsgemeinschaften, Stämme oder Völker gelangen heute über Romane zu den tiefsten Einsichten über sich selbst, diskutieren mit Hilfe von Romanen ihre Identität, und selbst wenn die meisten von uns nur zum Roman greifen, um sich zu amüsieren oder einfach nur die Flucht aus der Alltagswelt zu ergreifen, werden sie beim Lesen unbewußt über die Gemeinschaft, das Volk oder die Gesellschaft, der sie angehören, zu reflektieren beginnen. Deshalb ist der Roman nicht nur für das Glück und den Stolz der Völker, sondern auch für ihre Wut, ihre Empfindlichkeit und ihre Scham so ein fruchtbares Terrain. Wegen dieser Empfindlichkeit, dieser Scham und dieser Wut wird noch immer Schriftstellern gezürnt, wird nach wie vor eine eklatante Intoleranz an den Tag gelegt, werden Romane verbrannt und Schriftsteller vor Gericht gezerrt.

Ich bin in einem Haus aufgewachsen, in dem viele Romane gelesen wurden. Mein Vater hatte eine umfangreiche Bibliothek und erzählte von den großen Schriftstellern wie Thomas Mann, Kafka, Dostojewski oder Tolstoi so, wie andere Väter zu Hause vielleicht von Generälen oder von Heiligen sprachen. Schon als Kind waren für mich all diese Romane und Autoren eins mit dem Begriff Europa. Und das nicht nur, weil ich einer Istanbuler Familie entstamme, die aus tiefstem Herzen an die Europäisierung der Türkei glaubte und deshalb sich selbst und ihr Land auf allzu naive Weise schon als europäisch ansah oder zumindest ansehen wollte, sondern auch, weil der Roman eine der bedeutendsten Kunstformen ist, die Europa je hervorgebracht hat. Zusammen mit der Orchestermusik und der Renaissancekunst gehört der Roman meiner Auffassung nach zum Fundament europäischer Wesensart und Identität. Ein Europa ohne den Roman kann ich mir nicht vorstellen, und zwar schon deshalb nicht, weil der Roman eine Schule des Denkens, Verstehens und Sichvorstellens ist und das Einfühlungsvermögen entwickelt. Zudem aber ist der Roman Zeuge von Kultur und Geschichte. In vielen Teilen der Welt kommen junge Menschen erstmals über Romane näher mit Europa in Berührung, so wie das eben auch bei mir der Fall war. Denken wir doch daran, wie über Europas Grenzen hinaus neue Kontinente, neue Kulturen und Zivilisationen mit der Romankunst zusammengetroffen sind, sie sich begierig und mit neuer Inspiration angeeignet und daraus ein Mittel zur Selbstdarstellung geschaffen haben, so daß auch sie Europas teilhaftig wurden. Denken wir an die Entstehung der großen russischen Romankunst und an den Roman Lateinamerikas, der Teil der europäischen Kultur geworden ist. Allein die Romanlektüre zeigt uns schon, daß die Grenzen, die Geschichte und das Wesen Europas in fortwährendem Wandel begriffen sind. Das alte Europa, das in den französischen, russischen und deutschen Romanen aus der Bibliothek meines Vaters geschildert wurde, das Nachkriegseuropa meiner Kinderzeit und das heutige Europa sind allesamt geographisch und inhaltlich unterschiedliche Begriffe. Und dennoch lebt in mir ein beständiger Europagedanke fort, auf den ich nun zu sprechen kommen möchte.

Nun ist aber Europa für einen Türken ein sehr heikles, zweischneidiges Thema. Das hoffnungsfrohe Warten des Mannes, der an eine Tür klopft und um Einlaß bittet, die Neugier und zugleich die Angst, abgewiesen zu werden und die Wut darüber: all das geht mir wie den meisten Türken nie aus dem Sinn, und von da ist es nur noch ein kleiner Schritt bis zur Scham. Jetzt, wo der seit dem ersten Aufnahmeantrag andauernde Prozeß des Wartens und Hoffens und der uneingelösten Versprechen so weit gediehen ist, daß ein Beitritt der Türkei zur Europäischen Union tatsächlich einmal wahr werden könnte, wird leider in Europa von gewissen gesellschaftlichen und politischen Kreisen immer mehr gegen die Türkei Stimmung gemacht. Die Art und Weise, in der bei der letzten Bundestagswahl von manchen Politikern auf Kosten der Türkei und der Türken Wahlkampf betrieben wurde, finde ich nicht weniger gefährlich als das Gebaren mancher türkischen Politiker, die gegenüber dem Westen und Europa gerne auf Konfrontationskurs gehen. Es ist das eine, den türkischen Staat wegen seiner Demokratiedefizite oder seiner wirtschaftlichen Lage zu kritisieren, und es ist etwas anderes, die ganze türkische Kultur oder die türkischstämmigen Menschen herabzuwürdigen, die in Deutschland unter weit schwierigeren Bedingungen leben als die Deutschen selbst. Die Türken wiederum reagieren auf diese Verunglimpfungen mit der Empfindlichkeit des Abgewiesenen. In Europa eine Türkenfeindlichkeit zu schüren führt leider dazu, daß sich in der Türkei ein europafeindlicher, dumpfer Nationalismus entwickelt. Wer an die Europäische Union glaubt, sollte einsehen, daß es hier um die Alternative zwischen Frieden und Nationalismus geht. Hier liegt die Entscheidung, die wir treffen müssen. Frieden oder Nationalismus. Ich für mein Teil bin überzeugt, daß der Friedensgedanke das Herzstück der Europäischen Union ist und daß das Friedensangebot, das die heutige Türkei Europa macht, nicht ausgeschlagen werden darf. Zur Wahl stehen auf der einen Seite schriftstellerische Phantasie und auf der anderen Seite bücherverbrennender Nationalismus.

Da ich mich in den vergangenen Jahren immer wieder für eine Aufnahme der Türkei in die Europäische Union ausgesprochen habe, sind mir zahlreiche von Skepsis und Ablehnung geprägte Fragen gestellt worden, auf die ich hier eine Antwort geben möchte. Was die Türkei und die Türken Europa zu bieten haben, das ist in erster Linie Frieden, das ist der Wunsch eines moslemischen Landes, an Europa teilzuhaben, und das sind die Sicherheit und das Stärkepotential, die Europa und Deutschland gewinnen würden, sollte diesem friedlichen Anliegen der Türkei entsprochen werden. In all den Romanen, die ich in meiner Jugend las, wurde Europa nicht über das Christentum definiert, sondern vielmehr über den Individualismus. Europa wurde mir auf attraktive Weise durch Romanhelden vermittelt, die um ihre Freiheit kämpfen und sich verwirklichen wollen. Europa verdient Anerkennung dafür, daß es auch außerhalb des Westens die Werte Freiheit, Gleichheit und Brüderlichkeit gefördert hat. Wenn Europa aber vom Geist der Aufklärung, der Gleichheit und der Demokratie beseelt ist, dann muß die Türkei in diesem friedliebenden Europa ihren Platz haben. Genau wie ein Europa, das sich nur auf das Christentum stützte, wäre eine Türkei, die ihre Kraft nur aus der Religion bezöge, eine die Realitäten verkennende, nicht der Zukunft, sondern der Vergangenheit zugewandte Festung. Nun läßt sich unschwer vorstellen, daß jemand an die Europäische Union glaubt, der so wie ich in Istanbul in einer westlich orientierten, laizistischen Familie aufgewachsen ist. Schließlich spielt mein Lieblingsverein Fenerbahçe schon seit meiner Kindheit im Europapokal. Millionen von Türken sind wie ich aus tiefstem Herzen davon überzeugt, daß die Türkei ihren Platz in Europa hat. Viel wichtiger aber ist, daß heute auch die große Mehrheit der konservativen religiösen Türken und deren politische Vertreter die Türkei in der Europäischen Union sehen und gemeinsam mit Ihnen an der Zukunft Europas mitwirken möchten. Es dürfte schwer sein, nach jahrhundertelangen Kämpfen und Kriegen diese freundschaftlich ausgestreckte Hand zurückzuweisen, ohne es später einmal bereuen zu müssen. So wie ich mir keine Türkei vorstellen kann, die nicht von Europa träumt, so glaube ich auch nicht an ein Europa, das sich ohne die Türkei definiert.

Entschuldigen Sie bitte, daß ich soviel von Politik gesprochen habe.

Die Welt, der ich angehören möchte, ist natürlich eine Welt der Phantasie. Zwischen sieben und zweiundzwanzig wollte ich Maler werden und fertigte zahllose Bilder von Istanbul an. Wie in meinem Buch mit dem Titel *Istanbul* geschildert, gab ich dann mit Zweiundzwanzig die Malerei auf und beschloß, Schriftsteller zu werden. Doch ist mir heute klar, daß ich sowohl beim Malen als auch beim Schreiben immer auf das gleiche aus war: nämlich darauf, mich aus der öden, dumpfen, deprimierenden Welt, die sich uns darbietet, in eine tiefere, vielfältigere, reichere Welt zu flüchten. Ob ich mir diese wundervolle andere Welt nun wie in Jugendjahren mit Pinselstrich und Farben zurechtmalte oder sie wie in den letzten dreißig Jahren mit Worten erstehen lasse, auf jeden Fall muß ich dazu jeden Tag lange Zeit allein in einem Zimmer bleiben. Das Material für die tröstliche zweite Welt, die ich in dieser Abgeschiedenheit seit dreißig Jahren errichte, erwächst mir natürlich aus dem, was ich in den Straßen von Istanbul, von Kars und von Frankfurt sehe. Durch unsere Phantasie und die Phantasie des Schriftstellers aber wird dieser begrenzten realen Welt ein ganz besonderer Zauber verliehen.

Von diesem Zauber, um den sich der Romanschriftsteller sein ganzes Leben lang bemüht, möchte ich nun als letztes sprechen. Das Leben kann nur dann jenen unvergleichlich komplizierten und rätselhaften Charakter entfalten, der uns glücklich machen kann, wenn es sich in einen bestimmten Rahmen fügt. Meist hängt unser Glück oder Unglück nicht von dem Leben selbst ab, das wir führen, sondern von dem Sinn, den wir ihm verleihen. Diesen zu erforschen ist mein Lebenszweck. Dabei gilt es, in einer verwirrend schwierigen, schnelllebigen Welt inmitten des Trubels und Getöses den verblüffenden Windungen des Lebens einen Anfang, einen Mittelpunkt und ein Ende abzugewinnen … Und das ist meiner Meinung nach nur mit Romanen zu bewerkstelligen … Nachdem ich meinen Roman *Schnee* geschrieben und veröffentlicht hatte, passierte mir immer wieder, wenn ich in Frankfurt auf die Straße ging, daß ich meinen Protagonisten Ka, der mir ja ein wenig ähnelt, irgendwo herumlaufen sah, so daß Frankfurt mir persönlich zu einem sinnerfüllten Mittelpunkt wurde. Mallarmés Spruch »Alles in der Welt ist da, um in ein Buch einzugehen« ist meiner Ansicht nach völlig zutreffend. Und die Bücher, die alles auf Erden am besten in sich aufnehmen können, sind zweifellos Romane. Die höchsten Fähigkeiten des Menschen, nämlich seine Phantasie und sein Einfühlungsvermögen, kommen auch nach Jahrhunderten immer noch am besten durch den Roman zur Geltung. Ich denke, daß ich diesen wichtigen Preis für meinen dreißigjährigen treuen Dienst an der Romankunst bekomme, und möchte Ihnen von Herzen dafür danken.

Malerei, Architektur, Filme
und andere Dinge werden betrachtet

Schwarzer Stift

Woher wir kommen, wer wir sind, wohin wir gehen und wer uns gemalt hat, darüber sind so viele Gerüchte im Umlauf, daß wir ganz verlegen sind. Dabei ist es eigentlich gar nicht unsere Art, uns das Gerede der Leute zu Herzen zu nehmen. Wer sich unser Bild einmal aus der Nähe ansieht, der wird sogleich merken, daß wir auf blinden Lärm und akademisches Geschwätz nichts weiter geben. Genau wie der Esel, den wir dabeihaben, sind wir ganz dem Diesseits zugewandt, gehen umsichtig zu Werke und wissen, wohin wir wollen. Leider wird jedoch über der Frage, woher wir kommen und wohin wir gehen, ganz vergessen, daß wir doch nur ein Bild sind. Denn als solches wollen wir Ihnen gefallen, und nicht etwa als verschollene Sage oder vergessenes Bruchstück der Geschichte. Versuchen Sie also, uns als Bild zu sehen, und nehmen Sie unseren ganzen Auftritt, unsere matten Farben, unsere Versunkenheit ins Gespräch so richtig in sich auf. Danke.

Uns ist es nur recht, daß wir mit schlichten Pinselstrichen in aller Eile auf stumpfes, billiges Papier gemalt wurden. Der Boden, auf den wir so fest treten, das Gras, die Blumen und der Horizont hinter uns sind gar nicht abgebildet, was aber unsere Grobschlächtigkeit, unsere gesunde Gesichtsfarbe, unsere riesigen Hände, unsere weiten, einfachen Gewänder und unser bodenständiges Einherschreiten nur um so mehr zur Geltung bringt. Beachten Sie bitte, wie aufmerksam der Esel dreinschaut und wie geisterhaft es aus unseren Augen blitzt, so als fürchteten wir uns vor irgend etwas Ungewissem. Aus unseren roten Bäckchen, der gutmütigen Art unseres Esels und der Beliebigkeit unserer Umrisse läßt sich aber auch ablesen, daß unserem Maler ein gewisser Humor nicht abzusprechen ist. Durch unsere gespannte und doch heitere Aufmerksamkeit und die Leere um uns herum gewinnt man den Eindruck, als sei hier ein ganz bestimmter Augenblick festgehalten worden.

Drei Männer mit einem Esel

So als wären wir drei vor Jahrhunderten mit unserem Esel dahinmarschiert und hätten unterwegs einen Meister der Malkunst getroffen, der genau diesen Augenblick – man gestatte mir hier einen Anachronismus – quasi fotografiert habe. So rasch müßte er dabei zu Werke gegangen sein, daß dem Geschwätzigsten unter uns der Mund offenstehen blieb und somit seine häßlichen Zähne verewigt wurden. Wegen dieser schlechten Zähne, wegen unserer Behaartheit, unserer prankenartigen Hände und unserer heruntergekommenen, erschöpften, ja geradezu verwahrlosten Erscheinung, die auch auf anderen Bildern zu sehen ist, sollen Sie uns mögen. Nicht uns selbst, wohlgemerkt, unser Bild.

Wir wissen aber, daß es Ihnen trotzdem auch auf den Namen des Malers ankommt. Leider leben Sie ja in einem Zeitalter, in dem man ein Bild nicht mehr zu schätzen weiß, wenn man den Namen seines Schöpfers nicht kennt. Nun gut: Er heißt Mehmet »Siyah Kalem«, also Schwarzer Stift. Wegen stilistischer und thematischer Ähnlichkeiten ist wohl von anderen seiner Bilder leicht abzuleiten, daß er auch uns Nomaden abgebildet hat. Alle Gelehrten stimmen jedoch überein, daß die Signatur am Rand des Bildes erst nachträglich angebracht wurde. Wir können das bestätigen. Da unser Maler in einer Zeit lebte, in der nicht Signaturen zählten, sondern Inhalt und Talent, hat er unser Bild nicht signiert. Uns war das gar nicht unrecht. Da Bilder früher gemalt wurden, um eine Geschichte zu erzählen, genügte es uns, dieser Geschichte dienen zu dürfen. Wir waren bescheiden. Als dann diese Geschichten später in Vergessenheit gerieten und wir dadurch mehr als Bild an sich in den Vordergrund rückten, gefiel es zur Zeit von Sultan Ahmet I. (1603–1617) im Topkapı-Palast jemandem, einfach irgendeine Ecke des Bildes mit einer Signatur zu versehen. Oder, genauer gesagt, mit einer Zugehörigkeitsbezeichnung.

Das Bestreben, uns der Hand eines Meisters zuzuordnen, führte zu einem weiteren Fehlgriff. Man begann damit, an Bildern, die in ein und demselben Album zusammengestellt waren, die gleiche Signatur anzubringen, ohne stilistische oder thematische Eigenheiten zu berücksichtigen. So erging es auch uns, weil wir uns mit anderen Bildern in einem Mehmed dem Eroberer gewidmeten Album befanden. Dabei haben die Historiker Dost Muhammed, Kadı Ahmet und Gelibolulu Mustafa Ali, die über berühmte iranische und osmanische Maler schrieben, einen Siyah Kalem niemals erwähnt. Außer seinem erfundenen Namen ist also über unseren begabten und flinken Maler nichts weiter bekannt.

Denen aber, die uns unbedingt einen Namen, eine Signatur, einen Meister zuschreiben wollen, sei zum Trost folgendes gesagt: Der Name Siyah Kalem, mit dem man unseren Maler bedachte, wurde im 16. Jahrhundert im Iran für Schwarzweißzeichnungen verwendet, die mit dickem Stift ausgeführt wurden. Daraus ergibt sich, daß Siyah Kalem nicht der Name des Malers ist, der uns, als wir plaudernd des Weges kamen, so prompt abbildete, sondern vielmehr der Stil, dessen er sich befleißigte. Wie aber lassen sich dann die Blau- und Rottöne erklären, auf die wir so stolz sind?

Es amüsiert uns nicht wenig, daß die über uns geäußerten Vermutungen sich meistens widersprechen. Trotz zahlloser Artikel und Theorien, die uns einmal mit uigurischen, dann wieder mit türkischen, mongolischen oder iranischen Quellen in Verbindung bringen und uns zeitlich zwischen dem 12. und dem 15. Jahrhundert ansiedeln, trotz wissenschaftlicher Symposien und sich höflich streitender Gelehrter ist es noch nicht möglich gewesen, uns auf eindeutige und überzeugende Weise geschichtlich und geographisch einzuordnen. Ganz im Gegenteil – die Zweifel werden immer größer.

Die Türken mit ihrem romantischen Nationalverständnis versuchen gerne zu beweisen, daß wir aus Zentralasien oder der Mongolei stammen. Wegen der vielen Teufelchen und Dämonen, die auf anderen Bildern desselben Albums zu sehen sind, bringen sie uns auch mit dem Schamanentum in Verbindung. Wir selbst haben überhaupt nichts dagegen, auf die gleiche grobschlächtige Weise und ebenso verschlagen blikkend abgebildet zu sein wie diese furchterregenden und doch irgendwie liebenswerten Wesen. Die chinesischen Teufel, die auf anderen Bildern ihr Unwesen treiben, veranlassen manche dazu, uns im fernen China zu verorten, was an unser Nomadentum appelliert und uns daher eher schmeichelt. Die Teufelsabbildungen auf manchen Bildern, die das Nationalepos *Schahname* von Schah Tahmasp beeinflußt haben könnten, und Anklänge an den Palast des Turkmenenstammes der »Weißen Hammel« in Täbris lassen auch den Schluß zu, uns im heutigen Iran anzusiedeln. Ohnehin herrscht zumindest darin Übereinstimmung, daß wir Teil der Kriegsbeute sind, die der Osmanensultan Selim 1514 durch seinen Sieg über die Safawiden bei Çaldiran eroberte. Da einer von uns eine glockenförmige Kopfbedeckung trägt, ist sogar schon vermutet worden, wir seien russischstämmige Bojaren.

Zu den Zweifeln und der Verwunderung, die unser Bild beim Betrachter ohnehin schon auslöst, kommt also noch eine zweite, durch all die gelehrten Spekulationen genährte Verwunderung hinzu, die dem ersten Staunen wundersame Tiefe verleiht. Und wir sind stolz darauf, in dieser Ecke der Welt zu den Bildern zu gehören, über die am meisten geschrieben, gedacht und gestaunt wird. Nur manchmal irritiert uns dies, weil darüber vergessen wird, daß wir nur ein Bild sind. Doch wenn man bedenkt, wie erfolglos sich die Kunstgeschichte um uns bemüht, dann erstrahlen die Zweifel, die Verwunderung und die Furcht, die von uns ausgehen, in einem ganz besonderen Glanz.

Worauf wir aber hinauswollen, ist folgendes: Genau wie bei den Türken sollten Sie auch bei uns nicht darauf achten, ob wir nun aus China, aus Indien, aus Zentralasien, aus dem Iran, aus Transoxanien oder aus Turkestan kommen und auch nicht darauf, wohin wir gehen, sondern darauf, daß wir Menschen sind. Sehen Sie doch nur, wie bekümmert wir über alles sind, was um uns herum geschieht. Wir schreiten mit wachen Augen einher, versuchen, uns keine Blöße zu geben, und schütten uns dabei gegenseitig das Herz aus. Uns treibt die Sorge um, daß auch wir wie jenes Pferd von Teufeln in die Unterwelt entführt

Akvan schickt sich an, Rustem ins Kaspische Meer zu werfen

werden. Und all die Armut, die Furcht, dieses endlose Umherziehen, die barfüßigen Riesen, die Pferde, die furchtbaren Geschöpfe ... Versetzen Sie sich doch in unsere Lage! Der Wind fährt uns in die Gewänder, wir fürchten uns, wir erschauern, aber wir setzen unseren Weg fort. Die zeitlose Steppe, in der wir vorwärts zu kommen suchen, gleicht dem groben, stumpfen Papier, auf dem wir abgebildet sind. Weit und breit kein Berg, kein Hügel, endlose Ebene, der Zeit enthoben.

Wenn Sie uns erst einmal als Menschen wahrnehmen, dann werden Sie uns allmählich auch als Teufel kennenlernen. Wir fürchten uns zwar vor Teufeln, wissen aber, daß wir aus dem gleichen Material sind wie sie. Und wir möchten, daß auch Sie sich fürchten. Sehen Sie doch nur, wie die Hörner, die Haare und die Brauen dieser seltsamen Wesen geformt sind und wie sehr sie damit unseren Formen gleichen. Ihre Hände und ihre Riesenfüße sind genauso ungeschlacht wie die unseren, aber zugleich ungeheuer lebendig. Wenn Sie sich die Nasen von Teufeln und Riesen und dann unsere Nasen ansehen und die enge Verwandtschaft erkennen, die zwischen uns besteht, dann sollten Sie sich vor uns fürchten! Aber anstatt sich zu fürchten, schmunzeln Sie ja nur ...

Wir wissen nur zu gut, warum wir nicht imstande sind, Ihnen Furcht einzuflößen. Die Geschichten, deren Teil wir einmal waren, sind vergessen worden. Nicht nur wissen Sie nicht, wer wir sind, woher wir kommen und wohin wir gehen, sondern leider – und schlimmer noch – auch nicht, in welche Geschichte wir an welcher Stelle hineinpassen. Und da wir auf der Flucht vor Katastrophen, Niederlagen und Zusammenbrüchen unserer Vergangenheit immer weiter entwandert sind, wissen wir nun selbst nicht mehr, wer wir sind. In den Jahrhunderten seit der Entstehung unseres Bildes sind wir schon derart vielen Stämmen, Völkern und Geschichten zugeordnet worden! Ein spitzzähniger Teufel mit scharfen Fingernägeln und fratzenhaftem Gesicht soll einen von uns mit sich fortgeschleppt haben, womöglich ins unterirdische Reich der Toten. Das Bild, auf dem dies gezeigt wird, stammt nach den Vermutungen zahlreicher Ihrer Gelehrter aus dem *Schahname* und zeigt, wie der Riese Akvan sich anschickt, den schlafenden Rüstem ins Kaspische Meer zu werfen. Aber was ist mit den anderen Bildern? Welche Geschichte und welche besonderen Höhepunkte zeigen sie? Und was stellen wir drei mit unserem Esel dar? Wer sind wir?

Das wissen Sie natürlich nicht. Deshalb wollen wir Ihnen ein Geheimnis verraten. Das Bild, das damals, als wir drei mit unserem Esel irgendwo in Asien unterwegs waren, ein Maler von uns angefertigt hat, steckt in der Tasche, die der hinterste von uns vor sich her trägt. Wenn es Abend wird und in einem Zelt die Kerzen brennen, dann trägt ein Geschichtenerzähler, vielleicht so jemand wie der Autor, der uns hier sprechen läßt, den versammelten Menschen etwas vor. Und damit die Leute sich das besser vorstellen und merken können, zeigt er ebendieses Bild. Und vor diesem hat er andere gezeigt, und danach werden wieder andere kommen. Und sie alle erläutern die Geschichte.

Seitdem aber sind viele Jahrhunderte ins Land gegangen, Wanderungen, Niederlagen und Katastrophen, und die Geschichten sind vergessen worden. Die Bilder, die die Geschichten illustrieren sollten, sind in alle Winde verstreut worden. Und wir haben mit der Zeit vergessen, woher wir gekommen sind. Und sind auf diesem Bild bar jeder Geschichte und Identität. Und doch: Es ist schön, irgendwo abgebildet zu sein.

Es hat uns einmal ein Geschichtenerzähler gesehen und dann, vielleicht weil er Türke war und damit im Zwiespalt lag, unsere Geschichte folgendermaßen zu erzählen begonnen: Woher wir kommen, wer wir sind, wohin wir gehen und wer uns gemalt hat, darüber sind so viele Gerüchte im Umlauf, daß wir ganz verlegen sind.

Die beiden Abbildungen stammen aus dem Fatih-Album im Topkapı-Palast

Die Selimiye-Moschee

Die Kunst, in der die Osmanen es am weitesten gebracht haben, ist die Architektur, und ihr größtes Meisterwerk ist die Selimiye-Moschee in Edirne. Als ich Anfang der siebziger Jahre in Istanbul Architektur studierte und mich die Bauwerke Sinans, des größten osmanischen Architekten, und ihre innere Logik sehr beschäftigten, fuhr ich einmal einzig und allein nach Edirne, um mir erneut die Selimiye-Moschee anzusehen. Wie schon zehn Jahre zuvor, als mein Vater mich dorthin mitgenommen hatte, wurde ich wieder von der schieren Größe des Baus überwältigt, von der Höhe der einzigen Kuppel und von der Silhouette, die aus einer weiten Ebene aufragt und kilometerweit zu sehen ist. Keine andere osmanische Moschee hat einer Stadt so sehr ihren Stempel aufgedrückt wie die Selimiye. So wirkt trotz seiner Fülle von historischen Bauten das malerische Edirne neben der Moschee und ihrer mächtigen Kuppel kleiner, als es eigentlich ist. Die Moschee wurde von Sinan zwischen 1569 und 1575 auf Geheiß von Sultan Selim II., dem Sohn Süleymans des Prächtigen, erbaut. Im 16. Jahrhundert erlebte das Osmanische Reich seine militärische und kulturelle Blütezeit, und die ehemalige Reichshauptstadt, deren geschichtliche Bedeutung heute in Vergessenheit geraten ist, wurde von den Sultanen zu einem bedeutenden Zentrum ausgebaut, von dem aus die Feldzüge gen Westen unternommen wurden.

Der Grundriß der Moschee hat mit diesem Zentrumsgedanken zu tun und spiegelt das ästhetische Bemühen aller osmanischen Moscheenerbauer und speziell Sinans wider: ein Volumen zu schaffen, das sowohl für den, der die Moschee von innen betrachtet, als auch für den, der sie von außen sieht, von einer einzigen Kuppel beherrscht wird. In den Anfangszeiten des Osmanischen Reiches wurden, wie auch noch in den Frühwerken Sinans, beim Bau bedeutender Moscheen große Flächen mit zahlreichen kleinen Kuppeln und Halbkuppeln überwölbt, und die Schönheit dieser Bauten ergab sich aus der Harmonie zwischen der von den anderen Kuppeln nicht streng abgesetzten großen Kuppel in der Mitte, den stützenden Halbkuppeln und den Stützpfeilern. Der Selimiye dagegen liegt der Gedanke zugrunde, daß eine einzige Kuppel den gesamten Bau beherrschen soll. Als junge Architekturstudenten sahen wir damals einen Zusammenhang zwischen dem Bemühen um die »einzige Kuppel« und den rigorosen zentralistischen Bestrebungen, die der osmanische Staat im politischen und wirtschaftlichen Bereich verfolgte. Sinan selbst äußerte in einem Buch, das sein Dichterfreund Sai schrieb, er habe sich stets an der Kuppel der Hagia Sophia orientiert.

Der Zentrums- und Symmetriegedanke wird von den um die Kuppel herum angeordneten vier Minaretten, den höchsten der islamischen Welt, noch weiter betont. Daß in zweien der Minarette jeweils drei voneinander unabhängige Treppen, die sich in keinem Punkt schneiden, zu den drei Umgängen hinaufführen, resümiert geradezu die endlose Vielfalt der Geometrie- und Symmetriespiele. Wer aber unter dem Eindruck all dieser Prachtentfaltung und Symmetrietendenz schließlich die Moschee betritt, den wird die Schlichtheit des Innenraums verblüffen. Dadurch wird dem Besucher eines der Geheimnisse des osmanischen Moscheenbaus offenbar: Die monumentale Außenwirkung soll Stärke und Reichtum des Osmanischen Reiches symbolisieren und dem Wunsch der Sultane entsprechen, sich zu verewigen, doch im Inneren der Moschee muß Schlichtheit auf die unmittelbare Nähe zwischen Gott und Mensch verweisen. Wie bei allen großen osmanischen Moscheen besticht auch in der Selimiye der Innenraum nicht durch Ornamentik, sondern einzig durch die Wucht seiner Ausmaße. Durch die Moschee wird dem Bewohner von Edirne ein Eindruck von der Macht des Osmanischen Reiches, von der Entschlossenheit des Sultans und von der Meisterschaft seines Baumeisters vermittelt, doch wenn er sie betritt und unter dem betäubenden Zauber des Lichtes steht, das aus vielen kleinen

Fenstern in den Raum dringt, dann kommt ihm der ganze Bau wie eine Komposition vor, die dem Menschen seinen bescheidenen Platz in der Welt zuweist. Die Architektur, die dies vollbringt, ist aber keine vertikale, die den Menschen erdrückt und ihm seine Winzigkeit und Schuld in Erinnerung ruft, sondern vielmehr eine kreisförmige Architektur, die den Menschen als solchen akzeptiert und ihm vor Augen führt, wie einfach das Leben ist und wie einfach der Tod. In der Moschee wird aber auch deutlich, was über die so leicht fühlbare Einfachkeit des Lebens hinausgeht, nämlich die durch die offenen und versteckten Symmetrien und die vollkommene Geometrie der Moschee ausgedrückte Unfehlbarkeit Gottes. Und dies durch die schlichte Kraft aufeinandergewuchteter nackter Steine, einer nackten Kuppel und acht eleganter Pfeiler …

Entre-act oder: Ah! Cleopatra!

Als der Film *Cleopatra* mit Elizabeth Taylor und Richard Burton in den Hauptrollen 1964 zum erstenmal in Istanbul gezeigt wurde, waren seit seiner Welturaufführung zwei Jahre verstrichen. Weil in jenen Zeiten die türkischen Importeure das von den amerikanischen Verleihern geforderte Geld nicht bezahlen konnten, kamen die Hollywoodfilme mit einigen Jahren Verspätung nach Istanbul, doch das tat der Begehrlichkeit der Istanbuler, die jüngsten Wunder der westlichen Kultur zu bestaunen, keinen Abbruch. Ganz im Gegenteil: »Mal sehen, wann der Film herkommt«, sagten sie voller Ungeduld, wenn kitzelnde Nachrichten der Gerüchteküche westlicher Zeitungen über Liebesbeziehungen zwischen Elizabeth Taylor und Richard Burton oder Fotos der Hauptdarstellerin in gewagter Aufmachung von der türkischen Presse übernommen wurden.

Wie bei vielen großen amerikanischen Produktionen blieb mir von *Cleopatra* nach dreißig Jahren meine gespannte Aufmerksamkeit als Zuschauer deutlicher in Erinnerung als der Film selbst. Ich erinnere mich an eine uns Kinogänger mehr an den Filmstar als an eine Königin gemahnende Liz Taylor, wie sie sich auf einem von Hunderten von Sklaven gezogenen erhöhten Thron ganz langsam einem Festplatz näherte; erinnere mich an Galeeren, die wohl eher über ein panavisionsblaues Wasser denn übers Mittelmeer vorstießen; erinnere mich an die Lehrstunden eines zum gelungenen Abbild Cäsars verwandelten Rex Harrison, der seinem Sohn beibrachte, wie der Abkomme eines Imperators zu gehen und sich zu benehmen habe. Doch am deutlichsten erinnere ich mich an mein Dortsein, wie ich im Kinosessel hockend die Illusionen betrachtete, die eine Leinwand bis zum äußersten Winkel füllen.

Was war der eigentliche Grund, »dort« zu sein? Wie so viele Menschen des Mittelstandes und meiner Generation, die sich verwestlichen, sich europäisieren wollten, sah ich mir selten einheimische Filme an. Denn abgesehen von der erregenden Erwartung eines jeden, sich in Bildern zu verlieren, sich im Dunkel des Kinos in den Ablauf einer Geschichte hineinzuversetzen und von schönen Gesichtern und Panoramen verzaubert zu werden, war für mich das Kino auch ein verlockender Weg, ohne Umschweife in verblüffender Nähe mit dem Westen konfrontiert zu werden. So wiederholte ich im stillen Kämmerlein auf englisch die in dramatischen Szenen vom gutaussehenden Jüngling kaltblütig dahingesprochenen vernichtenden Worte. Und wie viele meiner Mitverschwörer verfolgte ich aufmerksam, wie das Einstecktuch zusammengefaltet, eine Whiskyflasche geöffnet, einer Dame Feuer gereicht oder eine westliche Neuheit (Transistorradio, Toaster), die es auf dem türkischen Markt noch nicht gab, bedient wurde. Weder bei der Eroberung des Balkans noch bei der Belagerung von Wien, noch beim Lesen der vom Ministerium für Erziehung geförderten Übersetzung der Gesammelten Werke Balzacs wurden die Türken mit dem Westen, mit seinem Alltag und dem Leben seiner Menschen so vertraut wie im Kino.

Und das ist es, was das Kino so reizvoll macht wie eine weite Reise oder wie einen Rauschzustand: Wir stehen dem »anderen« von Angesicht zu Angesicht gegenüber. Und die Voraussetzungen für die Intensität dieser Begegnung sind allemal gegeben: Unsere Augen wollen nichts anderes sehen, unsere Ohren nichts anderes, nicht einmal das Knabbern von Knusperflocken, hören. Wir haben es uns im Sessel bequem gemacht, um uns selbst, unsere Sorgen, unsere triste Geschichte und Unruhe, gemeinhin Vergangenheit und Zukunft genannt, zu vergessen.

Und während wir uns den Bildern und der Geschichte des »anderen« hingeben, sind wir darauf vorbereitet, wenn auch nur für einen begrenzten Zeitraum, unsere eigene Identität hinter uns zu lassen. Wie ein Rahmen, der ein Gemälde in einen Fetisch verwandelt, umrahmt auch die Dunkelheit uns und die Bilder, trennt sie von allem übrigen und verwandelt unsere Beziehung mit dem »anderen« in ein Verhältnis der Beobachtung und Identifikation.

Sieben Jahre bevor ich *Cleopatra* sah – ich war damals fünf Jahre alt –, fand sich auf dem Nachbargrundstück des von uns im Sommer bewohnten Hauses ein Mann ein, den wir den »Kinomann« nannten. Auf ein Stativ hatte er ein eigenartiges Gerät, ein tragbares Kino, geschraubt. Gab man ihm fünf Kurus, durfte man das Auge auf das Okular drücken und, während der Kinomann die Kurbel drehte, einen halbminütigen Filmstreifen betrachten. Ich erinnere mich wohl, zahlreiche Ausschnitte gesehen zu haben, die der Mann aus alten Streifen herausgeschnippelt und in das Gerät eingelegt hatte, aber von den Szenen blieb nicht eine haften. Die einzige Verzauberung, die mir im Gedächtnis blieb, war das Dunkel, das mich nach langem Warten in der Schlange unter dem schwarzen Tuch umfing, bevor ich mein Auge an das Okular des »Kinos« drückte. Im Kino werden wir nicht nur mit dem »anderen« konfrontiert: Alles, was das Kino vorführt, egal, wovon der Plot handelt, wird im selben Augenblick das »andere«.

Und deswegen kommen im Kino auch immer die von der Existenz des »anderen« aufgestachelten eigenen Wünsche zur Sprache: Freundschaft, Alltagsfreuden, Glück, Macht, Sex und selbstverständlich das Gegenteil und Fehlen des Aufgezählten. In *Cleopatra* sah ich mit Staunen Liz Taylors halbnackten Körper, den ich schon in Magazinen und Zeitungen neugierig und voller Bewunderung betrachtet hatte, sich in einem prächtigen Milchbad aalen. Ich war zwölf Jahre alt, und im Dunkel des Kinos wurden mir die Sexualität und die verführerischen Genüsse der westlichen Welt durch den Körper eines Hollywoodstars bewußt, der mich das Neuland des Begehrens und der Schuldgefühle erahnen ließ, das ich betrat. In jenen Jahren vermengten sich in meinem Kopf die Drohungen und Ängste der Gymnasiallehrer, der Massenblätter und mancher Klassenkameraden, die die Schwindsucht fürchteten: Das Kino erweiche genau wie die Selbstbefriedigung das Gehirn eines Kindes, schwäche die Sehkraft und entreiße das Kind der Wirklichkeit, indem es in einer nie zu verwirklichenden Scheinwelt der Genüsse herumgeführt werde.

Wohl um diese gefährliche und verführerische Begegnung mit dem »anderen« abzuschwächen, redeten die Istanbuler in den Jahren, als *Cleopatra* aufgeführt wurde, während der Vorstellungen. Der eine warnte den Helden vor seinem unbemerkt im Hintergrund lauernden Feind, der andere übernahm es, den grausamen Worten des Bösewichts die gebührende Antwort zu erteilen, doch am häufigsten ertönten die von allen Zuschauern ausgestoßenen Rufe der Verwunderung über Sitten und Gebräuche, wie: »Sieh mal, das Mädchen ißt die Orange mit Messer und Gabel!«

Diese Effekte einer Entfremdung, die sich Brecht niemals hätte träumen lassen, nahmen auch manchmal Formen einer nationalistischen Begeisterung an. Als Goldfinger inmitten modernster Waffen und neuester Erfindungen der Technik James Bond türkischen Tabak anbot mit den Worten, dies sei der beste, bekam der Bösewicht von vielen Zuschauern Szenenapplaus. Dagegen verwandelte eine laute spöttische Bemerkung über eine Szene, die von der türkischen Zensur als zu lang oder an bestimmten Stellen als zu erotisch befunden und deshalb gekürzt worden war, die atemlose Spannung oft in ein befreiendes allgemeines Gelächter.

In diesen Augenblicken, wo die Wünsche so nahe und stark sind wie das schöne Trugbild auf der Leinwand, aber auch so real, daß Trugbilder sie nicht befriedigen können, gibt es eine weitere Möglichkeit, die uns daran erinnert, daß wir dem Dunkel nicht allein und hilflos ausgeliefert sind, sondern im Kino mit anderen Landsleuten zusammensitzen: die von den Istanbulern heute noch »Entre-act« genannte fünfminütige Pause in der Mitte des Films. Ich wende mich mit Nachdruck gegen jene Klugschwätzer, die behaupten, daß diese Pausen, in denen bekümmerte Verkäufer geeiste Schokolade und Popcorn anbieten und passionierte Raucher einander musternd Zigaretten paffen, im Westen längst abgeschafft wurden, weil sie den geschlossenen Ablauf des Films stören und auch sonst überflüssig seien, und füge hinzu, daß ich persönlich diesen »Entreacts« sehr viel verdanke. Diese Betrachtung eingeschlossen!

Es ist fünfzig Jahre her, als im heute noch existierenden Kino Emek in Istanbul während der fünfminütigen Pause einer Filmvorführung meine Mutter und mein Vater mit ihrem jeweiligen Freundeskreis ihre Plätze verließen, sich ins Foyer begaben, sich zum erstenmal sahen und sich kennenlernten. Ich, der ich Ursprung und Zufall meines Daseins dem Kino verdanke, habe immer schon den Autoren recht geben müssen, die da behaupten, wieviel sie doch dem Kino schuldig seien.

Friseure

Da die Janitscharen, die traditionelle Kerntruppe des osmanischen Heeres, sich gegen jegliche Neuorganisation der Armee sträubten, obwohl die Osmanen gegenüber den Europäern eine Niederlage nach der anderen erlitten, ließ im Jahre 1826 der reformfreudige Sultan Mahmut II. das Hauptquartier der Janitscharen von einer neugebildeten Truppe unter mörderischen Beschuß nehmen. Dieses Ereignis, das nicht nur in der Geschichte Istanbuls, sondern in der gesamten osmanischen Geschichte eine erhebliche Rolle spielte, wird den türkischen Gymnasiasten in wacker staatstreu-modernistischer Tradition auch heute noch unter der damaligen Bezeichnung »Heilsamer Vorfall« vermittelt. Weit weniger bekannt ist, wie das »heilsame« Abschlachten Zehntausender von Janitscharen, das daraufhin in den Straßen und Geschäften der Stadt einsetzte, sich auf die Gesellschaft und das Alltagsleben Istanbuls auswirkte.

Selbstverständlich haben die Historiker, die aus reformstaatlicher Sicht an die Sache herangehen, in ihrer Beurteilung der Janitscharen nicht ganz unrecht: So standen die Janitscharen, die auf viereinhalb Jahrhunderte Tradition zurückblicken konnten, nicht nur in engem Kontakt mit dem Bektaşi-Orden, sondern unterhielten auch beste Beziehungen zu allen Gewerbetreibenden der Stadt. Sie durften stets bewaffnet unterwegs sein, nahmen bisweilen polizeiliche Aufgaben wahr, hatten daneben noch diverse Posten inne und konnten ob ihres grobschlächtigen Auftretens und auch ihrer schieren Dauerpräsenz auf den Straßen einem reformwilligen Staat zum Hemmschuh werden. So ging Mahmut II. zuerst gegen die Kaffeehäuser und Friseurläden vor, deren Besitzer in den meisten Fällen dem Janitscharenregiment angehörten, und wie so mancher andere Osmanensultan vor ihm (schönstes Beispiel dafür ist Murat IV., der des Nachts und manchmal sogar tagsüber verkleidet in Istanbul unterwegs war) ließ er, nachdem er militärisch obsiegt hatte, die Kaffeehäuser und Friseurläden ganz einfach schließen. Auf heutige Verhältnisse übertragen, läßt sich dieses Vorgehen mit dem Schließen einer Zeitung vergleichen, ein Phänomen, das mir seit jeher geläufig ist. Bis vor nicht allzu langer Zeit erfüllten ja die Kaffeehäuser und Friseurgeschäfte (und in meiner Kindheit auch noch die Sammeltaxis) die Funktion einer Art Lokalzeitung. Da wurden Informationen und Legenden über die ganze Stadt verbreitet, wurden Gerüchte, oppositionelle Wutausbrüche, Lügen und Widerstandsgeschichten ersonnen und immer weiter angereichert, wurden die von Staat und Religion ausgegebenen offiziellen Lesarten umgedeutet und zu Komplott-Theorien verwurstet und wurden nicht zuletzt natürlich die um Moscheen, Kirchen und Märkte herum angeordneten Stadtviertel und Bosporus-Dörfer mit lokalen Nachrichten versorgt.

Als Träger widerständigen Gedankengutes lagen in meiner Kindheit bei Friseuren noch meistens satirische Zeitungen aus, vor allem *Akbaba*. Da durch die Verbreitung des Fernsehens (das bei den meisten Friseuren heute unentwegt läuft) die alten Kommunikationsformen verkümmerten und somit Kaffeehäuser und Friseurläden ihre Rolle als Drehscheibe für Widerworte und Klatsch weitgehend einbüßten, braucht man sich nicht zu wundern, daß das Goldene Zeitalter, in dem die in Istanbul erscheinenden Satirezeitschriften Millionenauflagen erreichten, unwiederbringlich vorbei ist. (Einigermaßen verblüfft war ich doch, als ich Jahre später bei einem New Yorker Friseur feststellte, daß er für seine männlichen Kunden nicht etwa eine Satirezeitung ausliegen hatte, sondern den *Playboy*.) Daß Yusuf Ziya Ortaç, der Verleger des *Akbaba*, seinerzeit Zuwendungen aus dem Reptilienfonds der regierenden Demokratischen Partei unter Ministerpräsident Adnan Menderes erhielt, muß als Teil der bereits in den siebziger Jahren des 19. Jahrhunderts unter Sultan Abdülhamit aufgekommenen staatlichen Strategie aufgefaßt werden, Oppositionsblätter durch Geld mundtot zu machen.

Wenn ich als Kind beim Friseur den *Akbaba* durchblätterte,

mit seinen Seitenhieben auf die ständigen Preiserhöhungen, der obligatorischen Geschichte von Aziz Nesin, den Sekretärinnenwitzen sowie den aus westlichen Zeitschriften abgekupferten Karikaturen, dann hörte ich zugleich immer die Unterhaltungen mit an. Selbstverständlich wurde in erster Linie und in aller Ausführlichkeit über Fußball und Sportwetten gesprochen. Die drei Friseurmeister, die nebeneinander mit drei Kunden beschäftigt waren, interessierten sich unter anderem für Pferdewetten und für Boxen. Ihr Laden mit dem klingenden Namen »Stolze Venus« befand sich am Ende einer Geschäftspassage, gleich gegenüber unserem Haus im Stadtviertel Nişantaşı. Von den beiden schon älteren Friseuren war einer weißhaarig, müde und vergrämt, der andere glatzköpfig und nervös, während der dritte um die Vierzig war und einen feinen Schnurrbart à la Douglas Fairbanks trug. Ich weiß noch, daß sie mit ihren Kunden weniger über Themen wie die Inflation, im Viertel neueröffnete Geschäfte, Schlagersternchen und Lokalpolitik sprachen als vielmehr über die internationale Politik und das Weltgeschehen. Besonders mochte ich es, wenn die drei einen gebildeten, einflußreichen Kunden aus gehobenem Milieu in ihr Gespräch einbezogen und dabei stets beflissen ihre eigene Ignoranz herausstellten, um sich der Wissens- und Machtsphäre des Mannes gebührend anzunähern. Wenn sie dann eine Antwort vom Schlage »Das kostet natürlich soundsoviel« oder »Diese Frachtschiffe sind größer als ein Fußballfeld« bekamen oder in die unglaublichen Schwächen oder die Niedertracht irgendeines berühmten Politikers eingeweiht wurden, gaben sie entweder ein mehrfaches »Tsss!« von sich oder riefen »Nein so was!«, in jedem Fall aber ließen sie die Schere, die wie ein Vogeljunges zwitscherte, und das fortwährend an Bärten kratzende Rasiermesser einen Augenblick ruhen und sahen sich im Spiegel gegenseitig an.

Wenn sie dagegen an einen Kunden gerieten, der ihrem »Wie geht's, wie steht's?« und »Tee gefällig?« mit mürrischer Schweigsamkeit begegnete, unterhielten sie sich untereinander. Wie sie da so scherzten und frotzelten (Mehmet hat beim

Toto wieder völlig danebengehauen und so weiter) und jeder dabei seine ureigene Rolle spielte, der eine den stets Bekümmerten, der zweite den Unglücksraben und der dritte den Schlauberger, erinnerten sie mich an Karagöz und Hacivat, die Helden des türkischen Schattentheaters, deren Tiraden ich als Kind immer am Radio verfolgte. Als ich einmal mitbekam, wie ein Kunde sich nach dem Haarschnitt die Schürze abnehmen und abbürsten ließ, ein Trinkgeld gab und den Salon verließ, und daraufhin der Friseur mit dem Douglas-Fairbanks-Schnurrbart, der gerade noch höflich, ja unterwürfig gewesen war, dem Mann, sobald dieser außer Hörweite war, die wüstesten Flüche hinterherschickte, da wurde mir voller Entsetzen klar, daß Erwachsene noch grimmiger und scheinheiliger sein können als Kinder. In meiner Kindheit benützten die Friseure Scheren, große Rasierapparate, die sie verärgert auf den Tisch knallten, wenn sie nicht richtig funktionierten, Kämme, Watte (damit in die Ohren keine Haare hineingerieten), Puder, Rasiermesser, -schaum und -pinsel sowie weiße Schürzen. Daß sich daran bis auf den Einsatz einiger Elektrogeräte (Fön und so weiter) nicht sonderlich viel geändert hat, läßt uns darüber sinnieren, daß die Istanbuler Friseure seit Hunderten von Jahren mit dem gleichen Werkzeug arbeiten und immer noch zur Sprache bringen, was zu schriftlicher Form nicht gefunden hat.

Daß im 16. Jahrhundert schon Rasiermesser verwendet wurden, können wir aus einer damals angefertigten Miniatur ersehen. Darauf stellen die am Sultan vorbeidefilierenden Vertreter der Barbiergilde ihr Können unter Beweis, indem sie sich vom Dach ihres Wagens mit dem Kopf nach unten herabhängen lassen und in dieser Stellung einen Kunden rasieren. Daß damals die Barbiere sich den Kopf des Kunden zum Rasieren auf den Schoß legten, hat die Homosexuellenliteratur zum Topos des Verliebten inspiriert, der sich, um dem hübschen Barbiergehilfen nahe zu sein, nicht nur Kopfhaar und Bart, sondern auch die gesamte Körperbehaarung scheren läßt. In der Legende von dem Liebespaar Kerem und Aslı findet sich eine andere Version dieser Geschichte; da läßt sich jemand vom gutaussehenden Barbier sämtliche Zähne ziehen, was nicht zuletzt wieder einmal zeigt, daß damals zum Aufgabenbereich der Barbiere auch eine primitive Art der Zahnbehandlung gehörte. Da die Barbiere, die nicht unbedingt einen eigenen Laden hatten, sondern sich manchmal auch in Kaffeehäusern niederließen, auch Beschneidungen und kleinere chirurgische Eingriffe vornahmen, hatten sie im Leben der Istanbuler einen gewichtigen Platz inne. Mich aber störte bei Friseuren immer, daß sie so, wie der Zahnarzt einem die Zähne herauszieht, mir immer Informationen aus der Nase zogen und sie dann weiterverbreiteten, als seien es Zeitungsnachrichten.

Wenn ich daher bei meinem »Venus«-Friseur aus der *Akbaba*-Lektüre gerissen und mit einem »Bitte schön, der junge Herr!« in den Friseurstuhl gebeten wurde, dann war mir immer ein bißchen, als sei ich beim Zahnarzt. Was mich umtrieb, war nicht die (zwar berechtigte) Angst, vom Rasierapparat in den Nacken gezwickt oder mit der Schere geschnitten zu werden, sondern die Besorgnis, ich könnte ungewollt eines unserer Familiengeheimnisse verraten. So hatte ich etwa einen Onkel, der nach Amerika gegangen und nie zurückgekehrt war. Kaum hatte ich wie ein zum Tode Verurteilter die weiße Schürze um, da begannen sie auch schon, mich nach ihm auszuquetschen. »Wann kommt denn jetzt dein Onkel aus Amerika zurück?« »Weiß ich nicht.« »Wie viele Jahre ist er jetzt schon fort?« An meiner Stelle antwortete ein anderer Friseur: »Gaaanz lang ist das schon her, der kommt bestimmt nicht mehr.« »Hat er denn seinen Militärdienst schon gemacht?« Ein Schweigen trat ein, und ich sah beschämt vor mich hin, als ob ich selbst mich vor dem Militärdienst gedrückt hätte, und mir fiel meine Großmutter ein, die stets weinte, wenn sie einen der immer seltener werdenden und allmählich schon in gebrochenem Türkisch abgefaßten Briefe meines Onkels in Händen hielt. Meine eigentliche Sorge aber war, die Friseure könnten mir noch mehr von den Geheimnissen entlocken, die von meinen Eltern und meiner ganzen Familie so sorgsam gehütet wurden und an die ich selber am liebsten gar nicht dachte.

Als hätte ich schon geahnt, daß der Friseur mich noch zum Schwitzen bringen würde wie ein auf intime Informationen neugieriger Journalist, weinte ich mir am Tag meines allerersten Friseurbesuchs die Seele aus dem Leib. Die darauffolgenden Male war ich jeweils krank, so daß der weißhaarige vergrämte Friseur mit seinen Utensilien zu uns nach Hause kam. Dann wurde auf dem Tisch eine Zeitung ausgebreitet und ein Hocker draufgestellt, auf den ich gesetzt wurde, um in der richtigen Höhe zu sein. Da aber der Friseur fern von seinen geschwätzigen Kollegen beleidigt vor sich hin schwieg, hatte auch ich keinen Spaß an diesen Sitzungen und ging bald wieder in den Friseursalon. So begriff ich, daß ein Friseur, der nur einfach stumm seiner Arbeit nachgeht, ohne einen auszuhorchen, ohne über Politik und über das Viertel zu klatschen und ohne irgend jemandem Übles nachzusagen, kein richtiger Friseur ist.

Essen auf den Straßen von Istanbul

Es war an einem kalten Januartag des Jahres 1964 um die Mittagszeit. Wo heute längst sechsspurig der Verkehr dahinrauscht, stand ich in einer Ecke des Taksim-Platzes vor einem der alten, früher von Griechen bewohnten Wohnhäuser an einer Imbißbude. Wenn mich auch Gewissensbisse plagten, so war ich doch überglücklich, denn in der Hand hielt ich einen frisch erstandenen Hotdog. Herzhaft biß ich hinein und ließ zufrieden die vorbeifahrenden Oberleitungsbusse, die einkaufenden Frauen, die ins Kino eilenden Jugendlichen und überhaupt das ganze Getümmel des Platzes auf mich wirken, als es plötzlich schlagartig mit meiner ganzen Fröhlichkeit vorbei war: Ich war erwischt worden. Es kam nämlich mein älterer Bruder daher, und ihm war anzumerken, wie sehr er sich freute, mich auf frischer Tat ertappt zu haben.

»Soso, wir essen also einen Hotdog?« grinste er abschätzig.

Ich senkte den Kopf und kaute meinen Hotdog schuldbewußt und ohne Genuß fertig. Wie nicht anders zu erwarten, wurde ich von meinem Bruder, der es damit gar nicht böse meinte, zu Hause verpetzt. Hotdogs gehörten nun einmal zu den vielen Dingen, die wir laut meiner Mutter auf der Straße nicht essen durften.

Bis Anfang der sechziger Jahre waren Hotdogs noch eine Rarität, die man als Istanbuler einzig und allein aus den Bierwirtschaften nach deutscher Art kannte. Als dann die platzsparenden Speisenwärmer mit Gasbetrieb aufkamen, die Kühlschränke aus heimischer Produktion immer erschwinglicher wurden und Coca-Cola und Pepsi in der Türkei ihre ersten Filialen eröffneten, wurden die Hotdogs zum Grundelement der an jeder Straßenecke aus dem Boden schießenden Imbißstände. Mitte der sechziger Jahre, als es den heutigen Döner noch gar nicht gab, war der Hotdog groß in Mode und auf der Straße der beliebteste Snack der Istanbuler. Man suchte sich eines der Würstchen aus, die hinter der Glasscheibe des Imbißstands in einer dickflüssigen, den ganzen Tag über warm gehaltenen Soße lagen wie sich zufrieden im Schlamm fläzende Wasserbüffel, zeigte es dem Budenbesitzer, der schon mit der Würstchenzange in der Hand dastand, und wartete dann ungeduldig, bis der Hotdog fertig war. Auf Wunsch wurde das Brötchen vorher im Toaster angewärmt und mit Soße bestrichen oder das Würstchen mit Essiggemüse, Tomatenscheiben und Senf angereichert. An einigen besseren Ständen wurde in den Hotdog auch Russischer Salat gefüllt, der aber wegen des kalten Krieges nunmehr als Amerikanischer Salat firmierte.

Durch diese neue Art von Imbißständen, die sich von Beyoğlu über den Rest von Istanbul und innerhalb von zwanzig Jahren schließlich über die ganze Türkei verbreiteten, erfuhren die Eßgewohnheiten der Türken einen ziemlichen Wandel. Mitte der fünfziger Jahre kamen in der Türkei die Toaster auf, und in den Bäckereien begann man damit, für die immer beliebter werdenden Käsetoasts das entsprechende Toastbrot herzustellen. Nach dem Triumphzug des mit türkischem Kaşarkäse angefertigten Käsetoasts wurde in Beyoğlu auch der Hamburger neu erfunden. Die ersten größeren Imbißbuden trugen exotisch anmutende Namen, die an atlantische und pazifische Gefilde erinnerten, während drinnen Bilder von fernöstlichen Paradiesen prangten. Die Frikadellen jedoch schmeckten überall anders. Die ersten türkischen Hamburger waren nämlich, wie so vieles in Istanbul, gewissermaßen das Produkt einer west-östlichen Synthese. Was der türkische Jungmann da in den Straßen von Beyoğlu verzehrte, trug zwar einen europäisch bzw. amerikanisch klingenden Namen, die Frikadellen darin aber waren türkische Wertarbeit aus den Händen kopftuchbewehrter Mütterchen, die stolz darauf waren, all diese Jungs ordentlich zu füttern.

Frikadellen gehörten natürlich auch zu dem, was meine Mutter uns verbot. Mit angewiderter Miene monierte sie, man wisse doch gar nicht, von welchem Teil des Tieres das dazu verwendete Hackfleisch stamme, »ja noch nicht einmal, von welchem Tier überhaupt«, und so standen nicht nur Frikadellen auf ihrer Verbotsliste, sondern auch Wurstwaren jeglicher Art. Dennoch muß ich zugeben, daß ich die besten Sandwichs meines Lebens draußen auf der Straße gegessen habe, und zwar vor Fußballstadien und Basketballhallen, wo fliegende Händler Frikadellen und Würstchen feilboten. An einem Fußballspiel etwa interessierte mich ohnehin weniger der Sport an sich als vielmehr das gemeinschaftliche Erleben, und wenn ich dann vor dem Schalter Schlange stand und mir vom Imbißstand her bläuliche Rauchschwaden ums Gesicht wehten und sich in Haar und Jacke festsetzten, dann konnte ich einfach nicht widerstehen. Mein Bruder und ich nahmen uns gegenseitig das Versprechen ab, zu Hause nichts zu erzählen, und kauften uns jeder eine Wurst. Das auf der Holzkohle gründlich durchgebratene Stück Wurst war zäh wie Schuhsohle und wurde mit haufenweise rohen Zwiebeln in ein Stück Brot gezwängt. Dazu paßte am besten ein Glas Ayran.

Aus welchem Fleisch die draußen verzehrten Würste und Frikadellen sein mochten, beunruhigte nicht nur meine eigene Mutter, sondern eine ganze Generation von Mittelschichtmüttern. Daher konnte man bald hören, daß Straßenhändler ihre Würste mit dem Ruf »Apik, Apik!« anpriesen. Gemeint waren damit die Wurstwaren der Firma Apikoğlu, die sich nie darauf eingelassen hätte, für ihre Produkte Pferde- oder Eselsfleisch zu verarbeiten. Als in den sechziger Jahren die Hotdog-Welle einen ersten Höhepunkt erreichte, betrieben Wurstfabrikanten aufwendige Werbung in den Kinos. Besonders gut erinnere ich mich an eine Werbung, die zugleich einer der ersten heimischen Zeichentrickfilme war, die ich in Istanbul zu sehen bekam. Auf einen handgezeichneten riesigen Fleischwolf schwebten an Fallschirmen vom Himmel zufrieden lächelnde Kühe herab, die zu Würsten verarbeitet werden sollten. Da mischte sich mit einemmal unter die Kühe ein eigentlich liebenswerter, aber verschlagen grinsender Esel mit großen Zähnen. Unter den verängstigten Blicken der Kinobesucher geriet der Esel schon fast in den Fleischwolf hinein, als aus diesem plötzlich eine Faust herausschoß und den Esel davonboxte. Dazu flötete eine Frauenstimme, die Würste der entsprechenden Marke könnten »bedenkenlos« verspeist werden.

Wie andernorts essen auch in Istanbul die Leute nicht nur deshalb auf der Straße, weil sie für eine richtige Mahlzeit kein Geld, keine Zeit oder keine Gelegenheit haben, sondern auch, weil sie mit ebenjener »Bedenkenlosigkeit« nichts zu tun haben wollen. Um von der traditionellen moslemischen Gesellschaft, bei der das Essen allzueng mit häuslichen Begriffen wie Mutter, Frau, Heim und Intimsphäre verknüpft ist, den Sprung ins moderne, städtische Leben zu schaffen, muß man auch bereit sein, etwas zu essen, von dem man nicht weiß, von wem, wo, wie und warum es zubereitet wurde. Und nicht nur Bereitschaft braucht es dazu, sondern auch ein gerüttelt Maß an Unerschrockenheit, so daß nicht von ungefähr Arbeitslose, Schüler, Studenten und zornige junge Männer die ersten sind, die allein schon um der Neuheit willen alles in den Mund stopfen, was sich ihnen bietet. Der Geschmack dieser Leute, die man zuerst vor Fußballstadien, in der Beyoğlustraße, in der Umgegend von Gymnasien und Universitäten und auf den Plätzen ärmerer Stadtviertel herumstehen sah, hat im Verein mit Zufällen und mit Errungenschaften wie dem Kühlschrank und tragbaren Gaskochern dazu geführt, daß die Eßgewohnheiten nicht nur Istanbuls, sondern eines ganzen Volkes sich schleichend verändert haben. Als 1964 das Ali-Sami-Yen-Stadion des Fußballvereins Galatasaray mit einem Länderspiel zwischen der Türkei und Bulgarien eröffnet werden sollte, ging auf einer nichtüberdachten Tribüne, wo die preiswerten Plätze waren, infolge des allgemeinen Gedränges ein Würstchenstand in Flammen auf, wodurch die Menge, die sich die Zeit bis zum Anpfiff mit dem Verzehr von Hotdogs vertrieb, in eine wogende Bewegung geriet und ich entsetzt mit ansehen mußte, daß schließlich vom zweiten Rang des Stadions Menschen herabstürzten und es zu zahlreichen Verletzten und auch Toten kam.

Mochte es noch so »modern« und städtisch wirken, fern aller Häuslichkeit auf der »schmutzigen« Straße etwas zu essen, das unbekannte Hände für uns zubereitet hatten, so war diese Eßgewohnheit, als dann allmählich so gut wie jeder sie an den Tag legte, zumindest nicht mehr mit dem Individualismus zu vereinbaren, der uns doch auch als Kennzeichen der »Modernität« galt. Bevor in den siebziger Jahren das Döner-Sandwich seinen Siegeszug durch Istanbul und schließlich die ganze Türkei antrat, gab es noch das Phänomen des »Lahmacun« zu verzeichnen. Dieses arabische Fladenbrot (»Pide«), das man mittlerweile den Touristen als »Türkische Pizza« schmackhaft zu machen versucht (ob »Pide« und »Pizza« auch etymologisch verwandt sind, ist wieder ein anderes Thema), eroberte Istanbul nicht über die traditionellen Imbißbuden, sondern durch Straßenverkäufer, die mit ovalen Behältnissen um die Schultern durch die Gegend zogen. Jetzt brauchte man zum Essen nicht einmal mehr bis zum Imbißstand an der Ecke zu gehen. Wenn der weißbeschürzte Lahmacun-Händler, der einem das Essen bis vor die Haustür brachte, den Deckel seiner Büchse öffnete, entströmte dieser ein appetitlicher Geruch nach warmen Zwiebeln, Hackfleisch und Peperoni. Meine Mutter behauptete zwar zur Abschreckung immer, im Lahmacun sei nicht Pferde-, sondern Hunde- und Katzenfleisch, aber allein schon, wenn wir die je nach Gusto des Verkäufers verzierten Büchsen sahen, farbenfroh blumig und mit Städtenamen darauf wie Antep oder Adana, lief uns bereits das Wasser im Mund zusammen.

Was noch einen zusätzlichen Reiz ausmacht, in Istanbul auf der Straße zu essen, ist die schiere Vielfalt der Speisen, die von fliegenden Händlern eben nicht nur aus Hingabe an eine Modeerscheinung, sondern vielfach aus purer Überzeugung von der eigenen Qualität angeboten werden. Ob sie nun Reis mit Kichererbsen, gegrillte Frikadellen, panierte Miesmuscheln, gefüllte Muscheln oder gedünstete Hammelleber feilbieten: stets werden sie von dem Kredo geleitet, daß das, was ihre Mutter oder ihre Frau zu Hause, im Dorf vielleicht, liebevoll gekocht hat, auch in den Straßen der Großstadt ganz einfach jedem schmecken müsse. Nicht weniger als diese Gerichte selbst faszinieren mich dabei die phantasievoll geschmückten Verkaufsstände, dreirädrigen Karren und Stühle dieser immer weniger werdenden Händler, die zwar auf den Bürgersteigen der Millionenstadt Istanbul arbeiten, doch im Geiste noch immer in der »sauberen« Welt ihrer Mütter und Frauen leben. Ein anderes Straßenessen, das sich gegen die Konkurrenz der stereotypen, industriell hergestellten Produkte noch zu behaupten vermag, ist natürlich das Fischbrötchen. Als das Meer noch nicht so verschmutzt und Fisch noch reichlich und billig zu haben war, so daß etwa der aus dem Bosporus gefischte Bonito noch in rauhen Mengen angeboten wurde, waren die Fischbrötchenverkäufer nicht nur in ihren am Ufer vertäuten Kähnen anzutreffen, sondern auch auf Marktplätzen und vor Fußballstadien.

Ich weiß noch, wie in den sechziger Jahren ein Freund von mir immer wieder breit grinsend seinen Lieblingsspruch aufsagte: »Richtig schmecken tut's doch nur, wenn auch ein bißchen Dreck drin ist!« Das war wohl auch als Auflehnung gegen die Schuldgefühle aufzufassen, die uns immer dann plagten, wenn wir fernab von Mutters Küche etwas in uns hineinstopften. So kam bei mir, auch wenn ich auf der Straße oder am Imbißstand genußvoll kaute, oft genug ein Gefühl der Einsamkeit auf. Und verschlimmert wurde es noch durch die Spiegelflächen, die in manchen Buden über die dort herrschende Enge hinwegtäuschen sollten. Als ich mit Fünfzehn, Sechzehn eines Tages in Beyoğlu allein ins Kino gehen wollte und zuvor in einer kleinen Imbißbude im Stehen einen Ayran trank und an meinem Hamburger kaute, mußte ich mir dabei mein Spiegelbild ansehen, fand mich nicht schön und fühlte mich inmitten der Großstadtmenge allein und schuldig.

Fünfundvierzig Sekunden

Irgendwann zwischen Mitternacht und Morgen – wie ich später hörte, war es drei Uhr – bin ich durch den ersten Stoß des Erdbebens aufgewacht. Mein Bett, drei Meter entfernt von meinem Arbeitstisch im kühlen Erdgeschoß eines Steinhauses auf einer kleinen Felseninsel im Marmarameer – »Sedefadasi«, Perlmuttinsel, heißt dieser Ort –, schaukelte heftig hin und her wie ein armseliges Boot auf offener See, das plötzlich von heftigen Wellen getroffen wird. Aus der Tiefe der Erde, von einer Stelle, die direkt unter meinem Bett zu liegen schien, drang furchtbares Grollen empor. Ich stürzte, kaum bei Bewußtsein, instinktiv und ohne meine Brille aufzusetzen, hinaus in den Garten und rannte davon.

Dort draußen, gleich hinter den Zypressen und Pinien, unter den weit entfernten Lichtern der Stadt über dem Meer, war die Nacht erfüllt von Hast und Erregung, als geschehe viel auf einmal. Ein Teil meines Verstandes registrierte das immer noch in voller Stärke anhaltende Beben und nahm das Grollen aus dem Untergrund wahr. Ein anderer Teil stellte sich die Frage, warum alle zu dieser Stunde schossen (vermutlich gibt es in meinem Kopf ein Spezialgedächtnis, das sich aus den Erinnerungen an politische Morde, Bombenanschläge und Schüsse zusammensetzt, die die Nächte der siebziger Jahre zerrissen, und dessen Tür sich nur in Katastrophenzeiten öffnet). Später habe ich lange darüber nachgedacht, woher diese Gewehrschüsse kamen, konnte aber keine Erklärung dafür finden.

Fünfundvierzig Sekunden dauerte der erste Stoß. Er mag vierzigtausend Leben gefordert haben. Noch bevor er endete, war ich vom Garten über die Seitentreppe in das Obergeschoß zu meiner Frau und meiner Tochter gelaufen. Beide waren wach und warteten ängstlich und unentschlossen in der Dunkelheit. Der elektrische Strom war längst unterbrochen. Wir gingen zusammen in den Garten hinunter, in die Stille der Nacht. Das furchtbare Grollen hatte aufgehört, alles verharrte in einem haarsträubenden Zustand des Wartens. Im Garten, unter den Bäumen war es ruhig wie immer, doch mein heftig schlagendes Herz sagte mir, daß etwas Schreckliches im Gange war. Aus einem merkwürdigen Instinkt heraus flüsterten wir nur miteinander – vielleicht, um das Erdbeben nicht von neuem zu erzürnen. Schwächere Erdstöße kamen, und wir fürchteten uns weniger. Später lag ich mit meiner siebenjährigen Tochter, die in meinen Armen eingeschlafen war, in der Hängematte im Garten und hörte aus den Vororten von Istanbul, aus der Gegend von Kartal, die Sirenen der Ambulanzen.

In den folgenden Tagen hörte ich vielen Menschen zu und erfuhr von ihnen, was sie während der ersten fünfundvierzig todbringenden Sekunden dieser nicht enden wollenden Serie von Erdstößen gemacht haben. Die rund zwanzig Millionen, die den schrecklichen ersten Stoß spürten und das Dröhnen aus der Tiefe hörten, schilderten während der ganzen ersten Woche nur diese Augenblicke, und sie erwähnten nicht die Toten. Man wollte das Erlebnis jener fünfundvierzig Sekunden mit anderen teilen. Der häufigste Satz lautete: »Wer das nicht erlebt hat, kann es nicht begreifen!«

Ein Apotheker, der heil aus einem zusammengestürzten Haus entkam, erklärte zunächst, er sei bei klarem Verstand, und zwei andere, die aus diesem Gebäude entkommen seien, hätten dasselbe erlebt. Dann schilderte er, daß er in dem fünfstöckigen Haus für einen Moment nach oben geschwebt sei und das deutlich wahrgenommen habe und daß plötzlich der Bau über ihm zusammengebrochen sei. Manche erwachten, weil sie rechts und links anstießen, als sie mit dem Gebäude hin und her geschüttelt wurden. Dann glaubten sie, daß sie sterben müßten, weil ihr Haus sich zur Seite neigte und umfiel. Als aber der Sturz vom Nebengebäude aufgefangen wurde und das Gebäude zum Stillstand kam, blieben sie in einer Ecke hängen, und jeder lief sofort zu irgend jemandem hin und umarmte ihn. So lagen auch die aus den Trümmern geborgenen Leichen beieinander.

Da gleich mit dem ersten Stoß Töpfe, Fernseher, Schränke, Bücherregale, Nippes und alles, was an den Wänden hing, fielen, fanden Mütter, Söhne, Onkel und Großväter in den Wohnungen den nicht, den sie suchten. Sie wurden von den mit Wucht niederstürzenden Gegenständen getroffen und stießen in der Finsternis auf unbekannte Wände, für deren Vorhandensein sie keine Erklärung fanden. In den Staubwolken und in der Dunkelheit verloren die Menschen die Orientierung in ihren eigenen Wohnungen, die ihre Gestalt in einem einzigen Augenblick verändert hatten und in einen gänzlich fremden Ort verwandelt worden waren –, und dennoch konnte mancher in jenen fünfundvierzig Sekunden einige Stockwerke hinunter über die Treppen ins Freie gelangen, bevor der Bau zusammenbrach.

Ich hörte Geschichten von Leuten, deren Großeltern in ihren Betten, ohne sich rühren zu können, den Tod erwarteten. Ich hörte Geschichten von Leuten, die glaubten, daß sie im vierten Stock auf den Balkon liefen, und sich auf einer Terrasse wiederfanden, die bis zum Straßenniveau abgesunken war. Andere hatten sich gerade etwas aus dem Kühlschrank geholt und in den Mund gesteckt, kamen aber nicht mehr zum Kauen und spuckten vor Angst alles wieder aus. Ungewöhnlich viele Menschen hatten nicht schlafen können, bevor die ersten Stöße kamen. Und dann packte sie die Furcht vor der Gewalt, mit der das Haus erschüttert wurde – es war, wie einer sagte, als ob jemand das Haus in die Hand genommen und geschüttelt hätte –, und schließlich stürzten sie und konnten sich nicht mehr erheben. Viele Menschen erzählten mir lächelnd, sie seien, das Laken über den Kopf gezogen, im Bett geblieben – und viele Tote hat man in dieser Stellung gefunden – und hätten die Dinge in aller Ruhe Allah überlassen.

Diese Geschichten habe ich aus den unglaublich schnell sprudelnden Gerüchtequellen und von den Betroffenen selbst erfahren. Am nächsten Morgen schickten alle größeren privaten Fernsehsender ihre Kameraleute mit Hubschraubern in die Erdbebengebiete und sendeten von dort ununterbrochen ihre

Bilder. Auf meiner kleinen Insel und den großen, dichtbewohnten Inseln der Umgebung war es kaum zu Schäden gekommen, doch im Epizentrum auf dem gegenüberliegenden Uferstreifen – vierzig Kilometer Luftlinie von uns entfernt – waren Bauten von minderwertiger Qualität eingestürzt und Menschen gestorben. Die Straßen und der Markt auf der Hauptinsel, zu der ich übersetzte, waren von Stille, Furcht und Schuldgefühlen überschattet. Dieses Erdbeben war deswegen so unglaubwürdig, andererseits so grauenhaft, weil so viele Menschen in meiner unmittelbaren Nähe getötet worden waren. Und auch, weil es all die Orte getroffen hatte, die ich aus meiner Kindheit kannte.

Am stärksten hatten die Erdstöße – angeordnet in Form einer Mondsichel – die im Osten des Marmarameeres liegende Bucht von Izmit erbeben lassen. Meine kleine Insel, die zu einer Inselgruppe gehört, befand sich dieser Mondsichel gegenüber, ungefähr dort, wo der Stern in der türkischen Flagge ist. Zwei Wochen nach meiner Geburt war ich auf eine dieser Inseln in die Sommerfrische mitgenommen worden, seit fünfundvierzig Jahren halte ich mich auf diesen Inseln und an verschiedenen Orten der Bucht auf, lebe ich hier. Die Stadt Yalova, deren Thermalbäder von Atatürk geschätzt wurden und die auch wir aufgesucht hatten, weil sie sich ihres Hotels im westlichen Stil rühmte, lag in Trümmern.

Die petrochemischen Anlagen, wo mein Vater einmal Direktor gewesen war und deren Entstehung auf einem riesigen, leeren Gelände ich deshalb miterlebt hatte, standen in Flammen. Kleine Ortschaften an verschiedenen Stellen der Mondsichel, Dörfer, die wir in meiner Kinderzeit mit dem Motorboot zum Einkaufen besucht oder per Auto besichtigt hatten, Uferstreifen, die man später mit Mietshäusern bebaut hatte, Orte, an die ich mich in meinem zweiten Roman liebevoll und traurig erinnert habe und die sich später in riesige Ferienanlagen verwandelten – sie alle waren dem Erdboden gleichgemacht und unbewohnbar geworden. Am ersten Tag wehrte sich mein Verstand gegen die Katastrophe und fesselte mich an den Roman, an dem ich arbeitete. Ich mochte die kleine Insel nicht verlassen, auf der das Leben in aller Stille weiterging.

Am zweiten Tag hielt ich es nicht mehr aus. Wir setzten zuerst mit einem Motorboot auf die Hauptinsel über und nahmen von dort aus das Schiff nach Yalova. Niemand hatte uns gerufen, weder meinen Freund, den Autor eines Buches namens *Lob der Hölle*, noch mich, und als wir uns auf den Weg machten, dachten wir keineswegs daran, etwas zu schreiben. Der Instinkt trieb uns, den Toten und Sterbenden nahe zu sein, uns von der kleinen glücklichen Insel zu entfernen und uns mitten in das Entsetzliche zu begeben. Auf dem Schiff sprachen die Menschen ruhig über das Erdbeben, lasen Zeitungen. Neben mir saß ein pensionierter Postbeamter, Besitzer eines kleinen Ladens auf der Hauptinsel, wo er Milchprodukte aus Yalova verkaufte. Er fuhr heim nach Yalova, um festzustellen, was in seinem Haus umgestürzt war.

Yalova war eine Kleinstadt an einer grünen Küste gewesen, in einer Ebene, die Istanbul mit Obst und Gemüse versorgte. Während der letzten dreißig Jahre war das Ufer aufgeschüttet und betoniert worden, die Obstbäume wurden abgeholzt, und auf dem Gelände entstanden Tausende von Apartmentblocks, welche die kleinen Ortschaften der Umgebung einschlossen, so daß die Einwohnerzahl der Stadt auf fast eine halbe Million stieg. Bei unserer Ankunft sahen wir, daß neunzig Prozent dieser Betonkästen zusammengestürzt oder so schwer beschädigt waren, daß man sie nicht mehr betreten konnte. Wir spürten, wie nichtig unsere heimliche Vorstellung war, helfen zu können, wie nichtig die Hoffnung, Trümmer zu heben: Nur wenige Menschen wurden nach drei Tagen noch lebend aus dem Schutt geborgen. Nur Deutsche, Franzosen, Japaner, Spezialisten auf diesem Gebiet, konnten zu ihnen vordringen. Die Katastrophe hatte mit solcher Wucht zugeschlagen, hatte das Schicksal der Stadt so tiefgreifend verändert, daß man an Hilfe nicht mehr glauben konnte – es sei denn, jemand hätte einen am Arm gepackt und um Hilfe gerufen.

Fassungslos liefen die Menschen durch die Straßen, und wir

liefen mit ihnen zwischen dem Schutt umher, den unter Trümmern eingeklemmten Autos, den umgestürzten Elektrizitätsmasten, Mauern und Minaretten, traten auf Beton und Glas, auf Strom- und Telefondrähte. Auf Schulhöfen, in Parkanlagen und auf freien Grundstücken hatte man Zelte errichtet. Wir sahen Soldaten, die Straßen absperrten, und andere, die Trümmer räumten. Wir sahen Menschen, die völlig verwirrt nach Adressen fragten, die Angehörige suchten, die sie verloren hatten, Menschen, welche die für das Elend Verantwortlichen beschuldigten, und Menschen, die sich um einen Platz in einem Zelt stritten.

Autos mit Hilfsgütern fuhren durch die Straßen, Milchkartons und Konserven wurden verteilt. Lastwagen voller Soldaten oder mit Kränen und Baggern wirbelten den Kalkstaub der eingestürzten Gebäude auf, der sich zwischen den Pflastersteinen festgesetzt hatte. Wie es Kindern geschieht, die ins Spiel vertieft die Welt vergessen, so redeten nun auch die Menschen in den Straßen ungeniert und direkt miteinander. Nicht nur, wer nach Adressen fragte, nach Vermißten suchte, den Staat oder die Bauunternehmer anklagte, sondern auch die um ihre Toten und Sterbenden Besorgten begannen sofort rückhaltlos und ohne zu fragen ihre Geschichten zu erzählen. Die Katastrophe hatte jedem das Gefühl gegeben, daß die Welt ein anderer Ort sei. Die geheimsten und grausamsten Regeln des Lebens schienen aufgehoben zu sein, um den Blick in ihr Inneres freizugeben – wie auf die Möbel in den Häusern.

Lange betrachtete ich die Möbel in Gebäuden, die sich zur Seite geneigt hatten und sich halb zusammengesunken wie Spielzeughäuser an ihr Nebengebäude anlehnten, Häuser, deren Giebel an das gegenüberliegende Haus gestoßen waren, und Häuser ohne Fassaden. Teppiche, die wie Fahnen an einem windstillen Tag hinabhingen, Schränke, das übliche Wohnzimmermobiliar, beschädigte Beistelltische, Sessel und Diwane, Kissen, die durch Staub und Rauch ihre Farbe eingebüßt hatten, Fernsehapparate, Blumentöpfe, heil und ganz auf dem Balkon, obwohl das ganze Haus zusammengebrochen war, Sonnenblenden, krumm und verbogen, als wären sie aus Gummi, Staubsauger, deren Schläuche ins Leere hingen, Fahrräder, Hemden, Kleider in allen Farben, die aus offenen Schranktüren herausschauten, Bademäntel und Jacketts, an geschlossenen Türen aufgehängt, Tüllvorhänge, die träge in der Luft hin und her schwangen. Überall das Innere der Häuser, von dem sich mein Blick nicht losreißen konnte. Das alles zeigte uns, wie schutzlos das menschliche Leben ist, und zeigte uns erneut, daß unser Dasein von Entscheidungen abhängt, die Menschen treffen, von denen wir wenig halten. Die kriminellen Unternehmer, die bestechlichen Stadtverwaltungen, die Bauunternehmer, die sich an keine Regeln und Vorschriften halten, und die verlogenen Politiker – sie alle sind aus unserer Mitte hervorgegangen, und all unsere Klagen haben uns nicht vor ihren schlechten Praktiken bewahrt.

Wir gingen durch die Straßen und merkten, daß die Katastrophe unsere Psyche – und unsere Geschichte – unwiederbringlich verändert hatte. Ich betrat eine Gasse, ging zum Garten eines noch nicht völlig zerstörten Hauses, in das sich niemals wieder ein Mensch hineinwagen wird, und stellte mir vor, wie die Frauen in den Küchen ihre Hausarbeiten verrichteten. Sie schauten aus den Fenstern in diesen Garten, in dem eine Pinie stand, auf die sich ein Haus stützte, und in dem nun Beton, Glas und Geschirr lagen. Uns allen vertraut: eine Frau, die wir stets hinter dem Küchenfenster gegenüber sahen, ein Mann, der abends immer in derselben Ecke vor dem Fernseher saß, und ein Mädchen, das wir gewöhnlich hinter den halbgeschlossenen Vorhängen sahen: Sie sind nicht mehr dort, weil das Küchenfenster gegenüber, die Sitzecke, der Vorhang – der Anblick, an den wir uns über Jahre gewöhnt hatten – nicht mehr da ist. Und mit großer Wahrscheinlichkeit wären auch wir, die wir von hier dort hinüberschauten, gar nicht mehr da.

Wer unverletzt war oder sich auf irgendeine Art und Weise ins Freie hatte retten können, saß nun am Rand des Gehsteigs auf einem Stuhl oder einem Diwan, den er irgendwo gefunden hatte, und wartete darauf, daß man die Verschütteten herausholte. »Meine Eltern sind dort«, sagte ein Sohn und zeigte irgendwo zwischen die schichtweise aufgehäuften Betonblöcke. »Wir waren nicht im Haus, wir sind erst nach dem Erdbeben hierhergerannt. Jetzt warten wir darauf, daß man sie herausholt.« Ein anderer sagte, er sei aus Kütahya gekommen und habe gesehen, daß das Gebäude, in dem seine Mutter lebte, komplett eingestürzt sei. Er wies mit der Hand auf die Trümmer und erklärte: »Wir warten auf unsere Tote, wir nehmen sie mit und gehen fort.«

Sie gehen durch die Straßen, sitzen vor den Trümmerhaufen, stehen herum, weinen, schauen hilflos den langsam vorankommenden Rettungstrupps zu, sitzen zwischen ihren auf dem Gehsteig aufgereihten Habseligkeiten, Kühlschrank, Fernseher, Kartons voll Sachen und Kleidung, und manche sind vielleicht eingeschlafen. Doch sie alle warten. Sie warteten auf eine Nachricht von vermißten Bekannten, auf die Gewißheit, daß die Mutter unter den Trümmern liegt – vielleicht war sie ja um zwei Uhr nachts aus dem Haus gegangen, obwohl das nicht ihrer Art entsprach. Sie warteten auf die Leichen des Onkels, des Bruders, des Sohnes, um diesen Ort mit ihnen zu verlassen, oder darauf, daß die Bergungsmannschaft, falls sie mit ihren Geräten dorthin gelangte, in dem Haufen von Staub und Beton etwas von ihrem Eigentum, ihren Wertsachen fand, die man mitnehmen konnte. Sie warteten darauf, einen kleinen Lastwagen zu finden, auf den man die geretteten Sachen laden und woanders hinbringen konnte, oder auf die Ankunft der Rettungsmannschaften oder auf das Freiwerden der Verkehrswege oder auf die Rettung der Ehefrau, des Bruders, die vielleicht noch unter den Trümmern lebten. Im Gegensatz zu den Nachrichten in Presse und Fernsehen, die solche Rettungswunder übertrieben schilderten, war gegen Ende des dritten Tages trotz der Stimmen und Klopfgeräusche, die vielfach noch Anzeichen von Leben gaben, die Hoffnung gesunken, aus den Schutthaufen noch Überlebende zu bergen.

Es gibt zwei Arten von Ruinen, von Trümmern. Die einen lassen noch die ursprüngliche Form des Hauses erkennen, sind wie ein Karton umgekippt, zur Seite gefallen, oder einige Stockwerke sind wie ein Kartenhaus zusammengeklappt. Hier ist es noch möglich, in den Leerräumen zwischen den Betonbrocken Lebende zu finden. Bei der zweiten Art ist nichts mehr von der ursprünglichen Form des Hauses zu erkennen, weder die Stockwerke noch die Betonabschnitte, nur ein Haufen aus Staub, Beton, Möbeln und Eisenstäben. Hier noch jemanden lebend zu finden ist fast ausgeschlossen. Und es wird sehr lange dauern und der Suche nach einer Nadel im Heuhaufen gleichen, ehe man alle Toten gefunden hat.

Wenn ein Kran langsam ein Stück Beton anhebt, schauen alle – der Soldat im Einsatz, die ehemaligen Hausbewohner und die Menschen, die auf die Leichen ihrer Angehörigen warten – mit müden, schlaflosen Augen zu. Und wenn ein Toter gefunden wird, klagen sie: »Man hat gestern den ganzen Tag das Weinen gehört, aber niemand ist gekommen.« Bevor noch der Körper in einem Hohlraum zu sehen ist, der mit Schaufeln, Wagenhebern, Eisenstücken oder Spitzhacken geöffnet wird, kommen die Gegenstände der Toten ans Licht, ein gerahmtes Hochzeitsfoto, ein Kästchen mit einer Halskette und Kleider, und es verbreitet sich ein durchdringender Leichengeruch. Und wenn ein Loch in den Beton getrieben wurde und ein Retter oder ein freiwilliger Helfer mit einer Handleuchte hineinkriecht und zu suchen beginnt, dann kommt Bewegung in die vor den Trümmern wartende Menge, jeder hat etwas zu sagen, es gibt Gedrängel und Geschrei. Die durch das Loch eingestiegenen Helden, die in den meisten Fällen gar nicht in den jeweiligen Gebäuden wohnten, aber dort zufällig menschliche Laute gehört hatten, rufen nach den Helfern mit den Maschinen oder Spitzhacken. Doch vor lauter Lärm ist kaum etwas zu verstehen. Und all diese Arbeiten ziehen sich hin, und man begreift, daß es Wochen dauern wird, bis diese Ruinen geräumt sind und Leiche um Leiche geborgen ist.

Mit diesem Leichengeruch und der Angst vor Seuchen aber ist das unmöglich. Höchstwahrscheinlich wird man erst einige Zeit später diese Trümmerhaufen mitsamt ihren Leichen, Betonstücken, Möbeln, stillstehenden Uhren, Handtaschen und Fernseherteilen und ihrer Bedeckung aus Kissen, Gardinen und Teppichen mit Baggern auf Lastwagen schütten, fortbringen und irgendwo vergraben. Nichtidentifizierte Tote werden eilig fotografiert und fortgeschafft. Meine Psyche möchte sich einerseits so verhalten, als sei all dies nicht geschehen, sie möchte vergessen, was sie mit ansehen mußte, andererseits möchte ich doch wieder alles sehen und beschreiben.

Wir sahen Menschen in Selbstgespräche vertieft durch die Straßen wandern, andere, die ihre Autos auf freien Grundstücken abgestellt hatten und darin übernachteten, und wieder andere, die alles, was sie aus ihrem halbzerstörten Haus an Sachen und Lebensmitteln hatten herausholen können, in Kartons packten und auf dem Gehsteig aufstellten. Wir sahen im Stadion, wo ständig Helikopter aufstiegen und landeten, ein mobiles Hospital mit Verletzten und gleich daneben Reihe um Reihe gänzlich zerbröckelter Bauten. Ein befreundeter Fotograf begegnete uns. Auf dem Weg zum Vater seiner Frau, einer Autorin, schoß er seine Bilder. Das alte Haus war heil und ganz, und der Schwiegervater schilderte uns den Lärm, den er in der nächtlichen Dunkelheit unter all dem Staub gehört hatte. Wir trafen noch weitere Bekannte, und in dem leeren Garten eines kleinen, halb eingefallenen Hauses pflückten wir staubige süße Weintrauben vom Spalier und aßen sie.

Jeder, der uns und die Fotoausrüstung sah, sagte sofort: »Das müssen die Zeitungen schreiben!« und beklagte sich laut über den Staat, die verbrecherischen Unternehmer und die Stadtverwaltungen. Ihre Klagerufe fanden auch ein starkes Echo in Presse und Fernsehen, doch sehr wahrscheinlich werden diese Menschen all jene Politiker, Staatsmänner und bestochenen Bürgermeister, die sie anklagen, von neuem wählen und sich ihrer abgegebenen Wahlstimmen rühmen. Außerdem haben sie, die sich heute beklagen, sehr wahrscheinlich früher einmal selbst der Stadtverwaltung Schmiergeld gezahlt, um gewisse Regellosigkeiten an den für sie errichteten Bauten genehmigen zu lassen, und andere, die das nicht taten, für dumm erklärt. In einem Land, in dem Staatspräsidenten das Schmiergeld als »praktische Lösung« loben und mit Betrügern auf du und du stehen, wird es nur mit der Furcht vor einem Erdbeben, das in ungewisser Zukunft liegt und lediglich anderen schadet, wohl kaum durchzusetzen sein, daß die Unternehmer nicht an Zement und Eisen »sparen«, sich an die Bauvorschriften halten und deswegen »Mehrkosten« in Kauf nehmen. Einer der verbreiteten Erdbebenlegenden, die sich so sehr bemühen, die Hausbesitzer als »unschuldige Opfer« darzustellen, ist die von den vierzig Apartmenthäusern, die ein Unternehmer errichten ließ und die mit einer Ausnahme samt und sonders eingestürzt sind. In diesem einen Gebäude aber soll der Unternehmer selbst wohnen.

Da der Staat weder die geringsten Vorsichtsmaßnahmen getroffen hatte noch im Anschluß an die Katastrophe irgendwo rechtzeitig präsent war oder etwas organisieren und koordinieren konnte, hat er in den Augen des Volkes viel von seinem Prestige verloren. Da jedoch das Volk in seiner Hilflosigkeit das starke Bedürfnis nach einer Macht verspürt, die es wie Allah beschützt, ist anzunehmen, daß der Staat dieses Prestige bald ohne viel Zutun zurückgewinnt. Das gleiche gilt für das Militär, dessen Hilfe sich verspätete, das zunächst kaum irgendwo auftrat und dessen eigene Bauten ebenfalls eingestürzt sind. Das Selbstvertrauen und der Stolz einer ganzen Nation wurden durch dieses Erdbeben aufs tiefste erschüttert. Ich hörte es an vielen Orten, von vielen Menschen und las es auch in vielen Zeitungen: »Deutsche, Japaner sind sofort gekommen, aber unser Staat kam uns nicht zu Hilfe!« Warum? »Bei uns gibt's keine Organisation!« meinte ein alter Mann, der begriffen hatte, daß Ergebenheit eine bessere Medizin war als Wut: Während das Brot am einen Ende der Stadt lastwagenweise verschimmelt, ist am anderen Ende der Stadt keines aufzutreiben. Während die unter den Trümmern begrabenen Menschen hilflos weinen und sterben, stehen die Bergungsgeräte in einem Verkehrsstau oder warten auf Kraftstoff.

Das ist nicht nur eine Frage von »Organisation«. Ein Staat,

dessen organisatorische Logik auf Schlagen, Unterdrücken, Angstmachen, Verboten und Gewaltanwendung beruht, bringt es nicht fertig, zu helfen, Wunden zu verbinden und dem Volk zu dienen.

Wir sahen einen Mann, der sein altes, staubbedecktes Auto langsam durch die Seitenstraßen fuhr, einen Trümmerhaufen ins Auge faßte, nahe an die herumstehende Menge heranfuhr und ihr dann wütend aus dem Fenster seines Wagens zuschrie: »Wie oft habe ich euch gesagt, daß ihr Allahs Zorn auf euch zieht! Habe ich euch nicht gesagt, ihr sollt euch fernhalten von der Sünde?!« Er predigte, bis ihn einige aus der Menge wutentbrannt vertrieben, dann fuhr er weiter zum nächsten Trümmerhaufen, in siegesgewissem Zorn. Ich habe auch Kommentare gelesen, die von der Bestrafung des Militärs sprachen, das sich zu sehr in die Sache des Glaubens und des Korans eingemischt habe. Aber auch ein Gegenargument war zu hören: Warum sind dann so viele Moscheen und Minarette eingestürzt?

Natürlich gab es für die zwischen Schutt und Leichen umherwandernden Menschen auch glückliche Momente: Zu sehen, wie nach so langer Zeit ein Mensch noch lebend aus den Trümmern geborgen wurde! Zu erleben, wie sofort aus anderen Teilen des Landes, aus dem Ausland oder aus jenen Ländern, die von offizieller Seite ständig zu Feinden erklärt werden, Hilfe kam! Was aber die Menschen insgeheim wirklich glücklich machte, war das Gefühl, dieses Erdbeben heil überlebt zu haben. Am Ende des dritten Tages akzeptierten sie die Katastrophe, dachten an die Zukunft und gingen mit größter Vorsicht daran, trotz aller Verbote und Warnungen aus den schief liegenden, aber nicht eingestürzten Häusern ihr Eigentum herauszuholen. Wir konnten beobachten, wie zwei junge Leute in das fünfundvierzig Grad geneigte Erdgeschoß eines Gebäudes einstiegen und einen Leuchter von der Decke abnahmen.

In einem Gartencafé am Ufer neben der Anlegestelle saßen die Menschen dicht zusammen unter den Kastanienbäumen. Man spürte das Hochgefühl, trotz allen Sterbens und der Verluste heil davongekommen zu sein. Der Besitzer hatte einen Generator aufgetrieben, und es war ihm gelungen, den Kühlschrank in Betrieb zu setzen und Getränke zu kühlen. Die jungen Menschen, die zu uns an den Tisch kamen, sprachen nicht über das Erdbeben, sondern über Bücher und politische Erfahrungen.

Auf der Rückfahrt mit dem Schiff trafen wir noch einmal den Mann, der hergekommen war, um nach seinem Haus und seinen Sachen zu sehen. Er setzte sich neben uns und sagte leise: »Ich bin in die Straße gekommen und habe von weitem hingesehen, unser Haus war weg. Unter dem Haus soll ein zwölfjähriges Mädchen liegen.« Er sprach so leise, als sei dies sein eigener Fehler, und beklagte sich nicht weiter.

Mein Freund meinte später, ein Brite habe sich noch nach zehn Jahren darüber beschwert, daß einmal sein Jahresurlaub verregnet sei, dieser Mann aber habe sein Haus verloren und beklage sich nicht. Wir kamen auf den Gedanken, daß ein Erdbeben in der Türkei vielleicht deswegen so viele Menschen das Leben kostet, weil sie sich nie beschweren, doch diese Vorstellung gefiel uns nicht besonders. Abends dann sollten wir uns mit zwanzig Millionen anderer Menschen von der Furcht vor einem neuen Erdbeben überwältigen lassen und die Nacht wieder im Garten verbringen.

Als sich das Schiff in der Mitte der mondsichelförmigen Bucht befand, erkannte ich, wie viele neue Bauten in diesem Raum entstanden waren, in dem ich seit meiner Kindheit lebe, und daß sich die ganze Region mit den einander gleichenden Apartmenthäusern eigentlich in eine einzige Megalopolis verwandelt hatte. Jeder auf diesem geographischen Abschnitt fürchtet sich jetzt vor einem neuen, stärkeren Erdbeben, dessen Zentrum diesmal – den Wissenschaftlern zufolge – näher an Istanbul liegen soll. Der Zeitpunkt ist ungewiß, doch wenn man die in den Zeitungen veröffentlichten Erdbebenkarten betrachtet, verläuft die Linie der alles verheerenden Spalte direkt unter meiner kleinen Insel, auf die das Schiff zufährt.

Wer lacht, der hört das Beben nicht

Früher wäre ich nie auf den Gedanken gekommen, das Minarett, das genau meinem Schreibtisch gegenüber hoch aufragt, könnte eines Tages auf mich niederstürzen. Es ist eines von zwei Minaretten der Moschee, die Sultan Süleyman der Prächtige zum Gedenken an seinen jung verstorbenen Sohn Cihangir errichten ließ. Seit 1559 steht sie wie ein Denkmal der Kontinuität oben auf der Kuppe eines Hügels, der steil zum Bosporus abfällt. Der Nachbar, dem die Etage über der meinen gehört, kam sofort auf dieses Thema zu sprechen, als er seine Sorgen wegen der Erdbeben mit mir teilen wollte. Teils besorgt, teils belustigt traten wir auf den Balkon hinaus und schätzten den Abstand. Wir standen beide unter dem Eindruck der zwei verheerenden Beben und deren Nachbeben, die während der letzten vier Monate nicht weit von Istanbul das Leben von dreißigtausend Menschen ausgelöscht hatten. Mehr noch – und das konnte ich meinem Nachbarn, einem Bauingenieur, an den Augen ablesen –, wir glaubten beide den Prognosen der Wissenschaftler, das heißt, wir glaubten an die Möglichkeit eines weiteren starken Bebens in nächster Zeit und in nächster Nähe von Istanbul, das die Stadt in Trümmer legen und auf einen Schlag Hunderttausende von Menschen töten würde.

Die grob geschätzte Entfernung vom Minarett genügte uns nicht. Wir wälzten Bücher und Enzyklopädien und fanden heraus, daß die Cihangir-Moschee, die wir für ein »Denkmal der Kontinuität« gehalten hatten, im Laufe von vierhundertfünfzig Jahren zweimal durch Erdbeben und Brände zerstört und wiederaufgebaut worden war – somit entsprachen weder der Kuppelbau dort vor uns noch seine Minarette dem ursprünglichen Gebäude. Eine kurze Nachforschung lehrte uns, daß all die denkwürdigen Moscheen und andere Monumente von Istanbul, wie zum Beispiel die Hagia Sophia, deren Kuppel zwanzig Jahre nach Fertigstellung bei einem Beben einstürzte, mindestens einmal, viele mehrfach, durch Erdbeben zerstört und danach wiederaufgebaut und »verstärkt« worden sind.

Noch schlimmer stand es um die Minarette. Während der schwersten Heimsuchung der letzten fünfhundert Jahre, dem »Kleiner Weltuntergang« genannten Beben von 1509, sowie der folgenden in den Jahren 1766 und 1894 überstieg die Zahl der umgestürzten Minarette die der eingefallenen Kuppeln. Nach den letzten Beben hatten wir beide in den Zeitungen, im Fernsehen und bei unserem Besuch in den zerstörten Gebieten unzählige umgestürzte Minarette gesehen. Viele davon hatten von oben her wie ein Tortenmesser in die umliegenden Gebäude hineingestochen, in das Studentenwohnheim, wo schläfrige Wächter nachts beim Tricktrack saßen, in die Wohnungen, wo Mütter sich aus dem Schlaf erhoben, um ihre Kinder zu stillen, oder in Bolu, wo eine Familie im Fernsehen die Abendnachrichten und die Diskussionen um eventuelle neue Erdstöße verfolgt hatte.

Die meisten der nach dem Beben vom letzten Jahr noch stehenden Minarette waren beschädigt. Wenn eine Reparatur unmöglich war, wurden sie mit Ketten und Kränen niedergerissen. Da wir, mein Nachbar und ich, derartige Szenen, die das Fernsehen in Zeitlupe wiedergab, häufig verfolgten, wußten wir, wie und in welchem Winkel ein Minarett umfiel. Die Stoßwellen des zu erwartenden Bebens würden aus der Richtung Bosporus beziehungsweise Marmarameer kommen. So versuchten wir, den Fallwinkel unseres Minaretts zu errechnen. Nach den Erdstößen vom August 1999 hatte sich der Abschnitt oberhalb des Umgangs leicht geneigt, und ein Stein unterhalb der Minarettspitze, bereits durch einen Blitzschlag gespalten, war abgebrochen und in den Hof gefallen.

Trotz all dieser psychopathogenen Signale stellten wir nach einer vergleichenden Messung mit einem Faden fest, daß uns das Minarett in den oberen Stockwerken nicht erreichen konnte, auch wenn es genau im rechten Winkel fallen sollte. Unser Gebäude mit Blick auf den Bosporus war wesentlich höher als das Minarett. »Es kann nicht auf uns herabstürzen«, sagte mein Nachbar. »Höchstwahrscheinlich stürzen wir auf das Minarett!«

Während ich in den folgenden Tagen untersuchte, ob wir tatsächlich umstürzen und auf das Minarett fallen könnten oder nicht, das heißt, während ich herauszufinden versuchte, ob für die beiden Gebäude, in denen sich meine Arbeitsräume und mein Zuhause befanden, Einsturzgefahr bestand, kamen wir nicht zusammen, der Nachbar und ich. Keineswegs, weil mir der bittere Humor nicht zugesagt hätte, den ich auch bei vielen anderen als Folge der Todesangst während der Erdstöße beobachten konnte, sondern weil wir beide so wie alle anderen spürten, daß das Erforschen der möglichen Formen des eigenen Todes etwas sehr Individuelles ist. Der Nachbar hatte aus unserem sechsstöckigen Gebäude ein kleines Stück Beton herausgebrochen und es, wie es viele andere taten, zur Untersuchung des Festigkeitsgrades an die Technische Universität Istanbul geschickt. Nun wartete er mit einigen Tausend Gleichgesinnten auf das Testergebnis. Ich wußte, daß ihm diese Wartezeit innerlich Ruhe gab, hatte er doch alles getan, was er konnte.

Was mich betraf, so meinte ich, meinen inneren Frieden nur durch vermehrtes Wissen finden zu können. Meine Beobachtungen in den Erdbebengebieten hatten mich gelehrt, daß es hauptsächlich zwei Gründe für die Zerstörung der Gebäude gab: unsolide Bauweise und weicher, nachgiebiger Untergrund. Also versuchte ich die Festigkeit des Untergrundes und der darauf stehenden Gebäude, in denen sich mein Leben abspielte, in Erfahrung zu bringen, befragte Architekten und Bauingenieure, inspizierte Karten, ließ mich von Fachleuten beraten und sprach mit vielen Menschen, die gleich mir die Angst und die Sorge zu kosten bekommen hatten.

Die beiden letzten Beben, die mit ihren Erdstößen alle Istanbuler aufgeweckt und in rund hundertfünfzig Kilometer Entfernung dreißigtausend Menschen das Leben gekostet haben, sind der sichtbare Beweis dafür, daß der Bausektor in der Türkei überwiegend unzulängliche Gebäude produziert, die weder erdbebenfest sind noch auf solidem Untergrund errichtet werden.

Und was der Alptraum des Erdbebens den zwanzig Millionen in der Region Istanbul Ansässigen einbrachte, war ein zu Recht weitverbreitetes, tiefes Mißtrauen gegenüber den Wissenschaftlern im Hinblick auf ihre Einschätzung der Stärke zukünftiger Beben, von deren Kommen sie uns überzeugt hatten, wie auch gegenüber der Festigkeit der Bauten. Selbst dort, wo Wohnhäuser den Regeln und Vorschriften entsprechend errichtet worden sind, was selten genug der Fall ist, erweist sich die Situation als keineswegs beruhigend, da diese Regeln und Vorschriften für Beben minderer Stärke aufgestellt wurden, als sie jetzt in Istanbul zu erwarten sind. Mit der Erlaubnis korrupter Stadtverwaltungen wurde den Mietshäusern vielfach mehr als nur ein weiteres Stockwerk aufgesetzt, wurden bedenkenlos Zwischenwände herausgerissen, um Raum für Ladenlokale zu gewinnen, wurden Stützpfeiler entfernt und damit die ohnehin unzulänglichen Bauten noch mehr geschwächt. Viele Wohnungsinhaber versuchten zu beschwichtigen: Das von ihnen bewohnte Gebäude hätten ja nicht die gemeinen, schlampigen Bauunternehmer errichten lassen, die am Material sparten und minderwertigen Beton verwendeten, sondern die eigenen Väter und Großväter, weswegen die Bauten auch stabil genug seien. Aber auch wenn Sie definitiv erfahren, daß Ihr Haus das nächste Erdbeben nicht überstehen wird, und Sie bereit sind, die Kosten für eine Verstärkung aufzubringen, die fast ein Drittel des Wertes Ihrer Wohnung betragen können, müssen Sie immer noch einen zynischen, desinteressierten, verdrossenen, unverständigen Nachbarn überreden, der nur auf seinen Vorteil aus ist und höchstwahrscheinlich auch kein Geld hat. Trotz meiner Beobachtung, daß im allgemeinen das Ausmaß der bevorstehenden Gefahr und die Unsicherheit der Wohnbauten erkannt wurden, sind mir bisher in Istanbul noch keine Wohnungseigentümer begegnet, die sich geeinigt und mit der Verstärkung ihrer Gebäude begonnen hätten. Oftmals stellte ich fest, daß die wegen der möglichen Katastrophe Besorgten nicht einmal die eigenen Ehegatten oder Kinder überzeugen konnten. Und von manch einem, der aus Geldmangel zwischen Schicksalsergebenheit, Furcht und Zynismus schwankte, bekam ich folgendes zu hören: »Nun gut, aber wer garantiert mir, wenn ich all diese Kosten für die Verstärkung unseres Gebäudes aufbringe, daß uns nicht das Nachbarhaus auf den Kopf stürzt?«

Als Folge dieser Ausweglosigkeit träumen Millionen von Istanbulern vom Erdbeben. Sie ähneln einander alle, diese mir von vielen Menschen geschilderten Träume, die auch mich häufig heimsuchen. Man träumt zunächst in allen Einzelheiten davon, im Bett zu liegen, was ja auch den Tatsachen entspricht. Die Angst vor einem möglichen Erdbeben, die man vor dem Einschlafen empfunden hat, überträgt sich auch auf den Traum. Und auf einmal beginnen entsetzliche Erdstöße. Lange wird man durchgeschüttelt in seinem Bett, man beobachtet das Beben gleichsam in Zeitlupe und sieht, wie sich das Bett, das kleine Zimmer, die Wohnung, alles ringsumher verändert, alles einstürzt, während das Rütteln nicht enden will. Langsam wandert der Blick aus dem Zimmer hinaus, und man sieht einen Katastrophenzustand, der seine Nahrung aus jenen Bildern bezieht, die nach den Verheerungen des letzten Jahres vom Helikopter aus über den zerstörten Ortschaften aufgenommen und immer wieder im Fernsehen gezeigt worden sind. Trotz dieser Endzeitatmosphäre ist man insgeheim zufrieden, denn Zeuge der Katastrophe zu sein heißt ja, zu leben. Ihrer Bedeutung für unser Leben entsprechend gilt das gleiche für die Eltern, die Ehepartner: Sie tadeln uns, geben uns die Schuld an dem Erdbeben, aber sie leben. Da die Träume den heimlichen Wunsch wiedergeben, daß »kommen soll, was da kommen muß, doch so schnell wie möglich«, ist man trotz der Furcht irgendwie feierlich gestimmt und fühlt sich wie von einer Sünde gereinigt, wie mir viele Menschen bestätigt haben. Und manch einer denkt am Ende, wenn er zwischen Angst und Traum im Halbdunkel des Erwachens schwebt, daß die Erde gebebt haben müsse, während er schlief, und daß der Traum durch die Erschütterung ausgelöst wurde, und wenn niemand da ist, den er aufwecken und fragen kann, ob das Beben Wirklichkeit oder nur Traum war, dann versucht er, dies am nächsten Morgen aus den Zeitungen zu erfahren, die alle Nachbeben melden.

Da wir der Standfestigkeit unserer Häuser nicht trauen und dem Elend nach den Erdstößen, das monatelang im Fernsehen gezeigt wurde, nicht zu entrinnen vermögen, dachten wir eine Zeitlang, es gebe nur eines, was uns die Furcht nehmen könne: Jene Fachleute und Professoren, die uns darüber belehrten, daß ein schweres Erdbeben für Istanbul zu erwarten sei, müßten ihre Meinung ändern!

Der Leiter der einzigen großen Sternwarte in der Türkei, Professor Işıkara, erklärte uns als erster, daß eine Verwerfung wie die kalifornische San-Andreas-Störung den Norden unseres Landes vom einen bis zum anderen Ende durchziehe und sich die großen Beben Istanbul von Osten her nähern würden. Als nach der ersten Katastrophe vom August 1999 sämtliche Medien hinter ihm her waren, hetzte er Abend für Abend in seinem Wagen von einem Fernsehsender zum nächsten, wiederholte seine Ansichten, denen jahrelang niemand Gehör geschenkt hatte, und wurde von den Sprechern stets mit der gleichen Frage konfrontiert: »Nun gut, aber wird es heute nacht ein neues Erdbeben geben?« »Erdbeben kann es jeden Moment geben!« antwortete er die ersten Male. Als er jedoch erkannte, daß Millionen von Menschen hoffnungslos verängstigt waren, Hunderte von Menschen bei der kleinsten Erschütterung aus dem Fenster sprangen und sogar dem Staat die allgemeine Verzweiflung zuviel wurde, modifizierte er seine Aussage: »Wann ein Erdbeben kommt, können wir niemals wissen!« Andererseits hatte er, als sich zwei Tage nach der ersten Katastrophe die Nachbeben häuften, in einer in der ganzen Türkei verfolgten Fernsehsendung angedeutet, daß es in der folgenden Nacht zu einem Beben kommen könnte, so daß niemand mehr kühlen Verstand bewahrte und wir alle die Nacht in Parks und Gärten und auf den Straßen verbrachten. Dieser sympathische Professor, der einem zerstreuten Einstein ähnelt, ohne genial zu sein, hat schließlich in den Tagen tiefster Hoffnungslosigkeit dem Druck der Schlafbedürftigen nachgegeben und positivere, wenn auch weniger glaubwürdige Mitteilungen gemacht (die Verwerfung sei ja in Wahrheit weiter entfernt von Istanbul!). Da er die schlimmsten Nachrichten liebenswürdig lächelnd wiedergibt, ist er bei den Istanbulern durchaus beliebt.

Ein Beispiel für den anderen Typ Wissenschaftler, der keinen Trost spendet, seine Meinung nicht ändert und von den Istanbulern gehaßt wird, ist Professor Şengör, ein Geologe. Sein Kommentar zu den ersten Verheerungen mit dreißigtausend Toten: »Das war ein sehr ansehnliches Erdbeben!«, nach Art eines Mediziners abgegeben, dem das Thema zu Kopf gestiegen ist, hat jeden verärgert. Der eigentliche Grund aber für den Haß auf ihn und andere gänzlich kompromißlose Fachleute ist ihre mit den solidesten Beweisen untermauerte Aussage, das für Istanbul zu erwartende Beben werde von großer Stärke sein, und der gnadenlos tadelnde Ton, in dem dies vorgebracht wird. Hinter der Aussage des diabolischen Professors wiederum steht sowohl der Zorn darüber, daß in der Zehn-Millionen-Stadt im gefährdeten Gebiet nach wie vor schlampig gebaut wird, ohne daß man auf die schwache, warnende Stimme der Wissenschaft hört, als auch die Tatsache, daß er selbst bisher eintausenddreihundertmal in internationalen Zeitschriften zitiert worden ist, dies aber immer noch unzureichend zur Kenntnis genommen wird. Aus diesem Grund findet er Gefallen daran, im Stil eines zornigen Predigers, der den Glaubensabtrünnigen die bald zu erwartenden Strafen vor Augen führt, Millionen von wissenschaftlich unaufgeklärten Istanbulern beizubringen, was ihnen in Bälde bevorsteht.

In alle TV-Shows, in denen zur Unterhaltung Bodybuildingmeister und Schönheitsköniginnen als bereitwillige Trostspender auftraten, lud man Wissenschaftler ein, zu denen auch Optimisten gehörten. Ihre detaillierten fachlichen Ausführungen wurden von den Moderatoren stets mit der Frage unterbrochen: »Bitte sagen Sie uns, wann wird das nächste Erdbeben kommen und wie stark wird es sein?« Einer der wichtigsten Nachrichtensender in der Türkei strahlte am 14. November 1999 eine hitzige Diskussion über die letzten Erkenntnisse der

Verwerfung im Marmarameer aus, und die Nachricht von der Ankunft Präsident Clintons in der Türkei wurde nur kurz in der fünfundvierzigsten Minute eingeblendet. Nachdem wir erfahren hatten, daß es wie in vielen anderen Fällen auf die unermüdlich wiederholten Fragen des Moderators auch hier keine genaue Antwort gab, endete dieses Programm gleichfalls mit der Verheißung neuer Fragen, neuer Presseveröffentlichungen und neuer Diskussionen, die uns ebensowenig zufriedenstellen würden.

Da die Wissenschaftler, von einigen keineswegs glaubwürdigen Ausnahmen abgesehen, nicht imstande waren, die tröstliche Hoffnung zu vermitteln, wir würden möglicherweise von der erwarteten Katastrophe verschont bleiben, begriffen die in unsicheren Häusern auf unsicherem Grund lebenden Millionen von Istanbulern allmählich, daß sie selbst Maßnahmen ergreifen müßten. Manche vertrauten auf Allah, manche auf das allmähliche Vergessen und manche auf bestimmte Vorkehrungen, um während eines Bebens und danach heil und gesund zu bleiben.

Viele Menschen schlafen mit riesigen, plastikumhüllten Taschenlampen in greifbarer Nähe, damit sie bei Stromausfall nach einem Beben so schnell wie möglich aus ihren beschädigten Wohnungen herauskommen können. Neben den Lampen liegen auch Mobiltelefone und besonders Trillerpfeifen bereit, damit man sich den Rettungsmannschaften im Ernstfall unter den Trümmern bemerkbar machen kann. Einige Leute hängen sich die Pfeifen um den Hals (in einem Fall ist es eine Mundharmonika), andere wieder alle Schlüssel, nach denen sie nicht suchen möchten, wenn die Erschütterungen beginnen und sie ins Freie laufen. Und wie es Vorsichtige gibt, die keine Tür mehr verschließen, um ihre Häuser ungehindert verlassen zu können, so haben andere an den Fenstern Kletterseile zum Abstieg in den Garten festgemacht. Manch einer, dem die Nachbeben der ersten Monate zu schaffen machten, schläft mit einem Schutzhelm auf dem Kopf. Und wer so hoch in den obersten Stockwerken wohnt, daß ein Verlassen des Gebäudes noch während eines Bebens unmöglich ist, geht angekleidet ins Bett.

Ich hörte von Leuten, die ihre Toilette in höchster Eile hinter sich bringen, um nicht in einer solchen Lage vom Erdbeben überrascht zu werden, wie auch von Paaren, denen vor lauter Angst die Lust zur Liebe verging. Es gibt in vielen Häusern Katastrophentaschen, die mit Lebensmitteln, Hämmern, Lampen und anderen notwendigen Dingen gefüllt sind und zum Überleben dienen sollen, falls die Riesenstadt nach einem großen Beben brennen und alles zusammengebrochen sein sollte – die Straßen und Brücken, die Versorgung mit Strom, Wasser, Gas und Lebensmitteln. Manche Leute tragen ständig große Summen mit sich herum, um für die Zeit nach der Katastrophe gerüstet zu sein. In vielen Wohnungen wurden die Betten von den Wänden abgerückt, aus den vermutlich etwas muffigen Winkeln von den vollen Schränken und den Wandregalen entfernt. Auf den Rat der von der Presse verteilten Heftchen haben wir uns in der Küche die sogenannten »Überlebensdreiecke« neben dem Herd oder dem Kühlschrank gemerkt, wo wir uns ausstrecken sollen, weil sie stabil genug sein sollen, die auf uns herunterstürzende Decke aufzuhalten.

Auch ich habe zu diesem Zweck das eine Ende meines langen Arbeitstisches verstärkt, an dem ich seit fünfundzwanzig Jahren meine Romane schreibe. Die dicksten Enzyklopädien aus meiner Bibliothek – eine vierzig Jahre alte Britannica, die noch ältere Enzyklopädie des Islams und die Istanbul-Enzyklopädie, der ich meine Kenntnisse über frühere Erdbeben entnahm – habe ich mit anderen umfangreichen Büchern unter dem Tisch wie einen Betonblock aufgebaut. Nachdem ich feststellen konnte, daß dieser Aufbau stark genug war, eventuell auf mich niederstürzende Trümmer aufzuhalten, habe ich mich mehrmals in dem fiktiven Lebensraum neben dem Tisch ausgestreckt, mich in Fötusstellung zusammengekrümmt, wie es die Hefte empfehlen, und so die »Erdbebenprobe« gemacht. Der kleine Wegweiser rät auch, man solle in einem sicheren Winkel Kekse, eine Kunststofflasche mit Wasser, eine Trillerpfeife und einen Hammer verstecken. Doch das habe ich nicht getan. Sollte ich etwa meiner Psyche noch mehr zusetzen?

Nein, aus einem Gefühl heraus, das tiefer und mysteriöser ist. Ich vermag dieses Gefühl, das viele Menschen empfinden, wie ich an ihren Augen ablese, doch nur wenige zum Ausdruck bringen können, nur als Scham zu bezeichnen. Eine Scham, in der ein wenig Selbstmitleid und auch ein wenig Schuldgefühl enthalten sind. Das gleiche Schutz- und Schamgefühl empfinden wir, wenn es in der Familie einen Sünder oder einen Trinker gibt oder wenn niemand erfahren soll, daß wir ganz plötzlich arm und mittellos geworden sind. Aus diesem Grund habe ich meinen Freunden und Verlegern im Ausland, die mir nach dem ersten großen Erdbeben schrieben und nach meinem Befinden fragten, irgendwie nicht antworten können und mich innerlich verschlossen, wie jemand, der erfährt, daß er Krebs hat, und es instinktiv verbergen möchte. Wenn ich während der ersten Zeit überhaupt darüber sprechen wollte, dann nur mit Gleichgesinnten, mit Menschen, die wie ich besorgt waren, Istanbul könnte in Zukunft eine solche Katastrophe erleben. Und meistens verwandelten sich diese Gespräche je nach dem Grad der positiven oder negativen Einstellung der Partner in hitzige Monologe, die man einander vortrug, und die lediglich die Ansichten der so schnell berühmt gewordenen Erdbebenexperten wiedergaben.

Eine Zeitlang habe ich in Büchern und Artikeln nach Informationen über frühere Erdbeben gesucht, weil ich vor allem etwas über die Bodenbeschaffenheit der Gegenden erfahren wollte, in denen sich meine Wohnung und meine Arbeitsstätte befinden. Erfreulicherweise hatte sich bei dem Beben von 1894 der Untergrund in diesen Stadtteilen als fest genug erwiesen, und es waren nicht allzu viele Gebäude zerstört worden. Dennoch war ich tief berührt von den Dokumenten, die jedes einzelne der eingestürzten Häuser zeigten und die Namen all der griechischen Fleischer und Milchverkäufer und der osmanischen Soldaten in ihren Wachstationen aufführten, denen das Dach auf den Kopf gefallen war. Dazu kamen die Märkte, in denen ich ein und aus gehe, die historischen Bauwerke, die zerstört und wiederaufgebaut worden waren; und die Zerbrechlichkeit und Vergänglichkeit der Minarette und Menschenleben erfüllten mich mit Trauer.

Sehr beunruhigte mich aber damals ein winziger Plan, abgedruckt in einer Zeitschrift, die die Szenarien eines möglichen Erdbebens in Istanbul durchspielte. Das Viertel, in dem ich wohne, schien mit dunkler Farbe als eine der Regionen gekennzeichnet zu sein, die im Katastrophenfall den größten Schaden erleiden würden. Oder kam es mir nur so vor? Konnte man überhaupt aus dieser kleinen, im Grunde genommen viel zu ungenauen Skizze endgültige Schlüsse ziehen? Ich zog die detaillierteren Pläne anderer Zeitungen zum Vergleich heran und versuchte mit der Lupe in der Hand herauszufinden, ob der todverheißende Fleck meine Straße, mein Haus betraf oder nicht. Weder ließ sich aus den Plänen jener Zeitungen noch aus anderen Quellen auf eine Gefahr für mein Stadtviertel schließen. So hielt ich die Angelegenheit für einen Fehler und beschloß, sie zu vergessen. Dies würde mir um so leichter fallen, dachte ich, wenn ich mit niemandem darüber sprach.

Doch einige Tage später betrachtete ich mitten in der Nacht mit der Lupe in der Hand wieder den Fleck auf der kleinen Skizze. Von Schamgefühl durchdrungen, versuchte ich später, an die Person heranzukommen, die auf der Skizze einen solchen Fehler gemacht hatte. Als mein Hausbesitzer hörte, daß ich an der Festigkeit des Bodens unter seinem Gebäude zweifelte, suchte er die Fotos heraus, die ihn vor vierzig Jahren bei der Grundsteinlegung in stolzer Haltung neben den Arbeitern zeigten. Da ich seit rund vierzig Jahren in demselben Stadtteil von Istanbul ansässig bin, suchte ich auf diesen alten Fotos, die mit meinen Kindheitserinnerungen verschmolzen, mit der Lupe nach dem soliden Felsgestein des Untergrundes. Und wie durch die widersprüchlichen Aussagen der Wissenschaftler und die verantwortungslosen Medien beim Wetteifern um die Einschaltquoten jeden Abend entweder eine »optimistische« Meldung – nach den neuesten Satellitenfotos wird das Erdbeben Stärke 5 haben! – oder auch eine schlechte Nachricht gebracht wurde, die den Istanbulern wieder den Schlaf raubte, so bereiteten mir der Fleck auf dem Plan und meine Bodenforschungen Freude an einem Tag und Kummer am nächsten. Ich gab den Redakteuren der Zeitschrift recht, als sie meinten, ich solle die kleine Skizze nicht so wichtig nehmen, doch ich dachte lange darüber nach, warum der dunkle Fleck auf mein Heim, mein Leben gefallen sein könnte.

Während dieser Zeit war ein Teil meines Verstandes für die Gerüchte und die erfundenen Erdbebengeschichten, die sich unglaublich rasch in der Stadt verbreiteten, sehr aufnahmefähig gewesen. Über das Gerede in den Tagen nach dem ersten Beben, daß sich das Meerwasser erwärmt habe, was ein Anzeichen für neue Erschütterungen sei, oder auch über die Vermutung, das Beben stehe in Zusammenhang mit der Sonnenfinsternis von einer Woche zuvor, lachte ich allerdings nur. »Lach nicht so laut«, sagte ein junges Mädchen bei einer Gelegenheit zu mir, »falls ein Beben kommt, hören wir es nicht!« Es hieß damals auch, die kurdischen Separatisten oder die mit einem großen Lazarettschiff eintreffenden Amerikaner – was glaubst du, warum sie so schnell zu Hilfe kommen konnten! – hätten die Katastrophe ausgelöst, ja, man erzählte sich sogar, der Kommandant des Schiffes habe aufs Wasser geschaut und ausgerufen: »Was haben wir angerichtet!« und Reue empfunden. In der Folgezeit wurden die Gerüchte etwas zahmer: Der Hausmeister, der morgens die Milch und die Zeitung brachte, erklärte, abends um sieben nach zehn werde ein starkes, ganz Istanbul zerstörendes Erdbeben kommen – so als teilte er mit, daß abends für eine Stunde das Wasser abgestellt werde. Man erzählte sich, der diabolische, kompromißlose Professor sei in Panik geraten und nach Europa geflohen, oder auch, der über alle Ereignisse bestens im voraus informierte Staat habe insgeheim eine Million Leichensäcke aus dem Ausland kommen lassen, oder, auf dem freien Gelände außerhalb der Stadt habe man mit Hilfe der vom Militär eingesetzten Maschinerie bereits begonnen, Massengräber auszuheben. Man sprach von einem Freund, der dem von ihm bewohnten Haus und dessen Untergrund nicht mehr getraut habe und in ein anderes Gebäude in derselben Straße umgezogen sei, dann aber sehr rasch habe entdecken müssen, daß dieses noch stärker gefährdet war.

In Yeşilyurt, einem der reichsten Stadtteile mit dem unsichersten Baugrund, waren die Meinungen der Wohnungsbesitzer bei einer Versammlung zum Thema Erdbeben gespalten: Die einen fragten, welche Vorsorge man gegen eine Katastrophe treffen könne, die anderen äußerten ihre Sorge darüber, daß durch diese Versammlung die Preise auf dem Immobilienmarkt fallen könnten. Wie mir ein befreundeter Journalist eröffnete, sei es inzwischen wegen der Entrüstung der Immobilienhändler und Wohnungsbesitzer äußerst schwierig geworden, jene Pläne zu veröffentlichen, die ich für die richtige Auswertung des dunklen Flecks auf dem kleinen Plan benötigen würde.

Was den Nachbarn aus der oberen Etage betraf, so sagte er mir nach zwei Monaten, das Gutachten der Universität über die Qualität des Betonstückchens sei nun gekommen. Das Ergebnis war, wie das Gebäude, in dem ich meine Aufsätze schreibe, weder ganz besonders schlecht noch ganz besonders gut. So würden wir also, je nachdem, wie zuversichtlich wir waren, zu dem Schluß kommen, daß wir auf das Minarett stürzen würden oder nicht. Zur gleichen Zeit erfuhr ich, daß ein alter Freund, der im Musikleben eine Rolle spielte, das erste Erdbeben in Gölcük, der am schlimmsten betroffenen Region, erlebt und danach seine Wohnung in Istanbul nicht mehr betreten hatte. Er war ins Hilton gezogen, auf dessen feste Bauweise er vertraute, aber auch da konnte er es nicht aushalten und verbrachte nun seine Tage auf der Straße, lief mit schnellen Schritten herum, als wäre er ständig in Eile, und erledigte seine Angelegenheiten mit dem Mobiltelefon. Es hieß, dieser unaufhörlich durch die Straßen von Istanbul hastende Mann frage immer wieder: »Warum verlassen wir denn diese Stadt nicht, warum?«

Das erste Beben, dessen Zentrum immerhin mehr als hundert Kilometer von Istanbul entfernt war, hat zu einer Abwanderung aus den Gebieten mit unsicherem Baugrund, aus den Armenvierteln geführt, was sich auch an den sinkenden Mietpreisen ablesen läßt. Doch der größte Teil der Istanbuler wartet trotz der überwiegend unzuverlässigen Behausungen ohne besondere Vorsichtsmaßnahmen auf das nächste schwere Erdbeben. Man kann dafür alles mögliche geltend machen – Druck auf die Wissenschaftler, Leichtgläubigkeit gegenüber Gerüchten, Vergessen, Ablenkung durch die Feiern zum Jahr zweitausend, Umarmung unserer/unseres Geliebten, Gleichgültigkeit, Gewöhnung an die Vorstellung vom Erdbeben und den Modeausdruck »damit umgehen«. Eine junge, glückliche, soeben verheiratete Frau mit einem mädchenhaft frischen Gesicht, die mich in meinem Büro eines Buchumschlags wegen aufsuchte, weihte mich in ihre Methode ein.

»Du glaubst daran, daß ein Erdbeben kommt und fürchtest dich«, erklärte sie mit hochgezogenen Augenbrauen. »Doch in jedem Moment deines Lebens stellst du dir vor, daß es nicht gerade in diesem Moment kommen wird. Sonst könntest du überhaupt nichts unternehmen. Allerdings widersprechen sich diese beiden Gedanken. Wir wissen zum Beispiel jetzt alle, wie gefährlich es ist, sich bei oder nach einem Beben auf dem Balkon aufzuhalten. Trotzdem gehe ich jetzt dort hinaus«, sagte sie in belehrendem Ton, öffnete behutsam die Tür und trat auf den Balkon hinaus. Ich rührte mich nicht vom Fleck, während sie ein Weilchen die Moschee vor sich und die Aussicht auf den Bosporus hinter den Minaretten betrachtete. Kurz darauf sagte sie von draußen her zu mir: »Solange ich hier stehe, glaube ich nicht an ein Erdbeben gerade in diesem Augenblick. Denn wenn ich daran glaubte, könnte ich es hier vor Angst nicht aushalten.« Danach kam sie herein und schloß die Tür. »Auf diese Weise habe ich während der Zeit auf dem Balkon einen kleinen Sieg über die Vorstellung vom Erdbeben in meinem Kopf errungen«, meinte sie schließlich mit einem ungewissen Lächeln. »Wir alle werden das große Erdbeben mit solchen kleinen Siegen überwinden.«

Nachdem sie gegangen war, trat ich hinaus auf den Balkon, betrachtete die Minarette und was dahinter lag, den vom Morgendunst eingehüllten Bosporus und Istanbul, die Schöne. Mehr als fünfunddreißig Jahre, fast mein ganzes Leben habe ich in dieser Stadt verbracht. Und wie der unaufhörlich durch die Straßen laufende Mann, der auf das Erdbeben wartet, stellte auch ich mir die Frage, warum ein Mensch nicht imstande ist, eine Stadt zu verlassen.

Weil ich mir ein Leben woanders als in Istanbul nicht vorstellen kann.

Eine Erzählung

Aus dem Fenster schauen

Wenn es nichts zum Anschauen und keine Geschichte zum Zuhören gibt, ist das Leben meistens langweilig. In meiner Kindheit hörte man gegen die Langeweile entweder Radio oder man schaute aus dem Fenster auf die Straße, auf die Passanten oder in die Wohnungen des Hauses gegenüber. Zu jenen Zeiten, 1958, gab es in der Türkei noch kein Fernsehen. Aber man sagte nicht: »Es gibt es nicht«, sondern voller Optimismus: »Es ist noch nicht gekommen« – wie über die berühmten Filme aus Hollywood, die immer erst einige Jahre später in den Istanbuler Kinos gezeigt wurden. Aus dem Fenster zu schauen war eine so tiefverwurzelte Angewohnheit, daß die Leute, als das Fernsehen in die Türkei kam, auf den Bildschirm blickten wie aus dem Fenster. Mein Vater, mein Onkel und ihre Mutter, meine Großmutter, unterhielten sich oder stritten miteinander, ohne sich anzusehen, wie sie es machten, wenn sie aus dem Fenster schauten, und sie erzählten einander, was sie sahen, genau wie beim Blick aus dem Fenster. »Wenn das so weitergeht, bleibt der Schnee richtig liegen«, sagte zum Beispiel meine Tante, während sie auf den Schnee schaute, der seit dem Morgen fiel. »Da ist wieder der Waffelverkäufer an der Ecke von Nişantaşı«, würde dann ich sagen, während ich aus dem anderen Fenster auf die Straße mit der Trambahn blickte.

Am Sonntag stiegen die Familien meines Onkels und meiner Tante und wir aus unseren Wohnungen nach oben in das Stockwerk meiner Großmutter und aßen alle zusammen zu Mittag. Während ich aus dem Fenster schaute und darauf wartete, daß aufgetragen wurde, war ich derart glücklich, inmitten dieser großen Familie meiner Eltern, meines Onkels und meiner Tante zu sein, daß vor meinem Auge das große Wohnzimmer und das matt glänzende Licht des kristallenen Kronleuchters über dem langen Tisch erschienen, der gerade gedeckt wurde, und dem ich den Rücken zuwandte. Im Wohnzimmer meiner Großmutter herrschte Halbdunkel wie in allen anderen Stockwerken auch, aber mir erschien es noch dunkler als in unserem Stock, vielleicht wegen der Vorhänge aus Tüll und aus schwerem Stoff, die mit schreckenerregenden Schatten zu beiden Seiten der Balkontüren hingen, die nie geöffnet wurden. Vielleicht kam es mir auch so vor, weil die ungelüfteten Räume immer nach Staub rochen, vollgestellt wie sie waren mit perlmutteingelegten spanischen Wänden, alten Kisten, klobigen Tischen, Ständern, einem riesigen Flügel vollgestellt mit gerahmten Photographien und anderen Dingen.

Nach dem Essen rauchte mein Onkel in einem dieser dunklen, mit dem Eßzimmer verbundenen Zimmer eine Zigarette. Er sagte: »Ich habe eine Eintrittskarte zum Spiel, aber ich werde nicht hingehen. Euer Vater soll mit euch gehen.« »Vater, geh mit uns ins Stadion«, sagte mein großer Bruder, der dazukam. Meine Mutter aus dem Wohnzimmer: »Dann kommen die Kinder an die Luft!« Großmutter: »Bring die Kinder ein bißchen nach draußen.« Meine Mutter: »Ich werde meine Mutter besuchen.« Mein Bruder: »Wir wollen nicht zu Großmama.« Mein Onkel: »Ich gebe dir auch den Wagen.« Mein Bruder: »Vater, bitte!« Es trat eine lange, merkwürdige Stille ein. Es war, als ob jeder im Wohnzimmer über meinen Vater nachdachte und mein Vater spürte, was ihnen durch den Kopf ging. Dann fragte Vater meinen Onkel: »Du gibst mir den Wagen?« Später, unten in unserem Stockwerk, ging er rauchend den langen Korridor auf und ab, während meine Mutter uns karierte dicke Wollstrümpfe und zwei Pullover übereinander anzog. Der Dodge Baujahr 52 meines Onkels in »vornehmem Pastellgrün« war vor der Moschee von Teşvikiye geparkt. Mein Vater erlaubte uns beiden, vorne zu sitzen. Der Motor sprang bei der ersten Drehung des Schlüssels an.

Vor dem Stadion gab es keine Schlange. »Für die beiden eine Eintrittskarte«, sagte mein Vater zu dem Mann am Drehkreuz. »Der eine ist acht, der andere zehn.« Wir wagten nicht, dem Mann ins Gesicht zu sehen, und gingen hinein. Auf den Rängen waren viele Plätze frei; wir setzten uns gleich hin. Die

Mannschaften liefen auf das verschlammte Spielfeld, und es machte mir Spaß, zuzusehen, wie die Fußballer in ihren strahlendweißen kurzen Hosen hin und her liefen, um sich aufzuwärmen. »Da, das ist der junge Mehmet«, sagte mein Bruder und zeigte auf einen, »der kommt aus der Jugendmannschaft.« »Weiß ich.« Das Spiel begann, und wir sagten lange Zeit gar nichts. Nach einer Weile dachte ich nicht mehr an das Spiel, sondern an andere Dinge. Warum hatten die Spieler gleiche Trikots, aber unterschiedliche Namen? Ich stellte mir vor, daß auf dem Feld nicht die Spieler, sondern ihre Namen herumliefen. Ihre kurzen Hosen wurden nach und nach schlammig. Ich schaute zu, wie der Schornstein eines Schiffes, das den Bosporus passierte, hinter der Stehtribüne langsam vorüberzog. Bis zur Halbzeit fiel kein Tor, und wir kauften jeder eine Tüte geröstete Kichererbsen und Pide mit Käse. »Vater, ich schaffe mein Pide nicht«, sagte ich und zeigte ihm das Gebäck in meiner Hand. »Laß es fallen; das sieht schon keiner.«

In der Halbzeit waren wir wie alle anderen aufgestanden und versuchten uns aufzuwärmen. Wir hatten uns, wie mein Vater, die Hände in die Taschen unserer Wollhosen gesteckt und schauten uns, den Rücken dem Spielfeld zugewandt, die anderen Zuschauer an. Da rief plötzlich einer aus der Menge meinem Vater etwas zu. Mein Vater hielt eine Hand an sein Ohr, um zu zeigen, daß er ihn in dem Lärm nicht verstehen konnte. »Ich kann nicht kommen«, sagte er dann und zeigte auf uns, »die Kinder.« Der Mann in der Menge trug einen violetten Schal. Er trat auf Rückenlehnen, drängelte sich durch und kam durch die Reihen zu uns. Er umarmte meinen Vater, küßte ihn auf die Wangen. »Das sind deine Kinder? Die sind ja schon riesig. Kaum zu glauben.« Mein Vater sagte nichts. »Wann hast du die denn bekommen?« fragte der Mann und schaute uns fassungslos an. »Hast du gleich nach dem Studium geheiratet?« »Ja«, sagte mein Vater und schaute ihm nicht ins Gesicht. Dann redeten sie noch weiter miteinander. Der Mann mit dem violetten Schal drückte jedem von uns eine Erdnuß in die Hand. Als er gegangen war, setzte sich mein Vater auf seinen Platz und sagte lange Zeit nichts. Kaum waren die Mannschaften mit sauberen Hosen wieder eingelaufen, sagte er: »Los, wir gehen nach Hause. Ihr werdet frieren.« »Ich friere nicht«, meinte mein großer Bruder. »Doch, ihr friert«, behauptete mein Vater. »Ali friert. Steht schon auf!« Als wir herausgingen und dabei gegen die Knie der Sitzenden stießen und ihnen auf die Füße traten, traten wir auch in das Pide, das ich fallen gelassen hatte. Auf den Treppen hörten wir, wie der Schiedsrichter die zweite Halbzeit anpfiff. »Hast du gefroren?« fragte mein Bruder. »Warum hast du nicht gesagt, daß du nicht frierst?« Ich schwieg. »Idiot«, sagte mein Bruder. »Die zweite Hälfte hört ihr euch zu Hause im Radio an«, sagte mein Vater. Mein Bruder meinte: »Das Radio überträgt dieses Spiel nicht.« »Ruhe!« sagte mein Vater, »auf dem Rückweg fahre ich euch über den Taksim-Platz.« Wir waren ruhig.

Hinter dem Taksim-Platz parkte mein Vater, wie wir schon vorhergesehen hatten, kurz vor dem Schalter für Pferdewetten. »Öffnet keinem die Tür«, sagte er, »ich bin gleich zurück.« Er stieg aus. Bevor er die Türen abschließen konnte, hatten wir von innen die Knöpfe heruntergedrückt. Aber er ging nicht zum Schalter für die Pferdewetten, sondern betrat einen Laden, in dessen Schaufenster Bilder von Schiffen, sonnigen Landschaften und große Flugzeuge aus Plastik ausgestellt waren. »Wohin ist Vater gegangen?« »Zu Hause spielen wir Unten oder Oben«, sagte mein Bruder und spielte mit der Gangschaltung, bis mein Vater zurückkam.

Wir fuhren nach Nişantaşı zurück. Den Wagen stellten wir wieder vor der Moschee ab. Als wir an Alaaddins Laden vorbeikamen, sagte mein Vater: »Ich kauf euch was. Aber nicht wieder die *Reihe des Ruhms*!« Wir quengelten: »Bitte, Vater!« Er kaufte uns jeweils zehn Kaugummis aus der *Reihe des Ruhms*. Wir betraten das Haus, und vor Aufregung mußte ich im Fahrstuhl fast pinkeln. In der Wohnung war es heiß. Meine Mutter war noch nicht wiedergekommen. Wir rissen die Verpackung auf, warfen das Papier auf den Boden und begannen die Kaugummis auszuwickeln.

Das Ergebnis: für mich zweimal Fevzi Çakmak Pascha, ein Charles Chaplin, der Ringer Hamit Kaplan, Gandhi, Mozart, de Gaulle, zwei Atatürks und noch eine Nummer 21 Greta Garbo, die mein Bruder nicht hatte. Damit hatte ich genau 173 Bilder aus der *Reihe des Ruhms*, aber mir fehlten immer noch 27, um die Reihe zu vervollständigen. Mein Bruder hatte viermal Marschall Fevzi Çakmak Pascha, fünf Atatürks und einen Edison. Wir steckten einen Kaugummi in den Mund und begannen die Aufschriften auf den Rückseiten der Bilder zu lesen:

Marschall Fevzi Çakmak
(1876–1950)
Kommandant im Unabhängigkeitskrieg
MAMBO SÜSSWAREN UND KAUGUMMIS
Wer die hundert Bilder der *Reihe des Ruhms* komplettiert,
gewinnt einen Fußball aus Leder.

Mein Bruder stand vor mir mit dem Packen seiner 165 Bilder in der Hand. »Spielen wir Unten oder Oben?« »Nein.« »Gibst du mir eine von deinen Greta Garbos gegen zwölf von meinen Fevzi Çakmaks? Dann hast du insgesamt 184 Bilder.« »Nein.« »Aber du hast zwei Greta Garbos.« Ich schwieg. »Morgen bei der Impfung in der Schule wird es dir schlechtgehen«, sagte er. »Dann komm bloß nicht zu mir, klar?« »Ich komme schon nicht.« Das Abendbrot aßen wir, ohne viel zu reden. Wir hörten die *Welt des Sports* an und erfuhren, daß das Spiel 2:2 ausgegangen war. Dann kam Mutter in unser Zimmer, um uns zu Bett zu bringen. Mein Bruder packte seine Schultasche, ich rannte ins Wohnzimmer. Mein Vater schaute aus dem Fenster auf die Straße. »Vater, ich will morgen nicht in die Schule gehen.« »Aber warum denn?« »Morgen werden wir geimpft«, sagte ich, »da kriege ich Fieber und kann nicht mehr atmen. Mutter weiß Bescheid.« Ohne etwas zu sagen, schaute er mich an. Schnell holte ich Stift und Papier aus dem Sekretär. »Deine Mutter weiß Bescheid?« fragte er und legte das Blatt auf den Kierkegaard, den er immer las, ohne je fertig zu werden. »Du gehst in die Schule, läßt dich aber nicht impfen. Das schreibe ich dir.« Er unterzeichnete. Ich pustete auf die Tinte, faltete das Papier und steckte es in die Hosentasche. Dann rannte ich in unser Zimmer, steckte das Papier in den Schulranzen, stieg auf das Bett und begann zu hüpfen. »Jetzt werd nicht wieder wild«, sagte Mutter, »schlaf endlich!«

Die ganze Klasse ging gleich nach dem Mittagessen in Zweierreihe zur Impfung nach unten in die übelriechende Kantine. Manche weinten, andere warteten voller Furcht. Als ich den Jodgeruch in die Nase bekam, begann mein Herz schneller zu klopfen. Ich trat aus der Reihe und ging zum Lehrer am Kopf der Treppe. Die ganze Klasse lief lärmend an uns vorbei. »Ja«, sagte der Lehrer, »was gibt's?« Ich zog das Papier heraus, das mein Vater geschrieben hatte. Er las es mit mürrischer Miene. »Dein Vater ist doch kein Arzt«, sagte er dann. Er dachte kurz nach. »Geh nach oben! Warte in der 2A!« Oben in der 2A gab es noch sechs oder sieben Kinder, die wie ich entschuldigt waren. Einer schaute furchtsam aus dem Fenster. Vom Korridor hörte man Weinen und aufgeregtes Summen. Ein dicker Junge mit Brille aß Sonnenblumenkerne und las *Kinova*. Die Tür ging auf, und der stellvertretende Direktor »Totenschädel« Seyfi Bey kam herein. »Vielleicht sind einige von euch wirklich krank, und die sollen jetzt nicht beleidigt sein«, sagte er, »ich spreche zu denen, die sich ihre Entschuldigung ausgedacht haben. Später werdet ihr alle erwachsen sein, diesem Vaterland dienen, vielleicht sogar für es sterben ... Ihr, die ihr heute vor der Impfung davonlauft, ihr werdet zu Vaterlandsverrätern, wenn ihr dann keine Entschuldigung mehr habt. Ihr solltet euch schämen!« Es trat eine lange Stille ein. Ich blickte auf Atatürks Porträt. Tränen stiegen mir in die Augen. Danach schlichen wir uns unauffällig in unsere Klassenräume zurück.

Die frisch Geimpften drängten mit verzogenem Gesicht herein, einige mit hochgekrempelten Ärmeln, andere mit verweinten Augen.

»Wer in der Nähe wohnt, darf nach Hause gehen«, sagte der Lehrer. »Wer abgeholt wird, wartet bis zum Klingeln in der

Klasse. Schlagt euch nicht auf die Arme! Morgen ist frei.« Alles johlte. Beim Rausgehen krempelten einige ihre Ärmel hoch und zeigten dem Hausmeister Halil Efendi den Jodfleck von der Impfung. Ich trat mit meiner Tasche in der Hand auf die Straße und begann zu rennen. Vor dem Schlachter Karabet versperrte ein Pferdefuhrwerk die Straße. Ich lief direkt zu unserem Bürgersteig und schnell vorbei am Textilhändler Halil und am Blumenverkäufer Salih. Unser Hausmeister Hazım öffnete die Haustür und fragte: »Was machst du denn hier allein um diese Zeit?« »Wir sind geimpft worden«, sagte ich, »die Klasse ist nach Hause geschickt worden.« »Wo ist dein Bruder? Bist du allein nach Hause gegangen?« »Ich bin allein über die Trambahngleise gegangen. Morgen haben wir frei.« »Deine Mutter ist nicht zu Hause«, sagte er, »geh hoch zu deiner Großmutter!« »Ich bin krank«, antwortete ich, »ich möchte zu uns. Mach mir die Tür auf!« Er nahm den Schlüssel vom Wandbrett, und wir bestiegen den Aufzug. Bis wir oben waren, hatte er ihn so mit dem Rauch seiner Zigarette gefüllt, daß mir die Augen brannten. Er öffnete unsere Tür. »Spiel nicht mit den Lampen oder den Steckern«, sagte er noch, zog die Tür zu und war weg.

Niemand war zu Hause, aber trotzdem rief ich: »Ist jemand zu Hause? Jemand da? Keiner da? Keiner zu Hause?« Ich warf meine Tasche hin, öffnete die Schublade meines Bruders und begann mir die Sammlung von Kinokarten anzuschauen, die er mir nie zeigte. Dann war ich so vertieft in das Heft, in das er die Ausschnitte mit den Zeitungsbildern von den Fußballspielern einklebte, daß ich erschrak, als ich das Geräusch eines Schlüssels in der Wohnungstür hörte. Am Ton der Schritte erkannte ich, daß es mein Vater war. Ich legte die Eintrittskarten und das Heft meines Bruders vorsichtig so an ihren Platz, daß nicht zu erkennen war, daß ich sie durchgeblättert hatte. Mein Vater war ins Schlafzimmer gegangen, hatte den Schrank geöffnet und blickte hinein. »Du bist hier?« fragte er. »Nein, in Paris«, sagte ich, wie in der Schule üblich. »Bist du heute nicht in die Schule gegangen?« »Heute war Impftag.« »Dein Bruder ist nicht da?« fragte er. »Na gut, geh in dein Zimmer, und setz dich ruhig hin!« Ich ging. Ich legte meine Stirn ans Glas und blickte nach draußen.

An den Geräuschen erkannte ich, daß mein Vater einen der Koffer aus dem Schrank im Flur nahm. Er war in sein Zimmer zurückgegangen und begann, Jacketts und Hosen aus dem Schrank zu nehmen; ich erkannte den Klang der Bügel. Er öffnete die Schubladen, aus denen er seine Unterhosen, Hemden und Socken holte, und machte sie wieder zu. Ich hörte, daß er alles in den Koffer legte. Er ging ins Bad und kam wieder heraus. Er schloß die Kofferschnallen und sperrte sie zu. Dann kam er zu mir ins Zimmer. »Was machst du hier?« »Ich schaue aus dem Fenster.« »Komm mal her!«

Er nahm mich auf den Schoß. Lange blickten wir gemeinsam aus dem Fenster. Die Spitzen der Zypressen zwischen unserem Haus und dem gegenüber bewegten sich im Wind. Ich mochte den Geruch meines Vaters. »Ich fahre weit weg«, sagte er. Er küßte mich. »Du sagst deiner Mutter nichts. Ich werde es ihr später erzählen.« »Wirst du fliegen?« »Ja, nach Paris. Du erzählst keinem davon.« Er nahm eine Zweieinhalb-Lira-Note aus seiner Tasche und gab sie mir. »Davon erzählst du auch keinem«, sagte er und küßte mich noch einmal. »Oder daß du mich hier gesehen hast ...« Ich steckte das Geld sofort ein.

Er hob mich vom Schoß und ergriff den Koffer. »Vater, geh nicht!« sagte ich noch. Er küßte mich noch einmal und ging. Ich schaute ihm aus dem Fenster nach. Er ging auf Alaaddins Geschäft zu und hielt dann ein vorbeifahrendes Taxi an. Bevor er einstieg, blickte er kurz zum Haus hin und winkte mir zu. Ich winkte zurück, und er fuhr ab.

Lange blickte ich auf die leere Straße. Eine Trambahn fuhr vorbei, dann das Fuhrwerk des Wasserverkäufers. Ich drückte auf die Klingel, um Hazım Efendi zu rufen. »Hast du geklingelt?« fragte er, als er kam. »Du sollst doch nicht mit der Klingel spielen.« »Nimm diese zweieinhalb Lira!« sagte ich. »Geh in Alaaddins Geschäft und kaufe zehn von der *Reihe des Ruhms*! Fünfzig Kuruş bringst du zurück.« »Das Geld hat dein

Vater dir gegeben? Nicht daß deine Mutter böse wird.« Ich antwortete nicht, und er ging. Ich schaute aus dem Fenster und sah zu, wie er in Alaaddins Geschäft ging. Bald darauf kam er heraus. Auf dem Rückweg begegnete er dem Hausmeister vom Haus Marmara gegenüber und unterhielt sich mit ihm. Als er zurückkam, gab er mir das Wechselgeld. Sofort öffnete ich die Kaugummis: noch dreimal Marschall Fevzi Çakmak, einen Atatürk, je einen Lindbergh, Leonardo da Vinci, Süleyman den Prächtigen, Churchill, General Franco und eine Greta Garbo Nummer 21, die mein Bruder nicht hatte. Insgesamt hatte ich nun 183 Bilder. Aber um die hundert zu vervollständigen, fehlten mir noch 26.

Gerade schaute ich mir den Lindbergh Nummer 91 vor seinem Flugzeug an, mit dem er als erster den Atlantik überquert hatte, als sich ein Schlüssel in der Wohnungstür drehte. Meine Mutter! Ich sammelte die Kaugummipapiere auf und warf sie in den Müll. »Wir sind geimpft worden, deswegen bin ich früher da«, sagte ich, »Typhus, Flecktyphus und Tetanus.« »Wo ist dein Bruder?« »Seine Klasse war noch nicht dran«, antwortete ich. »Uns hat man nach Hause geschickt. Ich bin allein über die Straße gegangen.« »Tut es weh?« Ich antwortete nicht.

Bald darauf kam mein Bruder. Ihm tat der Arm weh; er ging ins Bett, legte sich mit schmerzverzerrtem Gesicht auf seinen rechten Arm und schlief gleich ein. Als er aufwachte, war es fast dunkel geworden. »Mutter, es tut so weh«, sagte er. »Abends bekommt ihr Fieber«, sagte meine Mutter, während sie bügelte. »Ali, tut es dir auch weh? Legt euch hin, rührt euch nicht!« Wir legten uns hin und rührten uns nicht. Nachdem er ein bißchen geschlafen hatte, begann mein Bruder die Sportseite zu lesen. Er sagte, daß wir vier Tore verpaßt hätten, weil wir meinetwegen gestern das Spiel vorzeitig verlassen hatten. »Wären wir nicht gegangen, hätten sie vielleicht die Tore nicht geschossen«, meinte ich. »Was?« Nachdem er noch etwas geschlafen hatte, bot er mir für ein Greta-Garbo-Bild sechs Fevzi Çakmaks, vier Atatürks und drei andere Bilder an, die ich schon hatte. Das lehnte ich ab.

»Spielen wir Unten oder Oben?« fragte er dann. »Machen wir!« Man nimmt einen Stapel Bilder aus der *Reihe des Ruhms* in beide Hände. Dann fragt man: »Unten oder oben?« Wenn der andere »Unten« sagt, zieht man die unterste Karte und schaut sie an, zum Beispiel Nummer 78 Rita Hayworth. Oben liegt Nummer 18, der Dichter Dante. Damit hat unten gewonnen, und man gibt dem anderen eines der Bilder, die man am wenigsten mag und von denen man am meisten hat. Bis zum Abend gingen die Bilder von Marschall Fevzi Çakmak zwischen uns hin und her.

Als es Zeit zum Essen war, sagte Mutter: »Einer von euch geht mal nach oben. Vielleicht ist euer Vater zurück.« Wir gingen beide nach oben. Mein Onkel und meine Großmutter hatten sich eine Zigarette angezündet; mein Vater war nicht da.

Wir hörten uns die Nachrichten im Radio an und lasen die Sportseite der Zeitung. Als sie sich zum Essen hinsetzten, gingen wir nach unten. »Wo bleibt ihr denn?« fragte Mutter. »Ihr habt doch nichts gegessen, oder? Ich setze euch eure Linsensuppe auf, die eßt ihr dann langsam, bis euer Vater kommt.« »Gibt es kein getoastetes Brot?« erkundigte sich mein Bruder. Mutter schaute zu, wie wir still unsere Suppe aßen. Daran, wie sie ihren Kopf hielt und daß manchmal ihre Augen von uns wegschweiften, merkte ich, daß sie auf den Aufzug horchte. Als wir unsere Suppe aufgegessen hatten, fragte sie: »Wollt ihr noch etwas?« und warf einen Blick in den Topf. »Dann esse ich eben, bevor es kalt wird«, sagte sie. Aber sie stand auf und ging zum Fenster und schaute eine Weile schweigend nach unten. Sie drehte sich um, kam zurück und begann ihre Suppe zu essen.

Mein Bruder und ich redeten gerade über das gestrige Spiel, als Mutter sagte: »Seid doch mal ruhig! Ist das nicht der Fahrstuhl?« Wir schwiegen und horchten aufmerksam. Es war nicht der Aufzug. Durch die Stille fuhr eine Trambahn, die den Tisch, die Karaffe, die Gläser und das Wasser darin erzittern ließ. Als wir unsere Apfelsinen aßen, hörten wir alle den Aufzug. Er kam näher und näher, fuhr aber ohne zu halten zum Stockwerk meiner Großmutter weiter. »Er ist nach oben gegangen«, meinte meine Mutter. Nach dem Essen sagte sie: »Bringt eure Teller in die Küche! Der von Vater bleibt hier.« Wir deckten den Tisch ab. Der unbenutzte Teller meines Vaters wartete lange auf dem leeren Tisch. Meine Mutter ging an das Fenster, das zur Polizeiwache hinausging, und blickte lange hinaus. Dann, als sei ihr plötzlich etwas eingefallen, räumte sie mit entschlossenen Griffen den leeren Teller meines Vater, sein Messer und seine Gabel zusammen und brachte sie in die Küche. Sie wusch das Geschirr nicht ab. »Ich gehe nach oben zu eurer Großmutter«, sagte sie. »Schlagt euch nicht!«

Mein Bruder und ich begannen, Unten oder Oben zu spielen. »Oben«, sagte ich beim erstenmal. Er deckte die oberste Karte des Stapels auf und zeigte sie: »Der Ringer Koca Yusuf, den die ganze Welt kennt, Nummer 34«, meldete er. Er schaute nach unten: »Atatürk, Nummer 50. Du hast verloren. Gib eine her!« Wir spielten lange Zeit, und er gewann immer. Ganz schnell sackte er neunzehn von meinen einundzwanzig Fevzi Çakmaks und zwei von meinen Atatürks ein. »Ich spiele nicht mehr«, sagte ich wütend. »Ich gehe nach oben. Zu Mutter.« »Mutter wird wütend werden.« »Fürchtest du dich, allein zu sein, du Feigling?« Die Tür bei meiner Großmutter stand wie immer offen. Das Essen war vorbei, Bekir, der Koch, wusch ab, mein Onkel und meine Großmutter saßen sich gegenüber. Meine Mutter stand am Fenster, das auf den Nişantaşı-Platz sah. »Komm her«, sagte sie, ohne ihren Kopf vom Glas wegzubewegen. Ich paßte genau in die Lücke zwischen dem Körper meiner Mutter und dem Fenster, in diesen Platz, der wie für mich gemacht schien. Sobald ich mich an sie gelehnt hatte, begann ich, genau wie sie, aufmerksam auf den Nişantaşı-Platz hinauszuschauen. Sie legte mir die Hand auf den Kopf und streichelte lange mein Haar. »Dein Vater ist nach Hause gekommen, du sollst ihn gegen Mittag gesehen haben«, flüsterte sie. »Ja.« »Er soll seinen Koffer genommen haben und gegangen sein. Hazım Efendi hat es gesehen.« »Ja.« »Hat er dir gesagt, wohin er gegangen ist, Liebling?« »Nein«, antwortete ich. »Er hat mir zweieinhalb Lira gegeben.«

Unten war alles einsam und tieftraurig: die dunklen Geschäfte an der Straße, die Scheinwerfer der Autos, das leere Podest für den Verkehrspolizisten in der Mitte der Fahrbahn, das feuchte Kopfsteinpflaster, die Buchstaben der in die Bäume gehängten Reklametafeln. Als Regen einsetzte, streichelte meine Mutter immer noch ganz sachte mein Haar.

In diesem Augenblick bemerkte ich, daß das Radio, das bei meiner Großmutter und meinem Onkel sonst immer lief, ausgestellt war. Das erschreckte mich. »Mein Kind, stehen Sie da doch nicht so herum!« sagte meine Großmutter. »Kommen Sie her und setzen Sie sich, bitte!« Auch mein Bruder war nach oben gekommen. »Geht ihr mal in die Küche«, meinte mein Onkel. »Bekir!« rief er. »Mach ihnen einen Ball! Sollen sie auf dem Korridor spielen.« Bekir war in der Küche mit dem Abwasch fertig. »Setzt euch dahin!« sagte er. Er holte Zeitungen vom Balkon, der verglast und in einen Wintergarten verwandelt worden war, und machte sich daran, sie zu einem Ball zusammenzupressen. Als sie so groß waren wie seine Faust, fragte er: »Recht so?« »Wickle noch ein paar dazu!« bat mein Bruder. Während Bekir noch ein paar Zeitungsseiten herumwickelte, sah ich durch den Türspalt, daß meine Mutter und meine Großmutter meinem Onkel gegenübersaßen. Bekir machte sich daran, mit einem Faden, den er aus der Schublade gezogen hatte, den Papierball fest zusammenzubinden und abzurunden. Um die spitzen Ecken weicher zu machen, feuchtete er den Papierball mit einem Tuch leicht an und drückte ihn ein letztes Mal zusammen. Mein Bruder konnte es nicht lassen und faßte den Ball an. »Toll, fest wie ein Stein!« »Leg mal deinen Finger hierhin«, sagte Bekir. Mein Bruder drückte seinen Finger sorgfältig auf die Stelle, wo der Faden verschnürt wurde, und Bekir vervollständigte mit einem letzten Knoten den Ball. Er warf ihn in die Luft, und wir begannen nach ihm zu treten. »Spielt auf dem Flur! Hier macht ihr alles kaputt.«

Eine lange Zeit spielten wir, als ginge es um unser Leben. Ich hielt mich für Lefter von Fenerbahçe und dribbelte wie er. Ich spielte Bande mit der Wand und stieß dabei ein paarmal gegen den geimpften Arm meines Bruders. Er stieß mich auch, aber das machte nichts. Wir waren verschwitzt, der Ball löste sich langsam auf, aber ich führte 5:3, als ich richtig heftig gegen seinen Arm stieß. Er warf sich auf den Boden und begann zu weinen. »Wenn mein Arm wieder gut ist, bring ich dich um«, sagte er im Liegen. Er war wütend, weil er verloren hatte. Ich ging vom Flur ins Wohnzimmer. Großmutter, Mutter und Onkel waren in das Zimmer mit dem Schreibtisch gegangen. Meine Großmutter betätigte den Hebel des Telefons. »Hallo, mein Kind«, sagte sie dann, mit der Stimme, mit der sie zu meiner Mutter »mein Kind« sagte. »Flughafen Yeşilköy? Mein Kind, wir wollen uns nach jemandem erkundigen, der heute nach Europa geflogen ist.« Sie nannte den Namen meines Vaters und wartete eine Weile, wobei sie sich das Telefonkabel um den Finger wickelte. »Bring mir meine Zigaretten«, bat sie dann meinen Onkel. Als er draußen war, hielt meine Großmutter den Hörer etwas von ihrem Ohr weg. »Mein Kind, sagen Sie mir doch bitte«, fragte sie meine Mutter, »Sie werden das wissen, gibt es da eine andere Frau?« Ich hörte nicht, was Mutter antwortete. Großmutter blickte Mutter ins Gesicht, als habe sie nichts gesagt. Dann hörte man eine Stimme aus dem Telefon sprechen. Großmutter wurde zornig. »Sie geben keine Auskunft«, sagte sie zu meinem Onkel, der mit Zigaretten und Aschenbecher in der Hand hereinkam. Ein Blick meines Onkels machte Mutter meine Anwesenheit bewußt. Sie faßte mich am Arm und zog mich auf den Korridor. Dann legte sie mir ihre Hand auf den Nacken und bemerkte, wie verschwitzt ich war. Aber sie wurde nicht böse. »Mutter, mein Arm tut weh«, bemerkte mein Bruder. »Wir gehen sofort hinunter, ich bringe euch zu Bett.« Unten in unserer Wohnung schwiegen wir drei lange Zeit.

Vor dem Zubettgehen holte ich mir, schon im Schlafanzug, Wasser aus der Küche und ging ins Wohnzimmer. Meine Mutter stand am Fenster und rauchte. Sie hörte mich zunächst nicht. »Nacktfuß, du wirst dich erkälten«, sagte sie, als sie mich hörte. »Ist dein Bruder im Bett?« »Er ist eingeschlafen. Mutter, ich möchte dir was erzählen.«

Ich wartete darauf, meinen Körper zwischen meine Mutter und das Fenster klemmen zu können. Als Mutter diese schöne Lücke öffnete, schlüpfte ich hinein. »Vater ist nach Paris gefahren«, sagte ich. »Und weißt du, welchen Koffer er genommen hat?« Sie sagte nichts. In der Stille der Nacht schauten wir beide lange auf die Straße im Regen.

Das Haus meiner Großmutter mütterlicherseits lag der Moschee von Şişli gegenüber an der letzten Trambahnhaltestelle vor dem Depot. Der Platz ist heute häßlich und von hohen Gebäuden umgeben, voller Bus- und Minibus-Haltestellen, vielstöckiger Kaufhäuser, die überall von Aufschriften bedeckt sind, und Büros, in denen Menschenmengen arbeiten, die mittags mit einem Sandwich in der Hand wie Ameisenvölker die Bürgersteige füllen. Damals lag er am äußersten europäischen Ende Istanbuls. Wenn wir von zu Hause aus eine Viertelstunde gegangen waren und den weiten, stillen gepflasterten Platz erreichten, hatten wir, an der Hand unserer Mutter unter Maulbeerbäumen und Linden laufend, das Gefühl, das Ende der Stadt erreicht zu haben. Das Haus hatte die Form einer senkrecht aufgestellten Streichholzschachtel, war vierstöckig, aus Stein und Beton. Eine Seite blickte nach Westen, nach Istanbul, die andere nach Osten, über die mit Maulbeerpflanzungen bedeckten Hügel.

Nach dem Tod ihres Mannes und nachdem ihre drei Töchter verheiratet waren, bewohnte meine Großmama nur noch ein Zimmer dieses Hauses, das von oben bis unten mit Schränken, Tischen, Beistelltischchen und Klavieren angefüllt war. Ihr Essen bereitete meine Tante zu, und entweder brachte sie es ihr selbst, oder sie schickte es mit dem Chauffeur in einer Menage. Kein Drandenken, daß meine Großmama ihr Zimmer verlassen und in der Küche zwei Stockwerke weiter unten gekocht hätte; sie setzte keinen Fuß in eines der anderen, von einer unglaublich dicken Staubschicht und seidigen Spinnweben bedeckten Zimmer, um es ein wenig in Ordnung zu bringen. Genau wie ihre eigene Mutter, die in einem großen hölzernen Herrenhaus jahrelang allein gelebt hatte und dort gestorben war, erlaubte auch meine Großmama, deren Vereinsamung etwas Geheimnisvolles, ja Krankhaftes an sich hatte, keiner Pflegerin oder Zugehfrau, das Haus zu betreten.

Wenn wir sie besuchten, drückte meine Mutter ausdauernd auf die Klingel und schlug mit der Faust gegen die eiserne Tür. Schließlich öffnete meine Großmama die verrosteten eisernen Läden im zweiten Stock, schaute zu uns hinunter und wollte, da sie ihren kurzsichtigen Augen nicht traute, daß wir nach ihr riefen und ihr zuwinkten. »Tretet von der Schwelle zurück, daß eure Großmama euch sehen kann«, sagte Mutter immer. Mit uns schritt sie zur Mitte des Bürgersteigs und rief winkend zu ihrer Mutter hoch: »Mama, wir sind das mit den Kindern, wir, hörst du uns?« Daß Großmama uns erkannt hatte, bemerkten wir daran, daß auf ihrem Gesicht einen Augenblick lang ein inniges Lächeln erschien. Sie zog sich sofort vom Fenster zurück, ging in ihr Zimmer, zog unter dem Kopfkissen einen großen Schlüssel hervor, wickelte ihn in Zeitungspapier und warf ihn zu uns nach unten. Mein Bruder und ich drängelten uns vor, um ihn zu fangen. Ich rannte los, hob ihn vom Bürgersteig auf und gab ihn meiner Mutter.

Mutter öffnete mühevoll das Schloß. Gemeinsam drückten wir gegen die große Eisentür, bis sie langsam einen Spaltbreit nachgab. Aus der Dunkelheit schlug uns jener abgestandene und schimmelige Geruch von Staub und Alter entgegen, wie ich ihn so nirgendwo mehr riechen werde. Am Kleiderständer neben der Tür hingen der Mantel meines Großvaters mit dem Pelzkragen und sein Filzhut, am Rand standen seine mich stets erschreckenden Stiefel, von meiner Großmutter dort plaziert, damit die Einbrecher, die häufig in das Haus eindrangen, denken sollten, ein Mann sei anwesend.

Wenig später erschien am Ende der dunklen Holztreppe, die geradewegs zwei Stockwerke nach oben führte, in einem weißen Licht meine Großmutter. Sie stand da im Schein der matten Art-déco-Scheiben mit ihrem Stock in der Hand, unbeweglich wie ein Gespenst. Während sie die knarrende Treppe hochstieg, sagte meine Mutter kein Wort zu meiner Großmutter. Sonst sagte sie immer: »Mama, wie geht es Ihnen?« oder: »Ich habe Sie vermißt, Mama, das Wetter ist richtig kalt geworden.« Ich küßte oben an der Treppe meiner Großmutter die Hand, wobei ich mich bemühte, nicht ihren Ring und den großen Leberfleck an ihrem Handgelenk anzusehen. Wie immer fürchteten wir uns vor ihrem Mund mit nur einem Zahn, ihrem riesig langen Kiefer und den Haaren in ihrem Gesicht.

Wir betraten das Zimmer, hielten uns dicht an Mutter und setzten uns rechts und links neben sie. Meine Großmama stieg, angetan mit einem langen Nachthemd und einer wollenen Weste, in ihr riesiges Bett, in dem sie einen Großteil des Tages verbrachte, und schaute uns lächelnd mit einem Blick an, der uns aufforderte: Nun unterhaltet mich mal! »Ihr Ofen brennt nicht gut, Mama«, sagte Mutter. Sie nahm den Schürhaken und stocherte im Ofen. Großmama wartete ein wenig. »Laß jetzt den Ofen«, meinte sie. »Erzählt mir was Neues. Was geht vor in der Welt?« »Gar nichts«, sagte Mutter und setzte sich neben uns. »Du hast nichts zu erzählen?« »Gar nichts, Mama.« Nach einem kurzen Schweigen fragte Großmama: »Du hast niemanden getroffen?« »Mama, Sie wissen doch«, sagte meine Mutter. »Keine einzige Neuigkeit, um Gottes willen?« Schweigen setzte ein. »Großmama, wir sind geimpft worden«, sagte ich. »Ach so?« meinte Großmama und öffnete ihre blauen Augen weit, als sei sie sehr erstaunt. »Hat es weh getan?« »Mein Arm tut noch weh«, antwortete mein Bruder. »Du Armer«, sagte Großmama lächelnd. Wieder herrschte Schweigen. Mein Bruder und ich standen auf und schauten aus dem Fenster nach draußen, auf die Hügel in der Ferne, die Maulbeerbäume, die alten, leeren Hühnerställe im Hinterhof.

»Hast du denn gar keine Geschichte?« fragte Großmama meine Mutter wie flehend. »Du gehst doch nach oben zu deiner Schwiegermutter. Kommt denn zu denen keiner?« »Dilruba Hanım ist gestern nachmitag gekommen«, antwortete Mutter. »Sie hat mit der Großmutter der Kinder Bésique gespielt.« Meine Großmutter sagte gleich, was wir erwartet hatten. »Die stammt aus dem Palast!« Selbstverständlich begriffen wir, daß sie nicht von den cremetortenbunten Palästen des Westens sprach, über die ich in jenen Jahren so viel in Märchenbüchern und Zeitungen las, sondern vom Dolmabahçe-Palast, aber erst Jahre später habe ich verstanden, daß meine Großmama mit einem herablassenden Tonfall darauf anspielte, daß Dilruba aus dem Harem des letzten Sultans kam, also eine Sklavin gewesen war, und daß sie auf diese Weise nicht nur diese Frau, die ihre Jugend im Harem verbracht und dann einen Kaufmann geheiratet hatte, sondern auch Großmutter, die mit ihr eine Freundschaft unterhielt, herabsetzte.

Dann gingen sie zu einem Thema über, das sie und meine Mutter regelmäßig besprachen: Einmal in der Woche fuhr meine Großmama nach Beyoğlu, aß dort in dem teuren und berühmten Restaurant Aptullah Efendis und beschwerte sich dann ausführlich über jedes Gericht, das sie verzehrt hatte. Auf ein drittes, stets wiederkehrendes Thema kam sie, indem sie uns unvermittelt fragte: »Kinder, gibt euch eure Großmutter Petersilie zu essen?« Wir antworteten wie aus einem Mund, wie uns Mutter eingeschärft hatte: »Nein, tut sie nicht, Großmama.« Wie jedesmal erzählte uns Großmama, daß sie gesehen hatte, wie eine Katze in einem Garten auf die Petersilie urinierte, wie aller Wahrscheinlichkeit nach diese Petersilie unzureichend gewaschen in das Essen wer weiß welcher törichten Menschen geschnitten würde und wie sie mit den Gemüsehändlern stritt, die in Şişli und Nişantaşı immer noch Petersilie verkauften.

»Mama«, sagte Mutter, »die Kinder langweilen sich: lassen Sie mich ihnen das Zimmer gegenüber öffnen.« Meine Großmutter verschloß alle ihre Zimmer von außen, damit ein Dieb, der durch ein Fenster in das Haus eingedrungen war, nicht in die anderen Räume gelangen konnte. Mutter öffnete die Tür zu dem großen und kalten Zimmer, das auf die Straße mit der Trambahn hinausging, und blickte kurz mit uns zusammen auf die weiß abgedeckten Sessel und Diwane, die verrosteten und verstaubten Lampen, Beistelltischchen und Kästen, die Haufen vergilbter Zeitungen, den herunterhängenden Lenker und trauernden Sattel eines an die Wand gelehnten Mädchenfahrrads. Aber sie nahm nichts, wie sie es machte, wenn sie gut gelaunt war, aus den Kästen, um es uns vergnügt zu zeigen (»Eure Mutter hat diese Sandalen getragen, als sie ein Kind war, Jungens; schaut mal, der Schulkittel eurer Tante, Kinder; wollt ihr die Spardose aus der Mädchenzeit eurer Mutter sehen, ihr beiden?«), sie sagte bloß: »Kommt zurück, wenn euch kalt ist« und ging. Mein Bruder und ich liefen zum Fenster und schauten auf die Moschee und die Trambahnhaltestelle gegenüber. Später lasen wir in den Zeitungen Berichte über alte Fußballspiele.

»Mir ist langweilig«, meinte ich. »Wollen wir Unten oder Oben spielen?« »Du hast wohl noch nicht genug«, antwortete mein Bruder, ohne den Kopf zu heben. »Ich lese gerade.« Wir hatten nicht nur gestern abend, sondern auch am Morgen gespielt, und wieder hatte dauernd mein Bruder gewonnen. »Bitte!« »Unter einer Bedingung: Wenn ich gewinne, gibst du mir zwei Bilder, wenn du gewinnst, kriegst du eines.« »Nein!« »Dann spiele ich nicht«, sagte er, »wie du siehst, lese ich gerade.« Er hielt seine Zeitung so lässig wie der englische Detektiv in dem Schwarzweißfilm, den wir vor kurzem im Kino gesehen hatten. Nachdem ich eine Weile aus dem Fenster geschaut hatte, nahm ich die Bedingungen meines Bruders an. Wir zogen unsere *Reihe des Ruhms* aus der Tasche und spielten. Zuerst gewann ich, aber dann verlor ich siebzehn Karten. »So verliere ich dauernd«, sagte ich. »Ich höre auf, wenn wir nicht wie früher spielen.« »Bitte sehr!« antwortete mein Bruder, wobei er den Detektiv nachahmte. »Ich wollte ja sowieso Zeitung lesen.«

Ich blickte eine Weile aus dem Fenster. Sorgfältig zählte ich meine Bilder: Ich hatte 121. Gestern, nachdem mein Vater gegangen war, waren es noch 183 gewesen! Ich wollte nicht länger darüber traurig sein und nahm die Bedingung meines

Bruders an. Am Anfang gewann ich, aber dann begann wieder er zu gewinnen. Während er die Bilder, die er von mir eingeheimst hatte, vergnügt in sein eigenes Bündel steckte, lachte er kein bißchen, um mich nicht zornig zu machen. »Wenn du willst, spielen wir nach einer anderen Regel«, sagte er nach einer Weile. »Wer auch immer gewinnt, bekommt eine Karte. Wenn ich gewinne, suche ich mir eine von deinen Karten aus. Denn einige Bilder habe ich nicht, und die gibst du nie her!« Ich akzeptierte, weil ich dachte, ich würde gewinnen. Wie es geschah, weiß ich nicht. Ich verlor dreimal hintereinander, und ehe ich mich versah, hatte ich die beiden Greta Garbos Nummer 21 und König Faruk Nummer 78 eingebüßt. Ich wollte alle auf einmal zurückgewinnen und erhöhte den Einsatz. So verschwanden in zwei Runden die Nummern 63 Einstein, 3 Dscheladdin Rumi, 100 Sarkiz Nazaryan, Gründer der Mambo Süßwaren und Kaugummi Gesellschaft, sowie 51 Kleopatra. Mir steckte ein Kloß im Hals. Ich rannte zum Fenster und schaute hinaus, weil ich Angst hatte, weinen zu müssen. Die auf die Haltestelle zufahrende Trambahn, die entfernten Wohnhäuser, die zwischen den entlaubten Ästen der Bäume zu sehen waren, der Hund, der auf dem Straßenpflaster lag und sich träge kratzte, wie schön war das alles noch vor fünf Minuten gewesen! Wenn die Zeit stillstünde, wenn wir wie bei dem Würfelspiel Pferderennen fünf Felder zurückgingen: Dann würde ich ganz bestimmt nie wieder mit meinem Bruder Unten oder Oben spielen!

»Spielen wir noch mal?« fragte ich, ohne meine Stirn von dem Glas des Fensters zu nehmen. »Ich spiele nicht«, meinte er, »du weinst ja dann bloß.« »Ich schwöre, Cevat, ich werde nicht weinen«, sagte ich und ging voll Verlangen zu ihm. »Wir spielen aber wie am Anfang, zu gleichen Bedingungen.« »Ich lese Zeitung.« »Na gut«, antwortete ich. Ich mischte meinen Kartenstapel, der immer dünner geworden war. »Zu den Bedingungen von eben, sag, unten oder oben?« »Aber ohne Weinen«, meinte er, »also oben.« Ich hatte gewonnen, und er streckte mir einen Marschall Fevzi Çakmak hin. Ich nahm ihn nicht. »Gibst du mir bitte 78 König Faruk zurück?« »Nein«, sagte er, »das hatten wir nicht abgemacht.« Wir spielten noch zweimal, und ich verlor. Wenn wir doch bloß kein drittes Mal gespielt hätten! Mit zitternder Hand reichte ich ihm 49 Napoleon. »Ich spiele nicht mehr«, meinte mein Bruder. Ich flehte ihn an, doch noch einmal zu spielen, und als ich verlor, gab ich ihm nicht die Bilder, die er wollte, sondern schleuderte den ganzen Stapel der Karten, die ich noch hatte, in die Luft. Die 28 Mae West, 82 Jules Vernes, 7 Mehmed der Eroberer, 70 Königin Elisabeth, 41 Journalist Celal Salik und 42 Voltaire, die ich seit zweieinhalb Monaten wie meinen Augapfel gehütet hatte, flogen durch die Luft.

Wenn ich doch an einem ganz anderen Ort ein ganz anderes Leben hätte! Ohne durch Großmamas Zimmer zu gehen, stieg ich leise die knarrenden Treppen hinab und dachte dabei an einen entfernten Verwandten, einen Versicherungsagenten, der Selbstmord begangen hatte. Meine Großmutter hatte erzählt, daß Selbstmörder in einen dunklen Ort unter der Erde gesteckt würden und nicht ins Paradies kämen. Als ich schon weit hinabgestiegen war, blieb ich in der Dunkelheit stehen. Ich kehrte um, stieg nach oben und setzte mich auf die letzte Stufe neben Großmamas Zimmer.

»Hier bestehen nicht die Möglichkeiten, die deine Schwiegermutter hat«, sagte meine Großmama. »Du kümmerst dich um die Kinder und wartest ab.« »Aber trotzdem bitte ich Sie, Mama, ich möchte mit den Kindern hierher zurückkehren«, sagte meine Mutter. »Du kannst nicht mit zwei Kindern in diesem verstaubten Haus voller Diebe und Gespenster wohnen«, antwortete Großmama. »Mama«, meinte Mutter, »haben wir drei nicht hier in den letzten Jahren unseres seligen Vaters wunderschön zusammengelebt, nachdem meine Schwestern geheiratet hatten?« »Du hast dir den ganzen Tag die alten Exemplare der *Illustration* angeschaut, meine schöne Mebrure.« »Ich mache unten den Ofen an, da wird das Haus innerhalb von zwei Tagen warm.« »Ich habe dir gesagt, daß du ihn nicht heiraten sollst«, erklärte Großmama. »Mit Hilfe einer Putzfrau befreien wir in zwei Tagen das Haus von dem ganzen Staub und Dreck«, sagte Mutter. »Ich lasse keine diebischen Zugehfrauen in dieses Gebäude«, antwortete Großmama. »Außerdem dauert es sechs Monate, bis du den Staub in diesem Haus zusammengefegt und die Spinnweben entfernt hast. Bis dahin kommt dein Mann, dieser Luftikus, zurück.« »Ist das Ihr letztes Wort, Mama?« fragte Mutter. »Mebrure, mein schönes Mädchen, wovon sollen wir leben, wenn du mit deinen Kindern hierherkommst?« »Mama, wie häufig habe ich Sie gebeten, Sie angefleht, das Grundstück in Bebek zu verkaufen, bevor es verstaatlicht wird.« »Ich gehe doch nicht aufs Grundbuchamt und gebe diesen schmutzigen Kerlen meine Unterschrift und mein Bild.« »Mama, meine Schwester und ich haben einen Notar hierher zu Ihnen gebracht, damit Sie das nicht tun müssen«, sagte meine Mutter in lauterem Ton.

»Diesem Notar habe ich nicht über den Weg getraut, überhaupt nicht«, erwiderte Großmama, »man las dem doch vom Gesicht ab, wie halbseiden er war. Der war womöglich gar kein Notar. Und außerdem sprich nicht so laut mit mir!« »Na gut, Mama, ich rede nicht mehr«, sagte Mutter. Sie rief uns zu: »Kinder, Kinder, packt zusammen, wir gehen.« »Halt, wohin?« fragte Großmama, »wir haben doch noch keine drei Worte miteinander geredet.« »Sie wollen uns nicht, Mama«, flüsterte Mutter. »Nimm das, kauf den Kindern Lokum.« »Vor dem Mittagessen sollen sie so etwas nicht haben«, sagte Mutter, verließ das Zimmer und ging hinter mir in das Zimmer gegenüber. »Wer hat denn die Bilder hingeworfen? Sammelt sie sofort auf!« Und zu meinem Bruder: »Du hilfst ihm!« Während wir stumm die Bilder einsammelten, öffnete Mutter die Kästen und schaute sich ihre alten Kinderkleider, Schleier und Schachteln an. Der Staub unter dem dunklen Skelett der pedalbetriebenen Nähmaschine ließ meine Augen tränen, juckte mir in der Nase und verstopfte sie.

Als wir uns in der Gästetoilette die Hände wuschen, rief Großmama mit samtweicher, flehender Stimme: »Mebrure, Liebes, nimm diese Teekanne, die magst du doch so, du hast

Anspruch darauf. Mein Großvater hat sie meiner Mama mitgebracht, als er Gouverneur von Damaskus war. Sie kommt geradewegs aus China. Bitte nimm sie.« »Mama, ich will überhaupt nichts mehr von Ihnen. Stellen Sie sie in Ihren Schrank; Sie werden sie noch zerbrechen. Los, Kinder, küßt eurer Großmama die Hand.«

»Liebe Mebrure, du Schöne, sei bitte deiner armen Mutter nicht böse«, bat Großmama, während sie uns ihre Hand hinhielt. »Bitte kommt mich besuchen, ich bin so einsam hier!« Wir stiegen eilig die Treppen hinunter, zogen zu dritt an der eisernen Tür, öffneten sie, erblickten draußen das wunderbare Sonnenlicht und atmeten tief die saubere Luft ein.

»Macht die Tür gut zu!« rief Großmama von ganz oben an der Treppe. »Mebrure, komm doch diese Woche wieder, ja?« Ohne ein Wort zu sprechen, gingen wir an Mutters Hand. Schweigend hörten wir zu, wie andere Passagiere husteten, bis die Trambahn, die an der Endhaltestelle gewartet hatte, abfuhr. Als sie sich in Bewegung setzte, rutschten mein Bruder und ich unter dem Vorwand, von diesem Sitz aus könnte man den Führerstand sehen, in eine Reihe weiter vorne und begannen Unten oder Oben zu spielen. Am Anfang gewann ich einiges von dem zurück, was ich verloren hatte. Mit der Begeisterung erhöhte sich der Einsatz, und ich verlor mit wachsender Geschwindigkeit. Bei der Haltestelle Osmanbey sagte mein Bruder: »Gegen den ganzen Rest deiner Bilder fünfzehn, die du dir aussuchen kannst!« Ich spielte und verlor alles. Ohne es ihn merken zu lassen, legte ich zwei Bilder beiseite und gab ihm den ganzen restlichen Stapel. Ich ging nach hinten zu meiner Mutter. Ich habe nicht geweint.

Ich schaute wie Mutter voller Kummer aus dem Fenster und sah zu, wie in der gemächlichen Geschwindigkeit der Trambahn all das vorüberglitt, was es heute nicht mehr gibt: die Kurzwarengeschäfte, der Backofen, die Markise des Milchpuddingladens, das Kino Tan, in dem wir Sandalenfilme mit Maciste und Herkules sahen, Jungen, die nur wenig entfernt davon an der Mauer gebrauchte Fotoromane verkauften, der Friseur, vor dessen spitzen Scheren ich mich fürchtete, und der halbnackte Verrückte des Viertels, der immer neben der Tür seiner Wohnung stand.

An der Haltestelle Harbiye stiegen wir aus. Auf dem Weg nach Hause trieb mich die stillvergnügte Zufriedenheit meines Bruders zur Weißglut. Ich zog das Bild von Lindbergh, das ich versteckt hatte, aus der Tasche. Er sah es zum erstenmal. »91 Lindbergh!« las er voller Bewunderung. »Mit dem Flugzeug, mit dem er den Atlantik überquert hat! Wo hast du den her?« »Ich bin gestern nicht geimpft worden«, erzählte ich. »Ich war früher zu Hause und habe Vater getroffen, bevor er ging. Er hat sie mir gekauft.« »Dann gehört es zur Hälfte mir«, behauptete er. »Außerdem haben wir beim letzten Spiel gesagt: alle Bilder!« Er machte einen Sprung, um mir das Bild aus der Hand zu reißen, bekam es aber nicht zu fassen. Er packte mein Handgelenk und verdrehte es, da trat ich ihm gegen das Bein. Wir begannen uns zu prügeln. »Hört auf!« schrie Mutter. »Hört auf! Mitten auf der Straße!« Wir hörten auf. Ein Herr mit Krawatte und eine Dame mit Hut gingen an uns vorbei. Ich schämte mich sehr, daß wir uns auf der Straße geschlagen hatten. Mein Bruder lief zwei Schritte, warf sich dann auf die Erde und hielt sich sein Bein: »Tut das weh!« »Steh auf«, flüsterte Mutter, »steh schon auf! Alle schauen hin.« Mein Bruder erhob sich und humpelte einher wie die verwundeten Soldaten, die wir aus dem Kino kannten. Ich hatte Angst, daß es wirklich weh tat, aber ihn so zu sehen tat mir auch in der Seele gut. Nachdem wir eine Weile schweigend gegangen waren, erklärte er: »Zu Hause werde ich es dir zeigen.« Zu Mutter sagte er: »Mutter, Ali ist nicht geimpft worden.« »Doch, bin ich, Mutter!« »Seid ruhig«, schrie sie. Wir waren gegenüber von unserem Haus und warteten die Tram nach Maçka ab, bevor wir die Straße überquerten. Ein Lastwagen, ein Lärm und Auspuffgase verbreitender Autobus nach Beşiktaş und aus der anderen Richtung ein hyazinthfarbener Desoto fuhren vorbei. Da fiel mir auf, daß mein Onkel aus dem Fenster auf die Straße schaute. Er hatte uns nicht bemerkt; er betrachtete die vorbeifahrenden Autos. Und ich betrachtete ausgiebig ihn. Die Straße war schon lange frei. Ich drehte mich nach meiner Mutter um und wollte wissen, warum sie uns denn nicht an der Hand nahm und herüberführte, und sah, daß sie leise weinte.

Editorische Notiz

Ein Teil der Texte ist in dem Essayband *Öteki renkler*, Istanbul 1999 enthalten.

Kein Eintritt gibt den Wortlaut der Rede wieder, die Orhan Pamuk am 3. Oktober 2005 in Darmstadt hielt, wo ihm der Ricarda-Huch-Preis 2005 zugesprochen wurde.

Unbarmherzigkeit, Schönheit, Zeit ist das Vorwort zur türkischen Ausgabe von Nabokovs *Ada oder das Verlangen*, Istanbul 2002.

In Frankfurt und in Kars ist die Preisrede, die Orhan Pamuk am 23. Oktober 2005 in Frankfurt anläßlich der Verleihung des Friedenspreises 2005 des deutschen Buchhandels hielt.

Die bedrohliche Welt der Patricia Highsmith ist das Nachwort zu einer türkischen Ausgabe ihrer Werke.

Schwarzer Stift erschien 2004 in *The Royal Academy of Arts Magazine* anläßlich einer Ausstellung türkischer Kunst in London.

Die Selimiye-Moschee erschien im Juni 2005 in einer Sonderausgabe der Zeitschrift *Time* über Europa.

Textnachweis

Die Essays sind an folgenden Orten erstmals in deutscher Sprache veröffentlicht worden:

Lauter bunte Knöpfe in einer alten Nähschachtel. In: Süddeutsche Zeitung, 8.9.1995.

Heimische Kuchen in fremden Küchen. In: Frankfurter Allgemeine Zeitung, 20.1.1999.

Warum ich kein Architekt geworden bin. In: Frankfurter Allgemeine Zeitung, 27.10.1999.

Mein Vater. In: Süddeutsche Zeitung, 5./6.4.2003.

Kein Eintritt. In: Süddeutsche Zeitung, 5.10.2005.

Der Zorn der Verdammten. Veröffentlicht unter dem Titel »Trostlose Vertröstungen«. In: Süddeutsche Zeitung, 28.9.2001.

Verkehr und Religion. Veröffentlicht unter dem Titel »Die Mullahs und der Kreisverkehr«. In: Süddeutsche Zeitung, 26.2.2004.

»Fall« oder »Eroberung«? In: Frankfurter Allgemeine Zeitung, 28.5.2003.

Der Prozeß. In: Frankfurter Allgemeine Zeitung, 15.12.2005

Über das Lesen. Veröffentlicht unter dem Titel »Geheimes Glücksgefühl«. In: Literaturen, Heft 10 (2005).

Wie ich mich von einigen Büchern befreite. Veröffentlicht unter dem Titel »Aus zu großer Nähe«. In: Frankfurter Allgemeine Zeitung, 15.4. 2000.

Das Glück, Stendhal in Händen zu halten. In: Frankfurter Allgemeine Zeitung, 26.1.2001.

Erst Dostojewski lehrt, wie man die Erniedrigung genießt. In: Frankfurter Allgemeine Zeitung, 6.1.2001.

Unbarmherzigkeit, Schönheit, Zeit. In: Süddeutsche Zeitung, 8.9.1995.

Für wen schreiben Sie eigentlich? In: Frankfurter Allgemeine Zeitung, 9.9.1999.

Problemlos über meine Probleme … In: Schreibheft. Zeitschrift für Literatur, Heft 48 (1996).

In Frankfurt und in Kars. Veröffentlicht unter dem Titel »Frieden oder Nationalismus«. In: Frankfurter Allgemeine Zeitung, 24. 10. 2005 und unter dem Titel »Loblied eines Türken auf den Roman als europäische Kunst«. In: Süddeutsche Zeitung, 24. 10. 2005 (dort gekürzt).

Entre-act oder: Ah! Cleopatra! In: Frankfurter Rundschau, 9. 5. 1995.

Fünfundvierzig Sekunden. In: Frankfurter Allgemeine Zeitung, 25. 8. 1999 (dort gekürzt).

Wer lacht, der hört das Beben nicht. In: Frankfurter Allgemeine Zeitung, 12. 2. 2000 (dort gekürzt).

Aus dem Fenster schauen. In: Süddeutsche Zeitung, 9./10. 10. 2004 (dort gekürzt) .

Register

Inhalt

Die Literatur ist die Heimat

Malerei, Architektur, Filme und andere Dinge werden betrachtet

Eine Erzählung

Orhan Pamuk

Das neue Leben

Roman

Aus dem Türkischen

von Ingrid Iren

Band 14561

Der Student Osman verfällt nicht nur einem rätselhaften Buch, sondern auch der schönen Canan, in deren Hand er dieses Buch zum ersten Mal sah. Als Canan plötzlich verschwindet, begibt sich Osman auf die Suche nach ihr und der Welt, die das Buch beschreibt. ›Ein neues Leben‹ beginnt und führt ihn auf albtraumhaften Busfahrten kreuz und quer durch die Türkei.

»Ein bewundernswertes Amalgam aus türkischer Lebenswelt, modernem Roman, deutscher Romantik, Sufismus und amerikanischem road-novel.«

Thomas Steinfeld

Fischer Taschenbuch Verlag

fi 14561 / 1

Orhan Pamuk

Das schwarze Buch

Roman

Aus dem Türkischen von Ingrid Iren

Band 12992

Literatur-Nobelpreis 2006 Orhan Pamuk:
»Ein Glückstag für die Weltliteratur.«
Thomas Steinfeld, Süddeutsche Zeitung

Galip ist ein etwas windiger Istanbuler Anwalt. Eines Tages sind seine Frau und sein Cousin verschwunden. Auf der Suche nach ihnen gerät Galip immer tiefer in das Labyrinth Istanbuls – der geheimnisvollen Stadt auf der Schwelle zwischen Europa und dem Orient. In den unterirdischen Gängen begegnet er Zuhältern, Betrügern und Derwischen.

»Ein wunderbares Stück Großstadtliteratur, eine Hommage an Istanbul.«
Neue Züricher Zeitung

»Ein Meisterwerk.«
Frankfurter Rundschau

Fischer Taschenbuch Verlag

fi 12992 / 1

Orhan Pamuk

Die weiße Festung

Roman

Aus dem Türkischen von Ingrid Iren

Band 17762

Orhan Pamuk – Nobelpreis für Literatur 2006

Ein junger Venezianer gerät bei einem Seegefecht in die Hände der Türken und wird in Istanbul als Sklave an einen Gelehrten verkauft. Doch der islamische Hodscha und der westliche Wissenschaftler ähneln sich auf verblüffende Weise. Um die Gunst des Sultans zu gewinnen konstruieren sie gemeinsam die absonderlichsten Modelle – einen Zahnradmechanismus für eine Gebetsuhr, ein Himmelsmodell mit Glöckchen – und belagern die geheimnisvolle »Weiße Festung«. Ein raffiniertes Vexierspiel von Herr und Knecht, Ost und West.

»Der Leser kann dieses Buch als politische Parabel lesen, wenn er sich nicht nur in ein traumhaft schönes orientalisches Märchen entführen lassen will.«
Süddeutsche Zeitung

Fischer Taschenbuch Verlag

fi 17762 / 1

Orhan Pamuk

Rot ist mein Name

Roman

Aus dem Türkischen von Ingrid Iren

Band 15660

Im Osmanischen Reich tobt 1591 der Bilderstreit, das Land ist zerrissen zwischen Tradition und Moderne. Da wird bei der Arbeit an einem prachtvollen Bildband der Vergolder ermordet. Eines ist klar: der Mörder befindet sich unter den Künstlern und sein Stil wird ihn verraten. – Ein farbenprächtiges Märchen, ein spannender Krimi und eine leidenschaftliche Liebesgeschichte.

»Ein wunderbar reiches Stück Weltliteratur.«
Frankfurter Allgemeine Zeitung

»Rot ist sein Name und groß dieses Buch.«
Süddeutsche Zeitung

Fischer Taschenbuch Verlag

fi 15660 / 2

Orhan Pamuk

Schnee

Roman

Aus dem Türkischen von Christoph K. Neumann

Band 17456

Kaum ist Ka aus dem Exil in die Türkei zurückgekehrt, da soll er in seinem Geburtsort über eine merkwürdige Selbstmordserie berichten. Doch ein schrecklicher Schneesturm trennt die anatolische Provinzstadt von der Außenwelt. Ka ist auf sich selbst gestellt und erlebt auf Messers Schneide die Widersprüche von Orient und Okzident – ein Roman über Kunst, Liebe, Macht und die Frage nach Gott.

»Pamuk besticht durch seine Dialoge, die komplexe Konstruktion und die subtile Zeichnung seiner Figuren ... Das ist kein Wunder, sondern Literatur.«
Frankfurter Allgemeine Zeitung

Fischer Taschenbuch Verlag

fi 17456 / 1

Kiran Nagarkar

Gottes kleiner Krieger

Roman

Aus dem Englischen von

Ditte und Giovanni Bandini

Band 17690

Von den Seitengassen in Bombay zu den heiligen Hallen in Cambridge, vom Terroristencamp in den Bergen Afghanistan zu einem Trappistenkloster in Kalifornien – das ist der Weg von Zia Khan, einem jungen Inder aus einer liberalen muslimischen Familie. Egal welcher Weltreligion er sich anschließt, Zia glaubt der Auserwählte zu sein: Gottes kleiner Krieger. Schonungslos zeigt der Roman, wie schmal die Grenze zwischen echter Hingabe und Fanatismus ist.

»... etwas Besseres hab ich seit langem nicht gelesen.«
Wolfgang Herles, aspekte

»Kiran Nagarkar ist eine herausragende Gestalt
der indischen Gegenwartsliteratur.«
Rainer Traub, Der Spiegel

Fischer Taschenbuch Verlag

fi 17690 / 1

Per Petterson
Pferde stehlen
Roman
Aus dem Norwegischen von
Ina Kronenberger
Band 17518

Trond ist 67 und zieht sich nach Ostnorwegen zurück. Als ein Nachbar auftaucht, holen ihn die Ereignisse jenes Sommers vor mehr als fünfzig Jahren ein. Damals verbrachte er die Ferien mit seinem Vater in einer Hütte nahe der schwedischen Grenze. Es ist eine Gegend, in der man Pferde stehlen kann. Als in der Nachbarsfamilie ein schreckliches Unglück geschieht, entdeckt der Junge das wohlgehütete Lebensgeheimnis des Vaters.

»Mehr Eintauchen geht nicht. Ein Roman, der uns das Gefühl gibt, durch ein fremdes Leben zu schreiten und jede Wahrnehmung zu teilen.«
Brigitte

»Spätestens nach der Hälfte des Buches beginnt man, langsam zu lesen, damit man bloß nicht so schnell ans Ende der Wonne gelangt.«
Die Welt

Fischer Taschenbuch Verlag

fi 17518 / 1

Vikram Seth

Zwei Leben

Porträt einer Liebe

Aus dem Englischen von Anette Grube

Band 16478

In »Zwei Leben« erzählt Vikram Seth zärtlich und präzise von einer wahren Liebe, die ein ganzes Jahrhundert umspannt. Mit zurückschauender Sehnsucht berichtet er von zwei Menschen, seinem Onkel Shanti und Tante Henny, die sich an der Wegkreuzung von indischer Diaspora und jüdischem Exil trafen: ein bewegendes Denkmal und erzählerisches Kunststück zugleich.

»Ein erstaunliches, ein zauberhaftes,
ein umwerfendes Buch.«
Sascha Lehnartz, Frankfurter Allgemeine Sonntagszeitung

»Eines der ungewöhnlichsten Bücher über die Liebe.«
Franziska Wolffheim, Brigitte woman

Fischer Taschenbuch Verlag

fi 16478 / 1

Vikram Seth

Eine gute Partie

Roman

Aus dem Englischen von Anette Grube

Band 16513

Savita heiratet Pran, einen jungen Mann, den sie kaum kennt. Die prunkvolle Zeremonie ist noch nicht beendet, da widmet die Mutter der Braut sich schon ihrer nächsten Aufgabe: eine gute Partie für ihre jüngste Tochter zu finden. Denn die schöne Lata wird schon neunzehn, aber der passende Mann muss natürlich der richtigen Kaste entstammen, und hellhäutig soll er auch noch sein. In dieser einfachen Konstellation findet Vikram Seth alles, um uns Indien, seine Tänze und Tränen, vor Augen zu stellen, seine Farben und Stoffe, sein Glück und sein Leid.

»Wohl das fruchtbarste und gewaltigste Epos
der zweiten Hälfte unseres Jahrhunderts.«
The Times

»Es ist Seths Neugier auf den Alltag,
der Reichtum an Szenen und Stimmen, der seinen Roman
zu einem Meisterwerk macht.«
Der Spiegel

Fischer Taschenbuch Verlag

fi 16513 / 1

Gao Xingjian
im Fischer Taschenbuch Verlag

»Gao ist ein starker, sinnlicher Erzähler.«
Taz

Auf dem Meer
Erzählungen
Aus dem Chinesischen von Natascha Vittinghoff
Band 15183

Der Berg der Seele
Roman
Aus dem Chinesischen von Helmut Forster-Latsch,
Gisela Schneckmann, Marie-Luise Latsch
Band 15250

Das Buch eines einsamen Menschen
Roman
Aus dem Chinesischen von Natascha Vittinghoff
Band 15241

Fischer Taschenbuch Verlag

fi 555 085 / 1

Witold Gombrowicz

Bacay
Erzählungen
Aus dem Polnischen von
Walter Tiel und Olaf Kühl
Band 16431

Die Besessenen
Roman
Aus dem Polnischen
von Klaus Staemmler
Band 16432

Polnische Erinnerungen
Argentinische Streifzüge
und andere Schriften
Aus dem Polnischen
von Klaus Staemmler
aus dem Argentinischen
von Gisbert Haefs
Band 16433

Ferdydurke
Roman
Aus dem Polnischen
von Walter Tiel
Band 16434

Kosmos
Roman
Aus dem Polnischen
von Olaf Kühl
unter Verwendung der Übersetzung von Walter Tiel
Band 16435

Pornographie
Roman
Aus dem Polnischen
von Walter Tiel und
Renate Schmidgall
Band 16436

Tagebuch 1953–1969
Aus dem Polnischen
von Olaf Kühl
Band 16437

Trans-Atlantik
Roman
Aus dem Polnischen
von Rolf Fieguth
Band 16438

Eine Art Testament
Gespräche und Aufsätze
Aus dem Polnischen
und Französischen von
Rolf Fieguth, Walter Tiel
und Renate Schmidgall
Band 16758

Theaterstücke
Aus dem Polnischen
von Heinz Kunstmann,
Rolf Fieguth, Christa Vogel,
François Bondy,
Constantin Jelenski
Band 16759

Fischer Taschenbuch Verlag

fi 555 088 / 1